일등국민 일류국가

우리는 할 수 있다!

A Top-Class Nation
By A First-Class People

Yes, We Can!

Choong Nam Kim

ORUEM Publishing House
Seoul, Korea
2010

일등국민 일류국가

우리는 할 수 있다!

김충남 지음

머리말

  한국은 일류 선진국이 될 수 있는 결정적 기회를 맞고 있다. 이것은 우리 역사상 처음 있는 일로써 이 기회를 놓치면 그러한 기회가 다시 오지 않을지도 모른다. 이 기회를 살리느냐 못 살리느냐는 오늘을 사는 우리 모두에게 큰 도전이 되고 있다. 과연 우리는 이 같은 역사적 도전을 감당할 준비가 되어 있는가?

  급속한 세계화와 기술의 고도화로 국가 간 경쟁이 치열해지면서 불확실성이 높아지고 있는 가운데 갖가지 위기가 빈발하면서 세계는 혼란의 소용돌이에 휩싸이고 있다. 그 결과 일류 국가들까지 흔들리고 있고 세계 일류기업들도 순식간에 위기에 직면하기도 한다. 한국은 부존자원이 빈약하고 무역의존도가 높아서 이 같은 국제적 변화와 충격에 매우 취약하다. 더구나 한국은 이제 일류 선진국들과 경쟁해야 하기 때문에 세계 최고 수준의 경쟁력을 갖추지 않으면 현상유지조차 어려울지도 모른다. 삼성의 이건희 회장은 10년 후 삼성이 어떻게 될지 모른다고 했지만 10년 후 한국도 어떻게 될지 아무도 장담하지 못한다. 그럼에도 우리 앞에 닥친 위기를 심각히 생각하고 있는 사람들이 얼마나 있는지는 잘 알 수 없다. 지금까지 한국의 발전은 선진국 따라잡기라고 할 수 있기 때문에 그들의 장비와 노하우를 활용하기만 하면 되었지만 지금은 선진국들보다 앞서가고 뛰어난 점이 많지 않으면 경쟁에서 살아남을 수 없다. 이것은 결코 만만한 일이 아니다.

우리는 물질적이며 외형적인 면에서 선진국 부럽지 않은 놀라운 발전을 했다. 세계 제일을 자랑하는 인천공항, 세계적 건설공사라 할 수 있는 인천대교와 새만금방조제를 보면 우리의 경제력과 기술력, 그리고 저력에 자신감을 가질 수 있다. 사통팔달로 뻗어 있는 고속도로망은 선진국 못지않은 수준이고 서울의 지하철은 세계 어느 대도시에 비해도 훌륭하다. 우리는 글로벌 경제위기도 잘 극복했을 뿐 아니라 수출전선에서도 선전하고 있다. 몇 년 전에는 월드컵을 통해서 그리고 지난해에는 동계 올림픽에서 코리아의 위상을 과시한 바 있다. 이처럼 한국의 위상은 날로 높아져 금년에는 세계 경제대국 지도자들의 모임인 G20 정상회의도 주최하게 되었다. 그런 점에서 일류 선진국을 향한 우리의 꿈이 실현될 날이 머지않아 보인다.

그러나 우리 사회를 돌아보면 부족한 점과 장애요인이 적지 않다는 것을 느끼게 된다. 공자는 나라 운영의 3대 요소로서 군사력, 경제력, 사회적 신뢰를 꼽았으며 그중에 사회적 신뢰가 가장 중요하다고 했다. 사회적 신뢰는 공동체 건강의 바로미터라 할 수 있지만, 우리의 사회적 신뢰는 취약하기 짝이 없다. 국가공동체의 취약성도 여기저기서 드러나고 있다. 정치, 행정, 검찰, 법원, 경찰, 교육, 군대, 기업 등 주요 분야에서 불미스러운 일들이 연이어 터지고 있다. 사회적으로도 법질서의식, 공동체정신, 시민의식, 역사의식 등에 문제가 많다는 것이 계속 지적되고 있다. 교육수준은 세계적으로 높은 편이지만 법질서의식이나 공중도덕은 이와는 거리가 멀다.

우리는 너무 오랫동안 경제제일주의, 특히 외형적 변화와 발전을 중시해왔다. 그 결과로 물질적·외형적 측면과 정신문화적 측면 간의 불균형이 심각한 수준에 이르렀다. 하드파워(hard power)에 치우쳐 소프트파워(soft power) 또는 '사회적 자본'을 등한시해 온 것이다. 성장, 건설, 수출, 개발, 경쟁력, 효율성 등이 우리 삶을 지배하는 개념이 되어왔고, 경제와 경영에 관한 책들이 지성문화를 지배해왔다. 인성교육이 무시되고 인간성이 메말라가고 있으며 다수의 베스트셀러는 번역본이 차지할 정도로 지적 활동이 위축되어 왔다. 물질적 성공이 성공의 유일한 척도로 인식되고 목적달성과 결과만을 중시하는 편법주의가 만연되고 있다.

지난 수십 년간 1인당 소득이 200배 정도 성장했지만 정신문화적 측면은 얼마나 발전되고 성숙했는지 의문이 아닐 수 없다. 금년이 4·19의거 50주년이지만 우리의 민주주의는 그때에 비해 얼마나 발전되고 성숙되었는가? 정치의 수준은 곧 국민의 수준이다. 잘못 뽑은 자기들의 과오는 생각지도 않고 정치인들을 불신하고 비난한다. 관심도 기울이지 않고 참여도 않으면서 지방정치의 부패타락상을 한탄한다. 경제도 사회도 마찬가지다. 국민의 수준이 국가의 수준을 결정한다.

황금만능주의, 물질주의, 성과제일주의가 만연되면서 우리 사회는 심각한 가치관의 혼란에 빠져 있다. 가치관의 혼란에 빠지면 무엇이 옳고 그른지 판단하기 어렵게 되고, 중시되어야 할 가치와 국가목표의 우선순위에 대한 합의도 어렵게 된다. 천안함 격침에서 나타났듯이 세계의 화약고로 인식되는 한반도에 살면서 안보의식이 희박한 것도 바로 그 때문이다. 이러한 사회에서는 사회적 불신과 갈등이 높아지기 마련이고 이것이 정치권으로 확산되어 정치까지 만성적인 대립과 갈등에서 벗어나기 어렵게 된다. 이처럼 가치관의 혼란은 국가적·사회적으로 갖가지 문제를 초래하게 되고 이로 인한 경제적 손실도 엄청나다.

더구나 이웃 나라인 중국과 일본은 새로운 중압감을 느끼게 한다. 중국이 고도성장을 거듭하면서 정치적·군사적 영향력도 급속히 확대되고 있다. 중국은 중국 중심주의적 오만한 세계관을 가진 나라이다. 중국이 강성할 때는 우리 민족은 언제나 수난을 겪어야 했다. 그러한 중국이 민족주의적 교육을 강화하고 있다. 일본의 민족주의적 교육은 100여 년의 역사를 가지고 있지만 최근에 이르러 더욱 강화되고 있다. 북한은 주체사상 세뇌(洗腦)교육이 어느 나라보다 철저한 나라이다. 이처럼 이웃 나라들이 철저한 애국주의 교육을 실시하고 있는 반면, 우리는 한국 현대사 교육도 제대로 실시하지 않는 등 인문사회교육 자체가 붕괴되었다 해도 과언이 아니다.

새가 두 개의 날개로 균형을 이루어야 날 수 있듯이 사회도 물질적 요소와 정신문화적 요소가 균형을 이루어야 건전한 발전을 할 수 있다.

우리는 일류 선진국이 되기 위해서 후진적인 요소들을 털어내야 할 뿐 아니라 국민들이 선진사회가 요구하는 수준 높은 교양과 자질, 덕목을 갖추어야 하며 이것이야말로 일류 선진국에 이르는 지름길이라 확신한다. 공동체의식이 돋보이는 나라, 성숙되고 안정된 나라, 질서 있고 예절바른 나라, 아름다운 나라, 문화적 향기가 넘치는 나라, 세계 지성에 영향을 주는 나라를 만드는 것을 21세기 우리의 비전으로 삼아야 한다. 인도의 시인 타고르는 90년 전 우리나라를 '동방의 등불'이 되기를 희망했지만, 우리나라가 진정 '동방의 등불'이 되고 나아가 '세계의 등불'이 되려면 정신문화적 측면을 보다 중시해야 할 것이다.

우리는 부존자원이 빈약하기 때문에 교육을 중시해왔고 그 결과로 국가발전에 성공할 수 있었다고 본다. 그러나 우리의 교육, 특히 정신교육은 크게 흔들리고 있다. 한국이 당면하고 있는 세계적 도전과 주변국들에 의한 도전은 심각한 것이다. 싱가포르는 세계 최고수준의 경쟁력을 자랑하면서도 국가의 생존과 번영에 대한 위기의식으로 국민교육을 중시하고 있다. 우리는 이러한 점을 타산지석으로 삼아야 한다. 일등국민이란 정신문화적인 면에서 뛰어난 국민이며 그러한 국민만이 일류국가를 만들 수 있다. 용비어천가에 "뿌리 깊은 나무는 바람에 흔들리지 않으며 꽃이 아름답게 피고 열매도 많이 맺는다"고 했듯이 우리는 정신문화의 기초를 튼튼히 하기 위해 투자를 하고 노력을 기울여야 한다.

이 책은 미국산 쇠고기 수입 반대시위가 한창이던 2008년 봄 하와이에서 시작되었다. 그 후 용산사태, 쌍용자동차 불법 파업 등 법질서 문란, 세종시 건설을 둘러싼 갈등 등 정치권의 만성적 불신과 대립, 계속된 교육현장의 위기 등, 갖가지 우려스러운 현상을 목격하면서 근본적인 치유책은 국민교육에 있다는 결론에 이르렀다. 지금까지 경제교육과 민주시민교육이 강화되어야 한다는 주장이 있었지만 우리의 현실을 보면 이것만으로는 부족하다는 것이 분명하다. 우리 사회 가치관 혼란의 가장 큰 원인은 무엇보다도 대한민국의 국가적 정통성과 북한의 실체에 대한 잘못된 인식에서 비롯되고 있는 것이다. 또한 세계화로 인한 교육문제도 새롭게 등장하고 있다. 따라서 이 책에서는 한국현대사 교육, 민주주의교육, 경제교육, 통일교육, 세계화교육 등 국민정신교육 문제를 종합적으로 접근하고자 했다.

이 책이 나오기까지 많은 분들의 도움을 받았다. 자료수집 과정에서 하와이대학교 해밀턴도서관과 동서문화센터(East-West Center) 자료실의 도움을 받았고, 세종연구소에서는 훌륭한 연구시설을 활용할 수 있어 크게 도움이 되었으며, 이와 함께 한미안보연구회에도 사의를 표하는 바이다. 출판과정에서 노력을 아끼지 않은 도서출판 오름의 부성옥 대표를 비롯한 편집진 여러분들께도 감사를 표한다. 이 책은 오늘의 대한민국이 있기까지 나라를 위해 헌신하신 모든 분들께 바치고자 한다.

2010년 6월 20일
세종연구소 연구실에서
김충남

제1부 • 우리의 좌표는 어디인가

불사조 같은 나라

우리나라는 불사조 같은 나라이다. 잿더미 위에서 반세기 만에 국가 발전의 기적을 이룩한 나라이다. 이것은 그 이전의 역사에 비해 크게 대조적이다. 우리민족은 오랜 세월 세계에서 이름 없는 '은둔의 왕국'으로 가난과 후진성을 숙명처럼 여기며 주변국들로부터 수모를 받으며 살아왔다. 일제의 압제와 착취는 나라의 기초를 뿌리째 뒤흔들어 놓았고 정신적으로도 깊은 상처를 남겼으며, 해방의 기쁨과 함께 시작된 분단과 이념대립은 더욱 심각한 지경에 빠뜨렸다. 설상가상으로 건국 후 1년 반 만에 일어난 북한의 남침으로 나라는 잿더미로 변했다. 식민지에서 벗어난 나라, 전쟁으로 폐허가 되었던 나라, 세계에서 가장 가난한 나라, 원조로 지탱하던 나라, 모두가 우리나라를 상징하는 말이었다. 그

21

러나 지금 우리나라는 세계 10위권의 경제대국으로서 자유와 번영이 넘치는 나라, 개도국에서 선진국 원조 클럽인 개발원조위원회 회원국이 된 유일한 나라, 대도시와 고속도로는 국산 차량으로 붐비는 나라, 각종 첨단기술이 요구되는 세계에서 가장 높은 빌딩을 건설한 회사를 가진 나라이다. 다시 말하면, 불과 몇십 년 사이에 세계의 밑바닥에서 최고 수준으로, 변방에서 중심으로 초고속의 발전을 이룩한 나라이다.

세계의 밑바닥에서 수직 상승

휴전되던 해인 1953년 한국의 국민 총생산은 13억 달러였으나 2008년에는 8천억 달러를 넘어 무려 700배 성장했다. 아시아에서 일본, 중국, 인도를 제외한 여타 국가들의 국민소득을 합친 것과 비슷한 엄청난 규모이다. 50년대 우리의 수출은 3천만 달러 정도로 텅스텐이나 농수산물 수출이 고작이었다. 경제발전으로 수출이 증가하기 시작하여 1964년 1억 달러를 돌파한 이래 1971년 10억 달러, 1977년 100억 달러, 1994년 1,000억 달러, 2006년 3천억 달러, 2008년에는 4천억 달러를 돌파했다. 60여 년 동안 수출이 1만 6천 배 늘었다. 1인당 국민소득(GNP)은 60~70달러 수준에서 300배가량 증가하여 2만 달러 수준이 되었고 교역 규모 세계 9위, 국민 총생산 세계 15위, 군사력(핵전력 제외) 세계 6위, 종합국력 세계 9위의 강대국이 되었다. 우리의 외환보유액은 세계 4위, 에너지 수입 세계 4위, 연구개발 인력 세계 7위 등, 모든 면에서 탄탄한 경제강국의 반열에 우뚝 서게 되었으며 교통통신망도 세계 일류 수준이다.

한 나라의 국력은 전력(電力)과 철강 생산 능력이 말해 준다. 6·25전쟁 당시 우리의 발전용량은 미국 전함 미주리호 발전량보다 적은 25만 킬로와트에 불과했으나 지금은 6천만 킬로와트를 능가하고 있다. 철강

생산도 10만 톤을 밑돌았으나 지금은 5천만 톤으로 세계 5위를 자랑하고 있다. 제철산업의 원료인 철광석과 석탄을 수입에 의존하고 있는 나라로서 놀라운 일이 아닐 수 없다. 이 같은 철강생산에 힘입어 조선업은 세계 1위이고 자동차 생산은 세계 5위이다. 우리는 대형 유조선, 칸테이너선, 쇄빙선 등, 모든 대형 첨단선박을 만들어내고 있고 구축함과 잠수함 등, 현대식 군함도 건조하고 있다. 뿐만 아니라 반도체 생산, 휴대폰 생산, LCD모니터 생산 등에서 세계 1위, 텔레비전, 냉장고 등 가전제품 생산 세계 2위, 과학경쟁력 세계 3위, 원자력발전 세계 5위 등, 첨단산업에서 대부분 세계 1위 내지 5위를 차지하고 있다. 선진국들이 중시하는 제품은 자동차, 선박, 비행기, 반도체, 철강 등인데 한국은 비행기를 제외하고는 몇몇 G7 국가들보다 더 잘 만드는 경제대국이다.

50년대 아프리카의 한 나라만도 못했던 우리의 경제력은 오늘날 남아공을 제외한 아프리카 53개국의 경제력을 모두 합친 것보다 많아졌고, 수출액은 멕시코를 제외한 중남미 전체의 수출액보다 더 많은 수출대국이 되었다. 세계 변방의 이름 없는 가난한 나라였지만 지금 우리의 경제력은 세계에서 두 번째 인구 대국인 인도, 초강대국이었던 러시아, 그리고 신흥 경제강국으로 떠오른 브라질의 경제력과 비슷하다.

선진국이 된 나라는 산업혁명을 일으켰던 유럽 국가들과 유럽인들이 세운, 풍부한 자원과 광대한 영토를 가진 미국, 캐나다, 오스트레일리아가 있을 뿐이며 그 외에 선진국에 진입했던 나라는 일본뿐이다. 엄청난 자원을 가진 멕시코, 브라질, 아르헨티나가 20세기 초 선진국 문턱에 이르렀으나 선진국 진입에는 실패했다. 20세기 후반에 후진국에서 선진국으로 발돋움한 나라는 우리나라뿐이다. 전쟁의 잿더미 위에서 북한 공산집단과 끊임없이 대결하며 자본도 기술도 없는 가운데 종합국력 세계 9위의 나라가 되었다. 온갖 역경 속에서 반세기 남짓한 짧은 기간에 이처럼 비약적인 발전을 한 나라는 없다. 2차 대전 후 독립한 110여 국가들 중 우리나라와 견줄 만한 나라는 이스라엘과 싱가포르 정도이지만 이 두 나라는 우리보다 훨씬 좋은 조건에서 출발했다. 대한민국 60여 년의 역사는 세계사에 유례없는 기적의 역사이다.

일제로부터 해방될 당시 우리는 세계에서 가장 가난하고 어려움이 많은 나라 중의 하나였다. 2차 대전 당시 일본은 초강대국인 미국을 상대로 힘겨운 전쟁을 했기 때문에 전쟁 말기에는 기진맥진한 상태였다. 그래서 한반도는 일본의 전쟁지원을 위한 극단적인 수탈의 대상이 되었다. 남자들은 군대와 광산, 공장 등으로 징집되었고 여성들까지도 정신대로 끌려갔다. 일본은 전쟁물자가 모자라 우리 가정의 농기구, 놋그릇, 수저 등, 모든 금속류를 빼앗아 가서 남아 있던 것이 별로 없었다. 뿐만 아니라 일본인들은 한반도에서 공장, 광산, 상거래, 금융 등 모든 경제활동을 독차지하고 있었기 때문에 그들이 물러간 후 우리 경제는 일시에 마비되고 말았다.

설상가상으로 남북이 분단되면서 남한의 경제는 치명적인 타격을 입었다. 남쪽은 정미소와 고무신공장 몇 개 이외에는 변변한 공장이 없었고, 한반도 공업 시설과 발전(發電) 시설, 그리고 지하자원의 대부분이 북쪽에 있었다. 북쪽에서 공급되던 전기가 끊어지면서 그나마 있던 공장들도 멈춰 섰고 흥남에서 생산되던 비료공급이 끊기면서 남한의 식량생산도 크게 줄어들었다. 수백만의 귀국자와 북한 피난민이 서울 등 대도시로 몰려들었지만 식량 등, 생필품은 말할 것도 없고 거처할 곳도 구할 수 없어 한겨울에도 수만 명이 길거리에서 가마니 등으로 둘러막아 기거하고 있었다. 봄이 되면 대다수 국민이 풀뿌리와 나무껍질로 연명했다. 병원도 의약품도 없어 전염병이 돌면 수십만 명이 떼죽음을 당했다. 1948년 정부수립 직후 예산의 85%를 미국 원조에 의존하고 있었기 때문에 미국의 원조 규모가 정해진 다음에 정부예산을 짜야 했다. 그나마 빈약한 산업시설마저 6·25전쟁으로 모조리 파괴되었다. 이처럼 좁은 땅에서 부존자원도 빈약한 가운데 북한에서 탈출한 수백만 명의 피란민까지 먹여 살리면서 세계 10위권의 경제 대국을 이룩한 것이다. 인류 역사를 통틀어 전에도 없었고 앞으로 다시 일어나기 어려운 기적 이다.

우리의 발전상이 얼마나 놀라운 것인가는 인접국가인 필리핀과 견주 어 보면 잘 알 수 있다. 2차 대전 후 필리핀은 아시아에서 일본 다음으 로 잘 사는 나라였다. 6·25전쟁이 끝난 해인 1953년 필리핀의 1인당 소득은 195달러로 67달러에 불과했던 한국의 3배나 되었다. 그러나 2001년 필리핀의 1인당 소득은 1,058달러로 1953년에 비해 5배가량 늘 어나는데 그쳤지만 우리는 같은 기간에 무려 107배나 늘어났다. 필리핀 은 세계에서 구리(10위), 크롬(6위), 금(9위)의 주요 생산국인 것에서 알 수 있듯이 풍부한 지하자원을 가지고 있고, 또한 토양이 비옥하고 기후 조건이 좋아 쌀, 코코넛, 담배, 바나나 등 농작물을 1년 내내 생산할 수 있다. 그럼에도 필리핀은 오늘날 대학교육을 받은 여성 30만 명 정 도가 홍콩, 싱가포르 등에서 가정부로 일하고 있으며, 그들이 송금한 돈이 이 나라 외화획득의 주요 수단이 되고 있는 실정이다.

3대 기적을 이룩한 나라

이처럼 우리는 '한강의 기적'으로 불리는 신화를 이룩했다. 오바 마는 "우리는 할 수 있다(Yes. We can.)"는 구호로 대통령에 당선되었 다. 그것은 소수민족과 약자를 대변하는 구호였지만 경제위기가 심각해 지면서 적절한 구호가 되었다. 그러나 미국은 세계 초강대국이고 매우 부유한 나라이기 때문에 그렇게 호소력이 있는 것이 아니다. 우리나라야말로 몇십 년 전 "불가능은 없다", "우리도 할 수 있다"는 정신(can-do spirit)으로 온갖 고난을 극복하고 전쟁의 잿더미 위에서 불사조처럼 일어나 당당한 현대국가를 건설했다. 건국 초기 우리는 가난, 질병, 무지, 혼란 등으로 모두가 살아남기 위해 발버둥쳤으며 희망도 미래도 보이지 않았다. 머리카락까지 잘라 가발 제품 등으로 겨우 2~3천만 달러 수출하던 나라가 이제는 세계적인 수출대국이 되었다. 불굴의 정신과 엄청난 저력을 가진 국민이다. 그러나 그것은 결코 기적이 아니었다. 거기에는 엄청난 피와 땀과 눈물이 있었던 것이다. 공산군을 막기 위해 수류탄을 몸에 감고 적의 탱크로 돌진한 국군이 있었고, 밤낮으로 일한 노동자들과 서독의 수천 미터 지하에서 석탄을 캐낸 광부들이 있었고, 중동의 사막에서 땀 흘린 건설일꾼들이 있었고, 불모의 수출시장을 개척하기 위해 동분서주한 회사원들이 있었다. 돈에 그려진 거북선을 보이며 대형 유조선을 수주하는 등, 기업인들도 탁월한 기업가정신을 발휘했다. 부모들은 초근목피로 연명하며 논밭까지 팔아가면서 자녀들을 교육시켰다. 그러나 '구슬이 서 말이라도 꿰어야 보배'라 하듯이 국민의 저력을 모을 수 있는 뛰어난 지도자들이 있었다.

미국의 석학 새뮤얼 헌팅턴(Samuel Huntington)은 문화의 중요성을 강조하면서 자주 비교하는 나라가 한국과 가나(Ghana)이다. 60년대 초 한국과 가나의 상황은 매우 가난했고 제대로 만들어 내는 공산품이 별로 없었으며, 원조에 의존하고 있다는 점에서 비슷했다. 하지만 50여 년이 지난 지금 한국은 세계 유수의 산업국가가 되었지만, 가나는 1인당 소득 500달러 미만의 가난한 나라로 남아 있다. 이 같은 차이가 생기게 된 결정적 요인은 근면성, 교육열, 조직력, 사회기강 등 문화적 차이였다는 것이 헌팅턴의 주장이다. 오바마 대통령은 2009년 7월 주요 8개국 정상회의 폐막 기자회견에서 "케냐는 아버지가 미국 유학을 떠난 50

년대 당시에는 한국보다 더 잘 살았다. 오늘날 한국은 매우 발전된 나라지만 케냐는 여전히 빈곤에 허덕이고 있다"고 말했다.

우리의 민주화 역시 세계에서 높이 평가받고 있다. 6·25전쟁 직후 영국의 한 기자는 "한국에서 민주주의를 기대하는 것은 쓰레기통에서 장미꽃이 피기를 기대하는 것보다 어려울 것"이라고 비관적인 전망을 했지만 우리는 2차 대전 이후 식민지에서 해방된 나라 가운데 민주화와 산업화를 동시에 이룩한 유일한 나라로 인정받고 있다. 여러 가지 시행착오와 상당한 갈등이 있었지만 결국 이를 극복하고 국민의 자유와 인권, 선거에 의한 정권 교체를 제도화했다. 지금 세계에서 선진국을 제외하고 우리나라 수준의 민주주의를 운영하고 있는 나라는 거의 없으며 아시아에서 일본과 더불어 가장 선진적인 민주국가로 평가되고 있다. 그래서 우리나라의 발전은 세계 여러 대학들이 채택하고 있는 발전론 교과서에 모범사례로 소개되고 있다.

서울올림픽을 계기로 세계는 한국의 놀라운 발전을 처음으로 인식하게 되었고 그리하여 한국은 "경제성장과 민주발전에 성공한 동아시아형 국가발전 모델"로 주목받게 되었다.[1] 미국의 전 국무장관 슐츠(George Shultz)는 1992년 서울평화상 수상 연설에서 한국은 '안보의 기적', '경제발전의 기적', '민주화의 기적' 등 3대 기적을 이룩한 나라라고 예찬했다. 토인비는 역사발전은 도전을 어떻게 극복하느냐에 달렸다고 했지만 식민 경험, 남북분단, 전쟁 등 우리나라만큼 어려운 도전을 성공적으로 극복한 나라는 없다. 한국은 30여 년 만에 산업화에 성공했지만 영국은 250년, 미국은 150년, 일본은 130년이 걸려 산업화에 성공했던 것을 고려할 때 놀라운 성공이 아닐 수 없다. 그 같은 국력신장을 바탕으로

---

1) *New York Times,* December 26, 1995, A14.

우리는 도쿄보다는 24년 늦었지만 베이징보다는 20년 앞선 1988년 서울올림픽을 성공적으로 개최할 수 있었다. 브라질이 중남미 국가로서는 처음으로 2016년에 올림픽을 개최하게 된 것과는 뚜렷한 대조가 된다. 이명박 대통령은 2008년 8월 15일 건국 60주년 경축사를 통해 "대한민국 건국 60년은 성공의 역사, 발전의 역사, 기적의 역사였다"고 했다. 이 같은 우리나라의 자랑스러운 발자취에 대해 우리 국민 70퍼센트 이상이 공감하고 있다.

선진국 문턱에서 서성대는 우리들

그러나 우리나라는 2만 달러 미만의 소득 수준에서 10년 이상 정체상태에 머물러 있다. 설상가상으로 우리는 치열한 경제전쟁의 시대를 맞이하고 있다. 국제시장의 사활(死活)을 건 경쟁에서 승리한다면 일류 선진국 대열에 합류하게 되겠지만 그렇지 못한다면 부존자원도 없고 수출에 의존하고 있는 우리로서는 선진국 문턱에서 주저앉고 말거나 추락할지도 모른다. 일류 선진국으로 가는 길목에는 경제적 도전만이 기다리고 있는 것이 아니다. 후진적인 정치, 무질서한 사회, 방황하는 교육 등, 내적 요인은 말할 것도 없고 세계화라는 보다 근본적인 도전이 우리를 기다리고 있다. 특히, 세계 인구의 절반에 육박하는 중국과 인도가 급속한 경제발전을 하면서 자원에 대한 수요가 급증하여 에너지와 식량, 광물 등 주요 자원의 가격이 폭등하여 그러한 자원의 주요 수입국인 우리나라에 미치는 영향은 매우 크다.

세계화로 경제적 국경은 낮아졌지만 정치적 국경은 건재하고 있다.

국가 간 경쟁이 치열해지고 기술혁명이 계속되면서 변화는 더욱 빨라지고 있어 10년 후를 예측하기도 어렵다. 미래에 대비하지 못하는 나라는 생존까지도 보장받지 못할지도 모른다. 기술의 발달과 변화의 속도 때문에 국가 간 경제적 서열은 몇 년 사이에 뒤바뀔 수 있다. 1987년 영국의 1인당 소득은 1만 2천 달러로 선진 7개국 중 꼴찌였고 일본은 2만 달러로 1위였지만, 2007년 영국의 1인당 소득은 4만 6천 달러로 2위로 올라선 반면, 일본은 3만 4천 달러로 꼴찌로 밀려났을 뿐 아니라 당분간 꼴찌를 면하기 어려울 것으로 전망되고 있다. 이처럼 선진국인 일본과 영국이 불과 20년 만에 꼴찌가 선두에 나서고 선두가 꼴찌로 추락한 것이다. 때문에 우리는 15년 넘게 정체를 거듭하고 있는 일본을 경계의 모델로 삼아야 한다. 90년대 초만 하더라도 일본은 미국을 능가하여 세계 제일의 경제대국이 될 것이라는 낙관적 전망이 지배적이었다. 일본은 세계 제일의 산업시설을 가지고 있고 첨단기술 강국에 막대한 자본을 가지고 있을 뿐 아니라, 어느 나라보다 교육수준이 높고 근면 성실하며 기강이 확립된 국민을 가지고 있다. 그래서 한때 일본은 결코 가라앉지 않는 항공모함, 즉 불침항모(不沈航母)로 여겨졌지만 지금은 세계화의 도전에 고전을 면치 못하고 있는 실정이다.

┃ 기회는 언제까지나 우리를 기다리지 않는다

글로벌 경쟁이란 죽느냐 사느냐의 무서운 생존게임이라는 사실을 직시해야 한다. 이 경쟁에서 승리하면 세계의 넓은 시장을 주름잡게 되지만 패배하면 설 땅이 없다. 미국 발 금융위기가 1년 이상 세계경제를 혼란에 빠뜨렸지만 그 후에도 선진 각국에서 경제위기가 잇따라 일어나고 있는 것은 일류 국가들 간의 경쟁이 그만큼 치열하다는 것을 의미한다. 2010년 초 지중해 연안 국가인 그리스, 스페인, 이탈리아, 포르투갈,

아일랜드 같은 선진국들이 금융위기로 흔들리고 있다. 세계 제일의 품질을 자랑하며 세계 최대의 자동차회사로 승승장구하던 도요타가 하루아침에 휘청거리는 것도 냉혹한 글로벌 경쟁의 여파이다. 치열한 글로벌경쟁에서는 초일류 기업도 어느 날 갑자기 나락으로 떨어지게 되는 것이다. 이러한 글로벌 경쟁에서 이기기 위해 우리는 계속 최선을 다하지 않으면 안 된다.

설상가상으로 우리에게는 남은 시간이 별로 없다. 길게 잡아도 10~15년 안에 일류 선진국으로 도약하지 못한다면 선진화에 영원히 실패할지도 모른다. 왜냐하면 앞으로 10년 정도면 우리의 생산인구(15~64세)가 줄어들기 시작하고, 15년 정도가 되면 인구가 줄어들기 시작하며, 고령화 사회로 접어드는 2020년경부터 잠재성장률이 연평균 2~3% 이하로 급격히 떨어질 것으로 예상되기 때문이다.[2] 따라서 1인당 소득 4만 달러 내외의 일류 선진국이 되려면 매년 5% 이상 성장하지 않으면 안 된다. 그러나 이것은 결코 쉬운 일이 아니다.

선진국이 되는 것은 우리 모두의 소원이고 국가적 목표이다. 15년 전 1인당 소득이 1만 달러를 돌파했을 때 성급하게도 이제 선진국이 눈앞에 다가왔다고 착각했다. 그러나 1997~8년 경제위기를 거치면서 낮은 성장률과 높은 환율 등으로 1인당 소득이 7천 달러 아래로 곤두박질 쳤고 그로부터 10여 년이 지나도록 2만 달러 고지를 넘지 못하고 있다. 그 과정에서 정치, 행정, 교육, 사회 등 모든 면에서 경제발전을 뒷받침하지 못했다. 더욱이 국제경쟁이 치열해지면서 수많은 새로운 도전들이 닥치고 있어 더 이상 머뭇거릴 시간이 없다. 무서운 속도로 추격해오는

---

2) 박세일 외, 『선진화혁명, 지금이 마지막 기회』(서울: 한반도선진화재단, 2007), 13-14, 29-30면 참조.

중국과 인도를 비롯한 후발공업국들과, 갈수록 견제와 경쟁 강도가 높아지는 선진국들 간의 틈바구니에서 영원히 샌드위치로 갇혀 있지 않으려면, 그리고 빠른 기간 내에 일류 선진국으로 도약하려면, 우리의 발목을 잡고 있는 낡은 사슬을 과감히 끊어버리지 않으면 안 된다.

국력(國力)은 현재뿐만 아니라 미래의 흥망을 좌우하는 결정적 요소이다. 국력은 경제력, 군사력, 과학기술력, 문화력, 지식력 등 복합적 요소를 포함하고 있다. 헌팅턴은 우리나라 발전의 원동력은 근면, 교육열, 조직력, 사회기강 등 문화적 정신적 요소에서 비롯된 것이라고 했다. 다시 말하면, 국력을 배양하고 강화시키는 원동력은 국민의 의식과 능력이다. 국민들이 건전한 정신과 능력을 가졌느냐에 따라 국가발전이 좌우된다는 것이 동서고금의 진리이다. 우리가 미래 변화에 대응할 수 있는 지적, 정신적, 기술적 능력을 갖추고 있느냐가 우리의 운명을 좌우하게 되는 것이다.

'보이지 않는 자본'이 많아야 선진국

일류국가가 된다는 것은 일등석 비행기나 기차를 타는 것 같다. 나라가 일등국이면 국민 모두가 1등 승객처럼 대우받게 되고 3류 국가이면 3등석을 탄 것과 같은 것이다. 밀물로 수면이 높아지면 모든 배가 떠오르는 것과 같은 이치다. 그래서 우리는 일등국민의 대우를 받기 위해 우리나라를 일류국가로 만들어야 하는 것이다.

세계은행이 "국부(國富)는 어디에 있는가(Where Is the Wealth of Nations)"라는 보고서를 통해 '보이지 않는 자본'의 중요성을 부각시키고 있다. 똑같은 일을 하고도 미국에서는 멕시코에 비해 다섯 배의 임금을 받는다. 이 보고서는 미국인이 멕시코인보다 높은 임금을 받는 이유를 국부에서 찾았다. 미국이 멕시코보다 부자 나라로서 이미 쌓여 있는 부(富) 때문에 높은 임금을 받을 수 있다는 것이다. 부(富)는 곧 자본이다. 자본은 생산성을 높여 주기 때문에 같은 노력을 해도 생산성이 높은 만큼 임금을 더 받는다는 것이다. 이 보고서의 탁월함은 우리가 지금까지 알고 있던 '자본'과는 전혀 다른 새로운 자본의 중요성을 일깨운 데 있다. 자본은 국토, 석유, 천연가스 등 '자연자본'과 기계와 장비, 도로, 항만, 통신망 등 '돈으로 만들어 낸 자본,' 그리고 볼 수도 만질 수도 없는 '보이지 않는 자본'으로 분류된다. 그중 선진국이 되는 데 가장 중요한 자본은 '보이지 않는 자본'이라는 것이다. 선진국의 경우 국부를 만들어 내는 데 '자연자본'은 기껏해야 1~3%, 도로, 항만, 기계 등 '만들어 낸 자본'은 17%, 나머지 80%는 '보이지 않는 자본'이 그 역할을 한다는 것이다.

 그 '보이지 않는 자본' 또는 '사회적 자본(社會的 資本 social capital)'은 바로 사회 구성원 간의 신뢰, 법질서를 포함한 시민정신, 공평한 사법제도, 효율적인 정부, 기업의 투명한 지배구조 등이다. 이런 가치들은 눈에 보이지도 않고 만질 수도 없지만 생산성을 높여 국부를 만들어 낸다. 석유가 아무리 많이 나와도, 다이아몬드 광산이 아무리 커도, 시골 구석구석까지 도로가 포장되었다 하더라도 사회적 자본이 부족하다면 결코 선진국이 될 수 없다. 세계은행은 이를 21세기형 국부라고 했다. 이처럼 국가 간 경쟁에 있어서 보이는 자본보다도 상호신뢰와 법질서 준수 등 사회갈등을 해결하고 경제적 효율성을 높이는 사회적 자본이 중요한 것이다. 이를 위해 국민은 성숙된 시민의식을 가져야 하고 모든 분야에서 공정한 경쟁이 이루어져야 하고 정부나 기업의 운영이 투명하고 공정해야 한다.

사회적 자본은 로버트 퍼트남(Robert Putnam) 하버드대 교수가 북이탈리아와 남이탈리아에 노동과 자본과 같은 전통적 생산요소를 똑같은 정도로 투입해도 경제발전에서 큰 차이가 나는 이유를 규명하는 과정에서 만들어낸 개념이다. 경제학자 스테판 낵(Stephen Knack)과 필립 키퍼(Philip Keefer)는 이 개념을 응용하여 사회적 자본과 경제성장과의 관계를 연구한 결과 다른 조건이 같다면 사회적 자본 지수가 10% 올라갈 때 경제성장은 0.8% 정도 올라간다고 결론을 내렸다. 만약 한국의 사회적 자본이 미국이나 유럽 수준이 된다면 한국 경제는 적어도 매년 1%씩 더 성장했을 것이라는 계산이 나온다.

빈약한 사회적 자본

우리는 초고속성장을 통해 외형적으로 선진수준에 도달했지만, 사회를 건강하게 유지하는 사회적 자본의 수준은 산업사회 또는 그 이전의 수준에 머물러 있다고 본다. 특히 우리 사회의 사회적 신뢰는 위험 수위에 있다고 할 수 있다. 세계 사회과학자 모임이 실시한 2005년 '세계가치관조사(World Value Survey)'를 보면 한국인이 '다른 사람을 믿는다'고 답한 비율은 28%에 불과하지만 OECD 국가 평균은 39%이며 스웨덴, 덴마크 같은 나라는 70%에 이른다. '처음 만난 사람을 믿는다'는 한국인의 비율은 그보다 훨씬 낮아서 13%에 불과하며 이 역시 OECD 평균(36.6%)과는 비교가 되지 않는다. 반면 '가족을 믿는다'고 답한 한국인은 99%로 OECD 평균(87%)을 앞지른다. 혈연주의 또는 연고주의가 뿌리 깊다는 것을 알 수 있다.

실제로 우리의 사회적 자본은 상당히 취약하다. 사회통합위원회가 2천여 명을 대상으로 공공기관에 대한 신뢰도를 조사한 결과를 보면, 국회와 정당을 신뢰한다는 비율은 3%, 정부는 19.6%, 법원은 16.8%로 나타났다. 정부의 3대 기둥인 입법·행정·사법부에 대한 국민 신뢰도가 이 정도이면 대한민국 정체(政體)의 위기라 할 수 있다. 다른 여론조사들을 보면 국회에 대한 신뢰도는 1996년 49%에서 2003년 15%로, 정부 신뢰도는 62%에서 26%로 추락한 것으로 나타나고 있다.[3] 2006년 한국개발연구원(KDI) 조사에서 국민들은 '공무원들이 부패했다(70%)', '공무원들이 법을 잘 지키지 않는다(61%)'라고 응답했다. 특히, 국회와 정당, 그리고 정부에 대한 신뢰도는 모르는 사람을 처음 만났을 때의 신뢰도인 4.0점보다 낮은 수준이다.

　설상가상으로 우리의 사회적 자본은 갈수록 낮아지고 있다. 세계가치관 조사가 실시된 1982년과 2001년 사이에만 한국의 사회적 신뢰지수는 11%나 떨어졌다. 사회적 자본이 이렇게 내려가는 상황에선 아무리 기업투자를 늘리고 생산성을 높여도 밑 빠진 독에 물 붓기다. 반대로 경제발전을 위해 필요한 다른 노력이 없더라도 우리의 법질서와 사회적 신뢰를 선진국 수준으로 끌어올리면 우리 경제의 성장잠재력은 곧바로 갑절로 치솟을 것이고 10년 넘게 '국민소득 2만 달러 덫'에 빠져 있는 우리 경제가 또 한 번 도약하는 계기를 맞게 될 것이다.

　우리는 제품을 만드는 물리적 기술(physical technology)에서 탁월한 능력을 발휘하고 있다. 그러나 사회의 효율은 사람들의 활동을 조직하는 사회적 기술(social technology)에 의해 크게 영향을 받는다. 사회적 기술이 발달되어 있으면 경제활동이 잘 조직되고 거래 비용이 줄어들어 물리적 기술이 최대한 발휘될 수 있기 때문이다. 그런데 우리는 여러

---

3) "사설: 입법·행정·사법부 신뢰 폭락은 헌정 위기의 씨앗," 『조선일보』, 2010년 3월 21일.

가지 면에서 사회적 기술이 부족하다. 우리는 20세기형 '보이는 것'에 관심이 쏠려 있지만 한 단계 높은 수준으로 발전하기 위해서는 사회적 자본이 더 커져야 한다.

소득수준보다 의식수준이 더 중요

사회적 자본, 즉, 국민의식 수준이 낮은 나라가 국제사회에서 제대로 평가받지 못한다는 것은 말할 필요도 없다. 국제사회에서 한 나라의 이미지는 그 나라의 경쟁력에 큰 영향을 주지만 우리나라의 글로벌 위상(位相)과 평판은 우리의 막강한 경제력에 크게 못 미치고 있다. 국가브랜드 평가기관 안홀트-지엠아이(Anholt-GMI)는 2007년 한국의 국가브랜드 가치를 3,510억 달러로 추산했으며 이는 국내 총생산의 37% 수준에 불과하다. 우리와는 대조적으로 일본은 그 비율이 224%, 미국은 143%, 네덜란드는 145%로 국가브랜드 가치가 경제규모보다 훨씬 크다. 뿐만 아니라 한국의 국가브랜드 순위는 2005년 25위, 2006년 27위, 2007년 32위, 2008년 33위로 계속 낮아지고 있다.[4]

국제사회에서 한 나라의 이미지는 경제적으로 큰 영향을 미친다. 똑같은 제품을 동대문에서 팔면 만 원짜리에 불과하지만 이것을 프랑스나 이탈리아의 유명 브랜드를 붙여 팔면 10배가 넘는 가격을 받을 수 있는 것은 바로 '브랜드 가치' 때문이다. 무역진흥공사 조사에 의하면 제품의 품질이 똑같다고 할지라도 한국의 국제적 인지도나 평판도의 영향으

---

4) "사설: 국가적 숙제로 떠오른 비호감 코리아,"『조선일보』, 2008년 8월 15일.

로 우리 제품은 주요 선진국의 제품에 비해 30%의 디스카운트가 발생한다고 한다. 코리아 디스카운트 30%를 3%만 줄여도 2008년 기준으로 국내 3대 기업의 영업이익과 동일한 부가가치를 창출하고, 5%만 줄이면 10대 기업의 영업이익과 맞먹는 효과가 있다는 것이다.

한국의 자랑스러운 발전상이 국제사회에서 제대로 인식되지 못하는 이유는 무엇인가? 세계 여러 나라에서 방송되는 CNN 등 국제뉴스 채널은 우리나라에서 빈번히 일어나는, 전투장면을 방불케 하는 과격시위와 노동투쟁을 보도한다. 이 같은 장면들은 세계 어디서도 보기 어려운 뉴스거리다. 그래서 외국인들은 한국 하면 무엇보다 대규모 폭력 시위와 노사분규부터 떠올리며, 한국인은 과격하고 법질서 의식이 없는 국민이라는 인상을 갖기 쉽다. 대형 부정부패 사건이 연달아 터져 매우 부패한 나라로 비쳐지기도 한다. 미군기지 건설 반대 시위, 한미 자유무역협정 반대 시위, 미국산 쇠고기 수입 반대 시위 등, 반미 하는 폐쇄적이며 배타적인 나라로 인식되기도 한다. 일류 제품을 생산하는 나라이지만 동시에 무질서하고 불안한 나라, 무역국가이지만 배타적인 나라로 인식되고 있는 등, 국제사회에서 우리나라의 이미지는 혼란스럽다.

후진적 요소가 많은 나라

수출주도로 발전된 개방된 나라에서 외국인과 외국기업을 배척하는, 배타적이며 폐쇄적인 민족주의가 판치는 나라로 인식된다는 것은 이만저만한 모순이 아니다. 실제로 우리나라는 아시아에서 중국 화교가 발붙이지 못한 배타성이 매우 강한 나라이다. 또한 외국인 노동자에 대한 인권문제 등으로 한국인은 외국인에게 차별적이라는 이미지도 굳어져 있다. 국민 1인당 공적 개발원조(ODA)는 OECD 회원국 가운데 최하위 수준이어서 국제사회에 대한 기여에도 인색하다는 인상을 주고 있다. 결국 정치, 사회, 문화 그리고 국민의식이 경제수준을 따르지 못하고 있는 것이다. 이처럼 국제사회에서 여러 가지 면에서 부정적으로 비쳐지고 있기 때문에 우리나라의 국가브랜드 가치가 낮게 평가되고 있는 것이다.[5] 더구나 우리 스스로 우리나라를 높이 평가하지 않고 있는데 다른 나라 사람들이 우리나라를 높이 평가할 리 없다.

국가브랜드는 국가경쟁력을 높이는 데 가장 중요한 소프트파워(soft-power)다. 관광, 수출, 외국인 투자유치 같은 경제적 효과만이 아니라 외교력 강화라는 측면에서도 빼놓을 수 없는 요소다. 우리나라가 선진국으로 올라서려면 먼저 국가브랜드 가치를 획기적으로 높여야 한다. 이명박 대통령은 우리의 국가브랜드 이미지를 몇 년 내 선진국 수준으로 향상시키겠다고 했지만 황당한 폭력이나 무질서가 난무하는 한 국가적 행사나 홍보활동만으로 국가브랜드는 개선되기 어려운 것이다. 또한 그것은 정부가 나선다고 될 일이 아니다. 국민이 달라져야 한다. 선진국 국민처럼 성숙한 민주시민이 될 때 우리의 국가브랜드 가치는 크게 높아지게 될 것이 틀림없다.

우리나라는 객관적 기준으로 볼 때는 매우 발전한 나라지만 많은 사람들은 그것을 실감하지 못한다. 오히려 어느 나라보다 현실에 대해 불평과 불만이 많다. 2004년 8월 한국갤럽이 실시한 여론조사에서 "얼마나 희망을 가지고 살아가고 있느냐"는 질문에 무려 70%가 희망 없이 살아가고 있다고 했다. 미국 워싱턴에 있는 퓨리서치센터(Pew Research Center)가 2007년 7월 47개국 국민들의 국가만족도를 조사한 결과, 한국은 만족도가 9%에 불과한 43위로 최하위 수준이다. 놀랍게도 우리의 국가만족도는 불가리아(9%), 우크라이나(9%), 레바논(6%), 팔레스타인

---

5) "한국 브랜드 가치 급락 경제력에 훨씬 못 미쳐," 『조선일보』, 2008년 4월 24일.

(5%) 등, 세계에서 가장 어려운 처지에 있는 나라들과 비슷하다. 경제사회적으로 선진국 수준에 있는 한국의 국가만족도가 이처럼 낮다는 것은 여간 심각한 문제가 아니다.[6]

특히 '한국 사회에 지쳤다' '한국을 포기하고 싶다'는 말이 30~40대 입에서 거침없이 나오는 것은 사회적 위기가 아닐 수 없다. 직장도, 자녀교육도 희망이 없다며 한국을 등지려는 사람들이 많은 것은 분명 경계해야 할 일이다. '20~30대의 절반 정도가 기회가 되면 이민 가겠다'고 하는 현실은 보통 문제가 아니다. 이처럼 사회적 불신이 지속되면서 경제 성장률 저하, 사회갈등 심화, 이혼 증가, 자살률 증가 등 부정적 현상이 높아지고 있다. 감사할 줄 모르는 삶은 실패할 가능성이 높고 감사하는 삶은 성공할 가능성이 높다. 국가도 마찬가지다. 불평불만이 많은 나라는 불신과 갈등으로 정체되거나 쇠퇴하기 마련이다.

▎국민이 달라져야 선진국이 될 수 있다

6·25전쟁을 겪은 세대는 그들이 흘린 피와 땀과 눈물 그리고 그들이 성취한 것을 무척 자랑스럽게 여기지만, 6·25전쟁 이후 세대들은 부모세대와 그 이전 세대들의 고통과 경험을 잘 이해하지 못하기 때문에 자신들이 누리고 있는 것을 감사할 줄 모르고 자랑스럽게 생각할 줄도 모른다. 이것은 우리가 지나치게 외형적 성장에 치우친 나머지 이념적·정신적 기반을 다지지 못했기 때문이다. 경제적으로 지속적인 고도성장을 이룩했고, 어느 나라에 비해도 훌륭한 산업시설을 건설했으며 고속도로와 전자통신망 등 선진국과 비교해도 손색이 없는 기반시설을 갖추

---

6) "한국, 국가·지도자 만족도 최하위권," 『문화일보』, 2007년 7월 25일; "사설: 국가·지도자 만족도가 세계 최하위권인 이유," 『문화일보』, 2007년 7월 26일.

었지만, 우리의 국가이념인 민주주의와 자본주의의 원리를 이해하고 생활화하는 것을 소홀히 했다. 다시 말하면, 민주주의의 외형은 갖추었지만 사회적 갈등관리는 후진적인 것이 너무 많고, 매우 능률적인 시장경제를 건설하는 데 성공했지만 그 이념적 바탕이 취약하다는 것을 부인하기 어렵다.

우리는 여러 가지 면에서 세계 최고 수준을 자랑하지만 유감스럽게도 우리 주변에는 후진적이며 부끄러운 모습도 적지 않다. 우리의 후진적인 모습은 교통질서와 공중도덕이 무시되고, 조직폭력은 늘어나고, 물자는 낭비되고, 법(法)보다는 '떼법'이 우선하고, 공권력의 권위가 땅에 떨어진 것에서 여실히 나타나고 있다. 그래서 우리는 외국인들로부터 샴페인을 너무 일찍 터뜨렸다는 비아냥거림을 듣고 있다. 미국 같은 나라에서도 토요일에 우체국과 은행이 일을 하는데 우리는 그렇지 않다. 선진국은 8시에 일과를 시작하는데 우리는 9시에 시작한다. 선진국이 실시하고 있는 여름철 일광절약 제도를 다시 채택하려하자 강력한 반대에 부딪치고 말았다. 저축률이 가장 높던 나라에서 가장 낮은 나라로 둔갑했다.

선진국에 이르는 데 소득수준의 향상보다 훨씬 어려운 과제는 국민의식수준의 향상이다. 우리 자신이 과연 선진 시민의 자질과 품격을 갖추고 있는가? 구미 선진국을 방문했을 때 시민의식 수준에 감탄할 때가 많다. 질서의식, 남을 배려하는 정신, 공중도덕, 청결성, 더불어 살아가는 공동체 의식 등 우리를 부끄럽게 하는 것들이 많다. 후진국에서나 볼 수 있는 일이 선진국을 자처하는 우리나라에서 자주 벌어지고 있다. 우리는 그동안 너무나 눈에 보이는 것에만 관심을 기울였으며 눈에 보이지 않는 중요한 것들, 즉 이념적 가치를 튼튼히 하는 데 소홀히 했다. 경제는 성장했지만 국민의 공중도덕과 법질서의식이 이에 못 미쳐 '졸부 근성'을 나타내고 있다. 국격(國格)을 높이지 않고는 일류 선진국이 되기 어렵다. 국격을 높인다는 것은 무슨 의미인가? 그것은 곧 국민들의 평균적 인격(人格)을 높이는 일이다. 정신적 각성 없이 경제발전이 어렵거니와 발전이 된다 하더라도 행복한 사회 그리고 선진사회가 될 수 없다. 선진국이 되려면 소득수준을 높이는 것 못지않게 국민의식 수준을 획기적으로 높여야 한다.

제2부 • 되돌아보아야 할 우리의 모습

일류 선진국이 되는 것은 쉬운 일이 아니다. 일등 국민이 못되면서 일류 국가가 된 경우는 없다. 따라서 우리는 먼저 일류 선진국이 되는 데 장애요인은 무엇이며, 특히 일등 국민으로서 못 미치는 자질은 무엇이며 그러한 문제들을 어떻게 극복할 것인가 살펴볼 필요가 있다. 우리나라가 역사적 소용돌이 속에서 급속한 발전을 했기 때문에 구조적 모순이나 후진적 요소가 없지 않다. 여기서는 법질서 문제 등 일반적인 문제로부터 미국산 쇠고기 반대 시위, 용산 재개발 반대 농성 등에서 나타났듯이 사회정치적 쟁점을 불법 시위나 폭력으로 해결하려는 것으로부터 세종시 논란에서 보여주듯이 국가적 이슈를 민주적 절차에 의해 해결하지 못하는 정치적 후진성, 반미운동에서 나타나는 배타적 민족주의, 그리고 국가기능에 중추적 역할을 하는 지도층과 공무원, 교사 등과 관련된 문제들을 집중 조명하고자 한다.

후진국을 방불케 하는 법질서 수준

교통질서는 한 나라의 민도(民度)를 가름하는 척도이다. 그런데 우리 나라의 교통사고율은 세계 최상위권이다. 음주운전 노상단속은 다반사가 되었고 저녁이나 이른 새벽 빨간 신호등을 무시하고 질주하는 차량도 많다. 경찰청에 따르면, 2008년 한 해 동안 21만 6천여 건의 교통사고가 발생해 5천 870명이 숨진 것으로 나타났다. 2007년 차량 1만 대당 사망자수는 3.1명으로 OECD 30개 회원국 가운데 5번째로 많았고 OECD 평균의 두 배를 넘는다.[1]

또한 한 나라의 국민의식 수준은 법질서 수준을 통해서도 판단할 수 있다. 2009년 2월 경찰청이 펴낸 『주요 외국의 불법 집회시위 대응 현황 자료집』에 따르면 서울의 인구 100만 명당 집회·시위는 736건으로 워싱턴DC(207건), 파리(186건), 도쿄(59건) 등, 세계 주요 도시보다 월등히 많았다. 특히 도쿄보다 12배나 많다는 것은 충격적이다. 이 같은 빈번한 불법 시위로 서울 같은 대도시는 교통이 마비되고 시민생활에 불편을 초래하는 등 사회경제적 피해가 막심하다. 우리의 법질서는 국제기준으로 보면 수준 이하라 해도 과언이 아니다. 미국의 리스크 분석기관인 정치위기관리그룹의 조사에 의하면, 90년대 한국의 법질서 지수 평균은 OECD 30개 회원국 중 28위로 최하위권이다.[2] 또한 OECD 회원국의 '법질서 지수' 통계를 보면 한국은 4.3점을 얻어 30개 국가 중 27위로 최하위권이다. 미국과 영국은 5.9점, 일본과 독일은 5.6점, 프랑스는 5.3점으로 우리보다 훨씬 높으며 오스트레일리아, 캐나다, 네덜란

---

1) "보행자 사망률 OECD 1위," 『동아일보』, 2009년 9월 8일.
2) 전득주, 『선진한국 어떻게 만들까』(서울: 동아일보사, 2009), 159면에서 인용.

드, 덴마크 등 11개국은 6점 만점을 얻었다. 우리나라보다 낮은 나라는 터키, 멕시코, 폴란드였다. 교육수준이나 국가발전 면에서 우리보다 훨씬 뒤떨어진 나라들과 비슷한 수준이다. 한국에서 폭력과 무질서가 일상화되어 아무렇지도 않게 여기는 경향이 있지만 국제사회에서는 후진국으로 보일 가능성이 크다.

경찰청이 2009년도 국정감사 자료로 제출한 것을 보면 2008년 경범죄처벌법 위반으로 적발된 사례가 30만 8천여 건이었지만 일본은 1만 8천여 건에 불과하여 우리의 기초질서 위반 비율이 일본의 44배나 되고 있다. 경범죄 가운데서도 시끄러운 소리 등으로 이웃에 폐를 끼친 '인근 소란죄'로 단속된 경우가 일본은 25건인데 비해 한국은 1,000배가 넘는 4만 7천여 건이었다. 오물투기는 일본이 98건인 반면 한국은 6만 940건, 노상방뇨는 일본은 191건에 불과하지만 우리는 1만 1천 535건이었다. 아무리 일본이 질서와 규칙, 남에 대한 배려 측면에서 세계 최고 수준이라고 하더라도 너무나 큰 격차에 할 말이 없다. 우리는 일본이라면 무조건 알레르기 반응을 일으키는 경향이 있지만 법질서 면에서 일본인들에게 고개를 숙이지 않을 수 없다.

2009년 11월 부산의 한 실내 실탄사격장에서 불이 나 16명이 숨졌으며 그중 12명이 일본인 관광객이었다. 이웃 나라 일본에 우리의 후진성을 여지없이 노출한 사건이다. 일본 언론들은 '어떻게 시내 중심가에 실탄 사격장이 들어설 수 있는가,' '화재 대비 시설이 소홀한 것 아닌가,' '당국의 점검은 소홀하지 않는가' 등, 도저히 이해할 수 없는 일이 벌어졌다고 보도했다. 준법정신이 없으면 규정을 제대로 지키지 않게 되고 그 결과로 각종 대형 사고가 빈번이 일어난다. 떼죽음을 당하는 대형 화재는 매년 몇 차례 일어나고 있고 그동안 백화점 붕괴, 교량 붕괴, 항공기 추락, 선박 침몰 등 대형 참사사건이 수없이 많았다. 옛말에 '소

잃고 외양간 고친다'고 했지만 우리는 어쩌면 고치지도 않은 채 소 잃기를 되풀이하고 있는지도 모른다.

동방예의지국은 어디로 갔는가

이처럼 우리는 법질서 면에서 후진국 수준을 면치 못하고 있다. 이것은 정말 부끄러운 자화상이다. 우리 선조들은 경제적으로 못살고 군사적으로 침략에 시달렸지만 중국은 우리나라를 문화민족으로 대우했다. 일찍이 2500년 전 공자(孔子)는 우리나라를 가리켜 "그곳에 가 살고 싶다. 누추하지 않다"고 했고, 공자의 7대손 공빈(孔斌)은 "풍속이 순후(淳厚)해 길을 가는 이들이 서로 양보하고, 음식을 먹는 이들이 서로 권한다"며 동방예의군자지국(東方禮儀君子之國)이라고 찬사를 아끼지 않았던 것이다. 그런 전통을 물려받은 우리가 선조들의 명성을 여지없이 더럽히고 있는 것이다. 과거에는 고요한 아침의 나라라고 알려졌지만 이제는 한밤중에도 촛불과 함성이 끊이지 않을 만큼 폭력과 시위와 무질서가 일상화된 나라로 전락했다. 경제적 수준에 비해 나라의 품격이 훨씬 뒤떨어져 있다.

불법 집회에 대한 정부와 사법 당국의 소극적 대처로 현행법 위에 '떼법'과 '정서법'이 있다는 잘못된 인식이 널리 퍼져 있다. 그 이유는 무엇보다도 정부가 불법 폭력 시위에 빈번히 양보하여 그들의 요구를 들어주기 때문이다. 한국개발연구원(KDI)이 2007년 초 발표한 「법질서 준수가 경제 성장에 미치는 영향」이란 보고서에 의하면, 우리사회의 잦은 불법시위와 관련, "그동안 정부가 불법시위 등에 단호하게 대처하지 못함에 따라 떼를 쓰면 보상을 받는다는 생각이 사회 기준으로 자리 잡을 가능성이 커지고 있다"고 지적했다. 이 보고서에서 1989~2003년의 집회와 시위를 분석한 결과 적법(適法) 시위를 했을 때 요구사항 수용 비율

(25.2%)보다 불법 시위를 했을 때 요구사항이 받아들여지는 비율(29.1%)이 더 높은 것으로 나타나고 있다.[3] 뿐만 아니라 사법부에는 언제부터인가 '온정(溫情)주의'가 깊이 자리 잡고 있다. 각종 범법자에 대해 최소한의 법정 형량을 선고하는 풍토가 생긴 것이다. 폭력시위를 벌인 사람들이 집행유예로 풀려난 후, 곧바로 그러한 불법시위에 가담하는 것이 우리의 현실이다.

처벌을 두려워하지 않으니 공무집행 방해도 서슴지 않는다. 경찰청이 발표한 자료를 보면 최근 5년간 공무집행 방해 사범이 지속적으로 증가하고 있는 것으로 나타났다. 2007년은 그 전 해에 비해 무려 41% 증가했고 2008년에는 70%나 증가했다. 특히 흉기 등으로 경찰의 공무집행을 방해하거나 경찰관에게 상해를 입히거나 사망에 이르게 하는 등, 심각한 공무집행 방해 사범이 4천 건을 넘고 있다. 그런데도 공무집행 방해사범에 대한 처벌은 구속이 13%에 불과했다. 검사나 판사들이 관용을 베풀기 때문이다. 경찰관을 폭행하거나 공무집행을 방해하는 사범을 가볍게 처벌하면 치안불안을 가중시킬 뿐이다. 대통령이 사면령으로 전과기록조차 없애버려 법을 어기는 것조차 두려워하지 않는 사람들도 적지 않다. 더구나 정치권과 일부 시민단체는 불법 폭력 시위의 원인이 정부당국이나 경찰에 있다고 주장하여 준법의식을 약화시키는 데 기여하고 있다. 공권력에 대한 신뢰는 국가의 기본이고 법치주의의 상징인데 검찰의 조사 결과를 야당이 반박하고 시위자들이 진압경찰관에게 뭇매를 가하는 일이 다반사로 일어나고 있다.

---

3) "불법·폭력 시위가 성장률 1% 날렸다,"『중앙일보』, 2007년 1월 8일.

만연된 법질서 경시풍조

이명박 정부는 허물어진 법질서를 바로 잡는 것을 주요한 국정과제로 삼고 있다. 흐트러진 법질서를 바로 잡으려면 냉철하고 일관성 있게 법을 적용해야 하지만 '쇠고기 파동'으로 법질서 확립 의지가 약화되었으며 더욱이 이명박 대통령의 포퓰리즘까지 더해져 법질서 확립에 기대하는 성과를 내지 못하고 있다. 이명박 정부는 '생계형(生計型) 정치'를 강조하면서 서민들의 법질서 위반 단속에 느슨한 기준을 적용하여 같은 교통법규 위반이라도 서민은 범칙금을 덜 내도록 했다. 교통규칙을 위반해도, 도로에서 법을 어겨도 생계를 위한 것이라면 곧 풀려나고 벌금도 적게 내게 될 것이니 크게 문제될 것이 없다는 법 경시풍토가 만연될 가능성이 있다. 2009년 광복절을 계기로 실시한 대통령 특별사면에서 '생계형'이라는 기준을 내세워 교통규칙 위반자들을 모두 사면했으며 그중에는 음주운전 전과자도 모두 포함되었다. 그런데 음주운전 사면자 17명이 사면된 바로 그날 또 술을 마시고 운전대를 잡았다가 경찰에 적발되었다. 그 다음 날은 24명이 걸렸고, 그런 식으로 한 달 동안 같은 이유로 적발된 사람이 643명이나 된다. 경찰에 들키지 않은 음주운전 전과자는 매우 많았을 것이 틀림없다. 이처럼 정부가 법질서 확립에 대한 분명한 원칙을 허물어버리면 사람들이 법을 우습게 여기게 되는 것이다.

신성해야 할 법정에서도 법질서는 '구겨진 휴지'나 다름없다. 사회적으로 논쟁이 된 사건을 다루는 재판에서 법정은 아우성과 고함과 무질서로 난장판이 되어 법과 질서의 최고 권위인 법정은 갈수록 위축되고 법관들의 모습도 초라하게 만들고 있다. 수백 명의 방청객이 재판 도중 재판부와 검사를 향해 항의하고 욕설을 하여 재판이 중단되기도 한다. 예를 들면, 미국산 쇠고기 수입반대 시위 관련 재판과 용산 재개발 관련사건 재판 과정에서 법정이 여러 차례 구호와 고함이 난무하는 시위현장으로 변했다. 미국의 경우 법원 모욕죄에 대해 판사가 직권으로 6개월까지 구금(拘禁) 처벌을 내릴 수 있다. 우리의 법원조직법은 판사가 직권으로 감치(監置)명령을 내릴 수 있는 기간이 최대 20일밖에 안 되지만 법원은 그 권한이나마 제대로 행사하지 않고 있다. 법정이 특정 이념 집단의 광기(狂氣) 앞에서 짓밟히고 있는데도 법원이 스스로의 존엄을 지키기 위한 최소한의 방어수단마저 포기하고 있는 것이다.

법원은 법과 질서 확립의 최후의 보루라 할 수 있다. 그런데 일부 판사들의 이념편향적 판결을 한 것은 국가정통성과 법치주의라는 면에서 중대한 문제이다. 즉, 강기갑 의원의 국회 폭력 사건, 촛불시위 관련 MBC 'PD수첩' 제작진의 허위보도 사건, 그리고 전교조 교사가 학생들을 '빨치산' 추모제에 참여시킨 사건 등에 대해 판사들이 연달아 무죄를 선고했고 전교조 시국선언의 불법성에 대해서도 판사에 따라 엇갈린 판결을 함으로써 법원의 권위와 신뢰에 심각한 타격이 되고 있다. 적지 않은 판사들이 국가정통성에 대해 잘못된 인식을 가지고 재판에 영향을 미친다면 참으로 심각한 문제가 아닐 수 없다. 법원마저 법질서 확립에 대한 분명한 입장을 보이지 않는다면 국회 폭력, 광우병 소동, 용산사태, 민노총의 불법파업과 전교조의 정치투쟁 같은 것들이 계속될 수밖에 없다.

아무리 명분이 정당하다 하더라도 수단이 잘못되면 정당화될 수 없지만 우리 사회에는 폭력수단을 동원하는 것이 다반사가 되었다. 폭력과 무질서가 만연된 사회는 야만사회이며 언제 무너질지 모르는 모래성과 같다. 법과 질서가 무너지면 불확실성이 높아지고 국가공동체가 무력화되고 경제적으로 엄청난 손실을 초래한다. 또한 사회가 무질서하고 치안이 불안하면 국제신인도의 하락으로 외국인 투자가 줄어들고 수출이 타격을 받게 되는 등, 경제적 손실이 눈덩이처럼 늘어난다. 한국개발연구원이 2007년 초 발간한 「법·질서 준수가 경제 성장에 미치는 영향」이란 보고서를 보면, 1991~2000년의 10년간 낮은 법·질서 준수로 인해 경제성장이 매년 1% 내외의 손실을 본 것으로 추정했다. 이 보고서는 광화문이나 시청 등 도심 집회는 합법일 경우 1회당 437억 원, 불법일 경우 776억 원의 사회경제적 손해가 발생하는 것으로 추산했다.

일반국민의 준법정신도 전반적으로 흐트러져 있다. 정부가 실시한 설문조사를 보면 국민 10명 중 9명은 '법보다 돈이나 권력이 더 세다'고 생각한다. 국민의 70%가 '법은 공평하지 않다'고 답했고 3명 중 한 명은 '법대로 살면 손해'라고 인식하고 있다.[4] 한국 사회가 처한 법질서 위기는 곧 신뢰의 위기, 정부의 위기, 국가경쟁력의 위기이기도 하다.

광범위한 탈세

탈세도 우리 사회에 상당히 널리 퍼져 있는 불법행위 중의 하나이며, 특히 고소득층에 탈세가 만연되고 있다. 국세청이 조사한 바에 의하면, 일반 자영업자의 소득포착률은 70% 수준이며 고소득 전문직과 자영업자의 소득포착률은 이보다 훨씬 낮다. 사우나, 단란주점, 나이트클럽, 스포츠센터 등은 신고하는 소득이 실제 소득의 절반에도 훨씬 못 미치고 있다. 자영업자와 전문직이 소득을 줄여서 신고하면서 그들은 의료보험과 국민연금의 부담금도 적게 내게 된다. 이들이 탈세를 함으로써 '유리알 지갑'으로 불리는 봉급생활자들의 세금은 물론 연금과 의료보험의 부담금까지 많아지게 된다.

1995년 대구 지하철 공사장 가스폭발로 인한 주변 상가의 피해보상과 관련하여 평소 상인들의 탈세가 스스로의 발목을 잡는 결과를 초래

---

4) 『서울경제신문』, 2009년 6월 30일.

했다. 대구시가 상인들에게 제시한 보상액은 과거에 신고하고 납부한 소득세를 피해보상 기준으로 삼겠다고 하자 상인들은 "자영업자들이 소득을 제대로 신고하지 않는다는 것은 삼척동자도 아는 사실이다. 이를 무시하는 시청은 각성하라"는 플래카드까지 내걸며 강력히 반발했다. 로스앤젤레스 흑인폭동 당시 피해를 본 한인 상인들도 보험금을 타내는 데 비슷한 문제가 발생했다. 그들은 평소 소득을 형편없이 낮게 신고했기 때문에 피해액보다 훨씬 적은 보험금을 받을 수밖에 없었지만 미국에서는 우리나라처럼 떼를 쓸 수도 없었다. 미국에서는 각자가 자진해서 소득신고를 하지만 탈세에 대해 엄격하기 때문에 대부분 정직하게 신고한다. 정직한 세금 신고는 민주시민의 기본적 자질이다. 미국 건국의 아버지의 한 사람인 벤자민 프랭클린은 "이 세상에서 피할 수 없는 것은 죽음과 세금뿐이다"라고 했는 바 이것은 납세가 민주시민의 의무로서 얼마나 중요한가를 지적하고 있는 말이다.

미국의 범죄학자 제임스 윌슨(James Wilson)과 조지 켈링(George Kelling)은 1982년 '깨진 유리창 이론(broken windows theory)'을 발표한 바 있다. 이 이론에 의하면, 깨진 유리창 하나를 방치해 두면, 그 지점을 중심으로 사람들의 무질서한 행동이 확산된다는 것이다. 하나 둘 그 주변에 쓰레기를 갖다 버리고, 돌을 던져 다른 유리창을 깨는 이들도 생긴다. 결국 건물의 모든 유리창이 깨지게 되고 그 일대는 무법천지가 된다는 것이다. 마찬가지로 공중질서를 무너뜨리면 경제도 발목이 잡히고 문화도 삶의 질도 후진국 수준을 벗어나지 못하게 된다. 따라서 무엇보다 시급한 문제는 나라의 기강을 바로 세우는 일이다. 그것은 곧 법질서 의식의 회복이고 법의 엄정한 집행을 의미한다.

법질서 확립은 국가경쟁력 강화를 위해서도 시급한 문제이다. 안정된 법질서는 예측가능성이 높아지고 상호신뢰가 높아져 투자가 늘어나고 창의력 발휘와 경쟁을 통해 경제발전에 기여한다. 법질서 의식이 낮으면 외국인 투자자의 입장에서 볼 때 그 나라의 정치경제 상황이 불확실해서 투자위험이 크다고 판단해 투자를 꺼리게 된다. 유엔 무역개발협의회(UNCTAD)가 조사한 2006년 우리나라의 외국인 직접투자(FDI) 잠재력 순위는 세계 17위이지만 우리나라에 대한 외국인의 실제 투자는 47위에 머물고 있다. 우리나라의 국내총생산 대비 외국인 직접투자 비율은 1.08%로 OECD 국가 평균 4.56%에 크게 밑돈다. 일류 선진국이 되려면 국민의식 수준이 선진화되고 법질서가 확립되고 공중도덕이 넘치게 해야 한다. 그러한 변화 없이는 일류 선진국이 될 수 없는 것이다.

미국산 쇠고기 수입반대 시위

2008년 4월 말부터 3개월 가까이 서울 도심을 점거하여 정부 공권력을 무력화시킨 미국산 쇠고기 수입반대 시위는 여러 가지 면에서 우리 사회의 약점을 노출시킨 사건으로 우리 민주주의 역사에 부끄러운 기록으로 남게 될 것이다.

이명박 정부 출범으로 좌절감에 빠졌던 세력이 '광우병 국민대책회의'라는 간판을 내걸고 거짓선동에 나서면서 수많은 시민들이 속아 넘어가 수도 서울이 무정부상태에 빠졌던 것이다. 상당수의 지식인, 전문가, 언론인까지도 광우병 촛불시위를 부추기거나 지지했으며, 진보적인 매체와 인터넷은 왜곡되고 유언비어 같은 주장을 사이비 과학으로 포장하여 다수 국민을 공포에 몰아넣고자 했던 것이다. 선진국 진입을 눈앞에 둔 나라에서 상상조차 할 수 없는 일이 일어났던 것이다.

MBC PD수첩의 '미국산 쇠고기, 광우병에서 안전한가'라는 보도로 촉발된 시위는 대규모 정권타도 소요로 둔갑하여 우리 사회를 송두리째 뒤흔들었다. PD수첩 보도 진행자는 '목숨을 걸고 광우병 쇠고기를 먹어야 합니까'라는 포스터 앞에서 '주저앉는 소'를 가리키며 "광우병에 걸린 소"라고 했다. 딸이 광우병에 걸려 숨졌다며 눈물짓는 흑인 어머니의 인터뷰도 길게 내보냈다. 나아가 한국인 유전자는 인간광우병에 걸릴 확률이 94%라는 황당한 주장을 소개하기도 했다. 이 방송을 본 사람이라면 '광우병 덩어리 미국 쇠고기'에 대한 공포에 사로잡히지 않을 수 없었고, 그런 쇠고기를 수입허가한 정부에 대해 분노하지 않을 수 없었다. 사흘 뒤 촛불시위가 시작되자 수많은 사람들이 서울시청 앞 광장으로 몰려들었다. '아직 15년밖에 못 살았어요'라는 피켓을 든 소녀도 있었고 유모차를 끌고 나온 주부들도 있었다. 심지어 유치원과 초등학생까지 몰려나와 "미친 소 싫어. 이명박 싫어"라고 외치며 "미친 소 너[이명박]나 먹어"라는 피켓을 흔들었다.

나라의 심장부인 광화문 광장과 시청 앞 광장이 적게는 수만 명에서 많게는 수십만 명에 이르는 시위자들에 의해 점거당했으며 차량이 통행할 수 없어 서울 중심가는 사실상 마비되었다. 시위자들은 경찰을 공격하고 경찰차량을 파괴하며 정권타도를 외치는 소요사태로 번졌으며 그러한 불법 집회와 소요행위는 야간에도 계속되었다. 시위를 막는 전경들이 벽돌과 각목에 구타당하고 오물을 뒤집어쓰고 집단폭행을 당하는 등, 공권력이 무참히 짓밟혔다. 이 과정에서 경찰관 50여 명이 부상당하고 경찰버스 70여 대가 부서졌다. 대표적 신문인 조선일보와 동아일보가 그들의 시위를 제대로 보도하지 않았다는 이유로 시위자들로부터 공격을 받았다. 신문사 간판이 망치에 부서지고 출입문 유리창이 몽둥이에 박살나고 경비원들이 끌려 나가 발길질을 당했다. 이것이 민주주의의 이름으로 이루어졌다.

컨테이너로 시위에 대응한 나라

시위란 시민의 의견을 국가에 알리는 기본적 권리이며 평화적인 집회와 시위는 법에 의해 보장된다. 그러나 모든 선진국에서 법을 어긴 집회와 시위는 엄격하게 처벌받는다. 선진국에서는 경찰의 질서유지선 인 폴리스 라인(policeline)을 넘어서는 집회자들에 대해서 실탄을 제외하고 물대포, 최루탄, 고무탄 등 동원할 수 있는 모든 진압장비를 이용하여 무자비하게 진압한다. 2008년 봄 파리 이민자 소요 시 경찰의 진압과 정에서 엄청난 사상자가 발생했지만 어떤 언론도 불법을 두둔하거나 경찰의 과잉진압을 비판하지 않았고 오히려 치안을 바로 잡지 못한 경찰과 정부의 무능을 질타했다. 2009년 5월 미국의 수도 워싱턴에서는 시위를 벌이던 민주당 의원 5명이 폴리스 라인을 넘었다는 이유로 수갑에 채워져 경찰에 연행되었다. 의원들은 폭력을 사용하지도 않았고 경찰에 저항한 것도 아니었지만 폴리스 라인을 넘어 법을 위반했기 때문에 현장에서 체포된 것이다.

그런데 서울 도심지에서 계속되고 있던 이 같은 심각한 소요사태에 대해 경찰은 대형 컨테이너 3개로 방어벽을 쌓았다. 세계 어디서도 볼 수 없는 한심한 치안유지 방법이었다. 당시 대한민국에 과연 정부다운 정부가 있었다고 할 수 있는가? 대통령, 관계 장관, 검찰, 경찰 모두가 마땅히 해야 할 일을 하지 않았다. 이것이 세계 10위권의 경제력과 국민소득 2만 달러의 나라, 세계에서 교육수준이 가장 높은 나라에서 일어날 수 있는 일이었던가? 법과 질서를 제대로 유지하지 못하는 정부는 존재할 가치조차 없는 것이다. 선진국 문턱에 선 나라가 아니라 3류 국가에도 끼이기 어려울 것 같다는 생각이 들었다. 이처럼 부끄러운 뉴스가 시시각각 세계 곳곳으로 보내졌다. 당시 해외에 있던 필자는 우리나라의 한심한 모습이 날마다 그곳 텔레비전의 화면에 비춰지고 있어서 얼굴을 들지 못할 지경이었고 많은 해외교민들도 비슷한 심정이었다.

이 시위가 조직적인 반정부시위이고 반미시위였음에도 정치인들은 불법 시위자들에게 편승하는 발언을 했다. 이명박 대통령은 당시 "광화문 일대가 촛불로 밝혀졌던 그 밤에, 저는 청와대 뒷산에 올라가 끝없이 이어진 촛불을 바라보았습니다. 시위대의 함성과 함께, 제가 오래 전부터 즐겨 부르던 '아침이슬' 노래 소리도 들었습니다"라고 했다. 김대중 전 대통령은 이 집회를 민주적 집회라고 두둔했고 야당인 민주당 의원들은 불법집회에 참가하여 그들을 부추겼다. 심지어 여당 출신 김형오 국회의장 내정자는 "촛불집회가 세계 정치문화에 일점 획을 긋는 계기가 되었다"면서 "새로운 정치 패러다임의 형성이자 직접민주주의의 구체적 표상"이라고 예찬해 마지않았다. 국회의장으로 내정된 정치지도자가 민주주의가 무엇인지 국회의 역할이 무엇인지 잘 모르는 것 같았다. 4월에 선출된 국회가 이 시위로 몇 달이 지나도록 개원도 못하고 있었다. 국회는 광장의 혼란을 방지하기 위한 대의정치의 장(場)이 아닌가? 국회의장 후보자라면 거리의 정치를 중단하고 모든 문제는 국회에서 논의하자고 했어야 마땅하다.

진실은 곧 밝혀졌다. '주저앉는 소'는 '광우병 소'가 아니었고 눈물 짓는 흑인 여인의 딸의 죽음도 광우병과 무관했다. 미국산 쇠고기를 먹고 광우병에 걸린 미국인은 지금까지 한 사람도 없었고 우리나라 사람이 광우병에 특히 취약하다고 주장했지만 250만 재미 한국인들 중에 광우병에 걸린 사람은 없었다. 그것 말고도 영어 번역자에 의해 프로그램 전체에 걸친 날조와 왜곡, 과장과 거짓이 낱낱이 폭로되었다. 민주주의에서 가장 중요한 것은 언론의 자유이지만 거기에는 무거운 책임이 따른다. 그런데 그처럼 막강한 영향력을 가진 방송국이 사회적 책임은 망각한 채 잘못된 자료를 의도적으로 과장하여 국민을 선동했던 것이다. 공익방송이 아니라 공해방송이었던 것이다. 과학과 이성을 뿌리부터 부정하고 조작한 광우병 촛불집회가 100일 넘게 지속되었지만 여론 조작을 주도했던 MBC가 잘못을 신속히 사과하고 자체 조사를 벌여 책임소재를 분명히 해야 했거늘, MBC 간부들은 검찰의 소명이나 이사회의 해임 제청을 무시했으며 오히려 정부가 언론을 탄압한다고 강변하며 이명박 정부를 '독재정부'라고 규탄했던 것이다. 이런 사이비(似而非)가 사회 어느 부문이든 존재하고 있다면 합리와 상식에 바탕을 둔 선진사회가 될 수 없는 것이다. 제대로 된 나라라면 신망 있는 전문가들로 조사위원회를 구성해 PD수첩 사태의 시작부터 끝까지를 낱낱이 조사하여 백서(白書)를 내놓았을 것이다. 그리하여 관련자들이 법적 책임에 앞서 백서가 지적한 언론인으로서의 책임을 지도록 했을 것이다.5)

이 시위는 자발적인 시위가 아니라 좌파 반정부단체들에 의해 조직적으로 선동되고 동원된 시위였다는 사실이 드러났다. 좌파단체인 진보연대, 참여연대, 실천연대, 범민련 등 1,800여 개 단체로 구성된 '광우병 국민대책회의'를 중심으로 이루어진 것이다. 친북단체 연합체인 '6·15 남북공동선언 실천연대'가 작성한 '사업계획서'에 의하면, 4월은 준비기로서 좌익언론, KBS, MBC, 좌익 인터넷 매체를 이용하여 조직적인 반정부 홍보활동을 하며 MBC PD수첩의 광우병 보도를 반정부 투쟁의 도화선으로 삼는다. 2단계는 분출기로서 "반 이명박 촛불문화제"를 통해 대중투쟁에 서서히 불을 붙여 광주사태 기념일인 5월 18일을 계기로

---

5) "사설: 날조 PD수첩 '이 나라 뒤엎은 지 1년, 책임진 사람이 없다,'" 『조선일보』, 2009년 4월 28일.

전체 진보진영이 반미 반정부 투쟁에 돌입하며 전교조는 학생들을 세뇌시켜 촛불집회에 동원하도록 한다. 다음 단계는 도약기로서 5월 말까지 계속되며 일반인과 한총련(한국대학총학생회연합)이 나서 정부타도를 위한 촛불집회를 시작한다, 마지막은 폭발기로서 6월부터 시작되어 진보세력이 총결집하여 국민을 선동하며 6·15남북공동선언 8주년을 기해 정부를 전복하여 권력을 장악하려 했다는 것이다. 이것은 폭력혁명을 기도한 것으로서 용납될 수 없는 일이다.

이 시위를 통해 친북좌파 및 반미 세력이 상당한 규모라는 것이 노출되었다. 이 시위가 이처럼 대규모로 확대되고 오래 지속된 데는 그들이 광우병의 위험성을 과장하여 시위에 동조하도록 하는 선전선동력과 대중동원력이 뛰어났을 뿐 아니라 사회 일각에 내재된 반미정서를 자극할 수 있었기 때문이었다. 또한 이 시위는 밤에는 촛불시위였다. 친북좌파 반미세력은 2002년 여중생 사망사건으로부터 미군기지 평택 이전 반대, 한미 자유무역협정 반대 등 모든 반미시위에 촛불시위를 이용했던 것이다. 이에 비해 중국, 일본, 북한에 대해 비판해야 할 사건이 일어났을 때 그들은 촛불시위를 하지 않았던 것을 고려할 때 미국산 쇠고기 수입반대 시위는 반정부 시위였을 뿐 아니라 반미 시위였던 것이다.

무려 3개월이나 계속된 대규모 불법 시위가 국가와 국민에게 끼친 피해는 막대하다. 한국경제연구원이 쇠고기 수입반대 시위로 인한 사회경제적 피해를 추정한 결과, 직접 피해는 1조 574억 원, 간접 피해는 2조 6천 939억 원 등, 모두 3조 7천 513억 원이라는 막대한 손해를 입었다고 추산했다. 국제사회에서의 한국의 위신 손상으로 인한 손실은 이보다 훨씬 클 것이다.

검찰은 2009년 6월 미국산 쇠고기 관련 조작방송을 한 MBC PD수첩 제작진 5명을 기소했다. 검찰이 기소와 함께 공개한 방송작가의 이메일 가운데 "총선 직후 이명박에 대한 적개심이 하늘을 찌를 때라서 광적으로 일을 했다", "출범 100일 된 정권의 정치적 생명줄을 끊어놓는, 과거 그 어느 언론도, 운동세력도 해내지 못한 일을 해냈다"는 내용이 있었다고 했다. PD수첩 제작진의 조작 선동 방송은 그 전년도 말에 실시된 대통령선거와 그 해 4월에 있었던 총선거 결과를 부정하는 것으로, 이것은 이명박 정권을 선택한 민심에 대한 도전일 뿐 아니라 민주주의를 부정한 것이기도 하다.6)

▎조작과 선동에 휩쓸린 군중심리

▎쇠고기 수입반대 촛불시위는 또한 우리나라 사람들이 과학적 상식을 믿지 않고 합리적 판단을 하지 않는 경향이 있다는 문제점을 노출하고 있다. 여러 나라 사람들이 먹고 있는 미국산 쇠고기가 한국 사람에게 특별히 위험하다는 근거 없는 주장에 한국 사회가 동요되었던 것이다. 상당수의 학자, 언론인, 심지어 종교인까지 정치적이며 이념적인 이유로 자신의 양심과 진문지식에 어긋나는 주장을 했고 일부 언론과 인터넷은 이를 확대 재생산했던 것이다. 더구나 있지도 않은 사실을 조작하여 많은 국민을 분노하게 만들었다. 예를 들면 한 진보신당 당원이 '전경이 여성 시위자를 연행해 성폭행했다' 는 글을 인터넷 게시판에 올렸고 이것은 모든 인터넷 사이트로 전파되고 휴대전화의 문자 메시지로 전파되면서 수많은 사람들을 분노하게 만들었던 것이다. 이 같은 주장으로 국민을 선동한 것이 근본적인 문제이지만 합리적으로 판단하지 않고 동조한 사람들도 책임을 벗어날 수 없다고 본다.

---

6) "사설: 검찰이 '李정부 타도투쟁' 으로 판단한 MBC PD수첩," 『문화일보』, 2009년 6월 19일.

이 시위로 인해 국제사회에서 한국 사람들은 무질서할 뿐 아니라 상식적으로 이해가 안 가는 국민이라는 인식을 주어 대외적으로 우리나라의 이미지에 먹칠을 한 결과가 되었다. 일부 방송의 센세이셔널리즘과 왜곡보도가 전문가 의견이나 과학적 자료를 무의미하게 만들고 건전한 상식을 마비시키는 사회는 과학과 합리성을 특징으로 하는 오늘의 세계에서 정상적인 국가로 인정되기 어려운 것이다. 미주의 한인계 신문의 한 칼럼니스트는 "소는 멀쩡한데…"라는 제목의 칼럼을 썼다. 멀쩡한 소를 미쳤다고 우겨대는 우리나라 사람들이 정상이 아니라는 의미였다.

앤드류 새먼 더타임스 서울특파원은 조선일보에 기고한 글에서 한국에서는 전문가의 의견을 신뢰하지도, 존중하지도 않는다고 했다.[7] 이건 경시해서는 안 될 충고이다. 선진국이란 모든 부문에 철저한 직업정신이 자리 잡혀 있는 사회이다. 따라서 선진국에서는 MBC 'PD수첩' 같은 조작방송이나 일부 신문의 왜곡 과장 보도가 있을 수 없다. 언론종사자 스스로 이런 행위를 상상조차 못할 것이고 이에 동조하고 부추기는 사이비 전문가도 없을 것이지만, 그러한 행위를 한다면 국가기관과 이해당사자가 그 결과에 대해 가차 없이 책임을 지우기 때문이다. 다시 말하면, 선진국에서 광우병 불법시위와 같은 사태가 벌어지더라도 합리적 판단력을 가진 국민은 코웃음칠 것이고, 시위자들의 부당한 불매운동에 직면한 기업은 신문광고를 취소하기는커녕 고발과 소송으로 대응할 것이고, 언론은 그 허구성을 파헤치고, 경찰은 사정없이 진압하고, 대통령은 단호한 태도로 법과 원칙에 의해 사태를 다룰 것임을 천명했을 것이다.

그러나 우리 사회는 이 점에서 후진국에 가까웠다. 후진국의 특징은

---

7) "남의 말 안 듣는 한국," 『조선일보』, 2010년 2월 11일.

법치와 원칙이 실종되어 잘못된 것을 바로잡는 자정(自淨) 기능이 마비되는 것이다. 그래서 광우병 소동 같은 황당한 일이 되풀이될 가능성이 크다. 예를 들면, 2010년 천안함 격침 후 좌파·친북·반미 단체들은 위중한 국가안보 현안에 대해 암초 좌초설, 내부 폭발설, 해군 기뢰에 의한 폭발설, 미군의 오폭설 등 객관적 근거가 없는 주장을 인터넷을 통해 유포시키면서 북한 공격론을 뒤집고자 한 것이다. 이러한 현상이 수시로 나타나는 사회는 결코 일류 선진국이 될 수 없는 것이 분명하다.

용산 재개발 반대 농성사건

3개월간 계속된 미국산 쇠고기 수입반대 시위가 끝난 지 6개월도 안된 2009년 1월 20일 새벽 서울 용산구 한강로 2가의 5층 건물인 남일당 옥상에서 화염병 시위를 벌이던 농성자들을 진압하는 과정에서 발생한 화재로 경찰관 1명 등 6명이 사망하고 25명이 부상당하는 사건이 일어났다. 경찰의 진압작전 개시 40여 분 만에 연쇄 폭발음과 함께 농성자들이 설치한 5m 높이의 망루에 불길이 치솟았다. 농성자들이 망루에서 경찰을 향해 시너를 뿌리고 화염병을 던지고 새총을 쏘며 저항하는 과정에서 불이 시너에 옮겨 붙어 폭발이 일어났던 것이다. 그들의 투쟁방식은 도시게릴라를 방불케 했다. 그들이 설치한 망루 속에는 쇠파이프 250개, 시너 20리터짜리 70여 통, 염산 20L짜리 2통, 화염병 수백 개, 염산병 40개, LP가스 20kg들이 다섯 통, 새총 발사대 20개, 골프공 1만 개, 유리구슬 3,000개 등, '전투준비'를 철저히 했다. 그들은 극단적 대결로 몰고가 재개발 사업 자체를 저지하는 것은 물론 사회에 큰 파장을 일으키려 한 것으로 보인다.

서울시는 2006년 4월 용산구 한강로 2가 일대를 도시환경 정비사업 지구로 지정하고 절차에 따라 보상했지만, 보상에 반발하는 상가 세입자 86세대가 '용산 세입자 대책위원회'를 조직했고 2008년 초 전국철거민연합(전철련)에 가입했다. 그러나 대부분의 세입자는 대책위원회에서 탈퇴하고 26세대만 남아 2009년 초부터 농성에 대비하여 화염병은 물론 유리구슬과 골프공을 탄알로 이용한 대형 새총까지 만드는 등, 과격한 농성을 준비했다. 그들은 인천에 있는 전철련에 가서 망루 제작 교육을 받았고 화염병과 염산병도 제조했다. 재개발에 대해 불만이 있었다면 당국에 진정을 하거나 법적인 절차를 통해 해결하는 것이 마땅했지만 그들은 조직적인 폭력수단을 택했던 것이다.

2009년 1월 19일 세입자 10명과 외부인 22명이 복면을 하고 남일당 건물을 점거한 후 경찰을 향해 200여 개의 화염병, 40여 개의 염산병, 수천 개의 골프공, 수백 장의 벽돌 등을 던져 인근 건물에 불이 났고 떨어지는 화염병 등으로 시간당 5천 대의 차량이 통과하는 한강로 8차선 도로가 다섯 차례나 마비되기도 했다. 시너 등 인화성이 강한 물질은 어느 순간 불길이 닿기라도 하면 그대로 폭발하면서 인명을 빼앗을 수 있는 매우 위험한 화학물질이다. 골프공 새총에 맞았을 경우 상대방이 어떤 피해를 입으리라는 건 상상만 해도 아찔하다. 이러한 위험을 알면서도 자기들의 주장을 폭력수단을 통해 해결하려 한 것은 이유를 불문하고 범죄행위로 지탄받을 수밖에 없다.

농성에 가담한 세입자들은 서울시로부터 공익사업을 위한 토지 등의 취득 및 보상에 관한 법률에 규정된 3개월치의 휴업보상비와 4개월 치의 주거이전비를 받았지만 이에 불만을 품고 대체상가 보상 등 규정 이상의 보상을 요구했던 것이다. 당시 용산 재개발지역 세입자 903명 가운데 보상에 합의하지 않은 사람은 23명에 불과했다. 이미 재개발지역의 건물 80% 정도가 철거되어서 철거민들이 방화할 정도로 심각한 상황은 아니었고 대화로 해결할 수 있었다고 본다. 이미 절대다수의 철거민이 보상된 재개발지역에서 소수의 철거민들이 건물을 점거하여 화염병을 던지고 시너통에 불을 붙이면서 경찰에 전투하듯이 대항하는 것은 아무리 생존권의 문제라고 해도 동정의 여지가 없다. 영국의 BBC방송은 용산 철거민 참사 사건에 대해 "죽음의 충돌"이라고 보도했다. 문명사회라면 도저히 있을 수 없다는 이야기다.

그런데도 김대중 전 대통령은 용산 사태에 대해 "잘사는 사람을 위한 정치는 필요 없다." "민주당이 이번 용산 참사의 모멘텀을 타고 2, 3월을 잘 싸우면 4월에 있을 재·보궐선거에서 좋은 성적을 거둘 것"이라 했다. 국가 최고지도자를 지낸 분이 국가보다는 정파의 입장을 앞세워 법질서 확립에 나선 정부를 비난하며 불법 집단행동을 두둔한 것은 선진 민주국가에서는 상상도 할 수 없는 일이다. 이러한 분위기에 힘입어 종교단체들도 너도 나도 용산으로 달려갔다. 그러한 가운데 야당인 민주당은 이 사태를 이용하여 정치적 이득을 챙기려 분주했으니 우리의 천박한 정치수준을 또 한 번 노출시켰다고 볼 수밖에 없다.

도시 게릴라를 방불케 하는 불법 농성

경찰은 사건 현장에서 농성 가담자 28명을 연행했다. 보상금에 불만을 느낀 철거민들이 다수라고 알려졌지만 실상은 달랐다. 연행자 중 세입자는 7명뿐이었고 나머지 21명은 상습적 '원정 시위대'인 전철련 회원들이었으며 사망자 5명 중 3명도 원정 시위대에 속한 사람들이었다. 용산 참사를 배후 조종한 혐의로 수배된 전철련 의장 등 3명은 체포영장이 발부된 사람들이었다. 이들 상습적인 시위자들이 화염병 투척

등 극렬 시위를 주도한 것으로 나타났다. 재개발지역마다 일어나고 있는 조합과 세입자 간의 갈등을 부채질하고 악용한 것은 불법 폭력 투쟁 경력이 화려한 전철련이었다. 이들의 과격 성향은 과거 불법시위 현장에서 여러 차례 나타났다. 예를 들면, 그들은 2003년 11월 서울 동작구 상도 2동 재개발 철거현장에서 사제 총을 사용해 논란을 빚었다. 2000년에는 철거민 대책을 요구하면서 당시 여당이던 새천년 민주당사를 점거하고 화염방사기를 쏘며 무력시위를 벌였다. 이번 사건처럼 망루 설치도 이들의 주요한 투쟁방법이다. 2005년 오산에서는 망루를 설치하는 전철련 회원을 막던 용역업체 직원이 전철련 회원이 던진 콘크리트에 맞아 사망하기도 했다.

법원은 2009년 10월 28일 '용산 철거민 참사사건'에 대한 판결문에서 "사정이 절박했어도 건물을 점거하고 방패와 소화기만 가지고 공무를 집행하는 경찰에게 위험물질을 쏟아 붓는 것은 국가법질서를 유린하는 행동"으로 보았고 "한강대로 주변인 점을 감안할 때 진압할 필요가 있었다"고 판단했으며 또한 "동기가 정당해도 수단이 정당화되는 것은 아니다"라고 했다. 이에 따라 법원은 "남일당 건물 화재는 (농성자들의) 화염병 투척에 의해 발생한 것으로 추정된다"며 진압경찰관의 생명을 앗아간 책임을 물어 특수공무집행방해 및 치사 혐의에 대해 유죄를 인정하여 이충연과 전철련 김모씨는 징역 6년, 다른 5명에게는 징역 5년, 나머지 2명은 징역 2~3년, 집행유예 3~4년이 선고됐다.

그러나 전철련의 극한투쟁과 야당 및 일부 시민단체들의 개입으로 사망자의 장례도 치르지 못한 채 1년 가까이 끌어오다가 2009년 마지막 날 재개발조합이 희생자 유족에게 모두 35억 원의 보상금을 지급하기로 하면서 타결되었다. 농성 사망자 5명의 유족은 재개발조합으로부터 1인당 평균 7억 원의 보상금을 받게 된 반면 같은 사건으로 숨진 경찰관의 유족에게 정부가 지급하는 보상금은 1억 3천만 원에 불과하였다. 보상금 액수를 보면 불법은 큰 보상을 받고 합법적인 공무행위는 현저히 빈약한 보상을 받은 셈이다. 보다 근본적인 문제는 불법으로 농성을 하고 그리고 시신을 놓고서 떼법을 부린 자들에게 거액을 주고 합의를 했다는 것은 돈으로 사회적 분쟁을 해결한 잘못된 선례이며, 떼법이 법과 원칙을 이겼다는 비난을 면할 수 없다. 이들 불법 농성세력은 서울 도심에서 '범(汎)국민장'이라는 이름으로 장례식을 치렀으며 민주당, 민노당, 진보신당 대표들도 참석하여 조사를 읽었다.

불법 시위에 단호히 대응하는 선진국

웨이코 사태에 대한 미국 정부의 대응은 용산사태와 좋은 대조가 된다. 웨이코 사태는 1993년 4월 19일 텍사스주 웨이코 인근 농장에서 발생한 사건이다. 당시 종말론파 종교집단인 다윗파의 교주 데이비드 코레시가 신도들과 함께 51일째 농성 중이었다. 오전 5시 55분 미 연방수사국(FBI) 소속 인질구출팀 요원들이 최루탄을 쏘며 진압작전을 시작했으며 이 와중에 건물에 불이 나 76명(어린이 21명 포함)이 사망한 사건이다. 당시 미국에서는 과잉진압 논란이 벌어졌고 희생자들은 정부를 상대로 소송을 제기했다. 그러나 법원은 진압대원들이 농성자들의 탈출을 방해하지 않았고 화재가 급속히 번지도록 만들지 않았기 때문에 정부의 책임을 물을 수 없다고 판결했다. 이 사태 당시 적극 저항한 다윗파 신도 8명은 최고 40년형을 선고받았다. 반면 진압작전에 참가한 연방요원은 한 명도 처벌을 받지 않았다.

경찰청이 발간한 「주요 외국의 불법 집회시위 대응 현황 자료집」에 따르면 선진국들은 불법 집회와 시위에 대해 엄격히 처벌하는 것으로 나타났다. 미국 시카고에서는 신원 확인을 방해할 목적으로 마스크를 착용하는 행위에 대해 1년 이하의 징역에 처하도록 규정하고 있다. 캐나다는 시위 진압 경찰관이 폭동 진압 임무를 수행하다가 저항하는 시위자를 사망이나 부상에 이르게 할 경우 민·형사상 소송의 대상이 되지 않는다고 규정했다. 일본은 경찰관을 폭행하는 시위대는 현장 지휘관의 지시 없이도 공무집행방해 현행범으로 구속 수사할 수 있도록 했다. 경찰은 국가가 독점하는 법적 강제력을 행사하여 법과 질서 위반 행위를 예방하고 위반자들을 적법절차에 의해 체포하고 처벌하는 법집행기관이다. 그래서 미국에서는 경찰(police)이라는 용어보다는 무관용 원칙을 철저히 지키는 법집행기관(law enforcement agency)이라는 말을 더 선호한다.

맥아더동상 철거운동 등 반미시위

2002년 11월 대통령선거가 막바지에 이르렀을 당시 잠시 귀국했던 필자는 주한 미국 대사관이 있는 서울의 광화문 네거리 일대가 과격한 반미시위로 늦은 밤까지 매우 소란스러웠고 교통까지 마비된 것을 목격한 바 있다. 전투경찰이 미국 대사관을 겹겹이 둘러싸고 경비하고 있어 이것이 동맹국의 대사관인지 의심스러울 정도였다. 그 해 여름 훈련 중이던 미군 궤도차량에 의해 두 여중생이 목숨을 잃었지만 미군 사법당국은 그들의 법적 판단에 따라 무죄를 선고하면서 반미감정이 폭발되었고 반미세력은 물론 대통령선거에서 필승을 노리던 노무현 후보와 집권 민주당이 이를 악용하고 있었던 것이 틀림없다. 부시 대통령은 대변인을 통해 두 여중생의 사망에 대해 사과의 뜻을 전달했지만 시위자들은 미국 사회에서 금기시하는 성조기 소각, 미국 대통령 인형 화형식 등, 폭력적 방법을 동원함으로써 한미관계를 손상시킬 우려가 컸다. 우리 사회에서는 대규모 불법시위가 만성화되었기 때문에 대수롭지 않게 생각할지 모르지만 그 같은 대규모 불법시위기 미국 및 주한 미군을 상대로 벌어졌을 때 미국인들은 매우 당혹해 하였다. 촛불시위라고 했지만 매우 과격했으며 그것은 밤낮을 가리지 않고 계속되었다. 전국적으로 미군에 대한 가해행위가 연달아 일어나고 있었기 때문에 주한 미군 당국은 미군의 야간 외출까지 금지했던 것이다.

80년대 일부 과격한 운동권 대학생들이 반미시위를 한 적이 있었지만 2002년 말과 같은 대규모 반미시위는 처음 있는 일이었다. 한 달이 넘도록 계속된 격렬한 반미시위는 조직적이고 의도적인 것으로서 일반론으로 정당화되기에는 우리의 안보상황이 너무나 절박했다. 더구나 9·11사태 후 민감해진 미국 내 여론을 감안할 때, 한국의 폭력적인 반미시위가 미국 국민에게 가져다 줄 충격은 예상보다 심각할 수 있었다. 당시 미국은 이라크와의 전쟁을 앞두고 세계를 아군과 적으로 나누려 했고, 2차 북핵(北核) 위기로 북한과 미국 간의 대립은 격화일로를 걷고 있었다. 이 같은 상황에서 과격한 반미시위는 자칫 한미관계를 악화시켜 한국의 안보를 위태로운 지경으로 몰아넣을 위험이 있었다.

용납되기 어려운 동맹국에 대한 불법 시위

그동안 반미시위는 갖가지 명목으로 수없이 있어 왔다. 미 공군 사격장 반대시위, 미군 훈련장 내에서의 시위, 미군기지 부근의 오염 규탄시위, 평택 미군기지 건설 반대 시위, 미국 제품 불매운동, 우리군의 이라크 파병 반대운동 등 매우 다양했다. 급진적인 반미세력은 남북 분단은 미국에 의해 이루어졌으며 분단으로 인해 한국은 정치, 군사,

경제적으로 미국에 종속적인 존재가 되었기 때문에 미국의 '신식민지' 상태에 있는 한국을 '해방' 시켜 자주적인 나라로 만들어야 한다고 주장해왔다. 그들은 미국을 통일의 장애물이라고 인식하고 있었기 때문에 주한미군 철수를 주장하는 등 적극적인 반미투쟁을 했다. 그들은 미국 국기를 불태우고 "양키는 물러가라", "미국을 규탄한다"는 등 갖가지 반미 구호를 적은 깃발을 들고 나왔다. 이처럼 악의에 찬 반미규탄은 언론자유의 범위를 넘어서는 도저히 용납될 수 없는 것이었다. 시위자들은 미군 훈련장에 밀고 들어가 탱크까지 점거하기도 했고 심지어 식당이나 카페 등에는 '미국인 출입금지' 라고 써 붙이기도 했다. 서울 시내에서 길 가던 미군 중령이 칼에 찔리고 대구에서는 미 여군이 조깅을 하다가 칼에 찔렸으며, 시위하러 가던 대학생들이 길에서 만난 미군을 납치 감금하기도 했다.[8] 이 같은 반미운동으로 미군 병사들이 한국 근무를 꺼리는 것으로 알려진 지 오래다. 주한미군에 근무를 명령받은 미군 고위 장교의 부인은 한국행을 거부하며 이혼까지 했다고 한다. 우리나라의 소중한 동맹국인 미국과 미국인에 대한 적대행위는 결코 가볍게 여길 일이 아니다.

2005년에 일어났던 맥아더 장군 동상 철거운동은 반미운동의 상징적 사례이다. 맥아더동상은 인천항과 서해가 내려다보이는 인천 자유공원에 있다. 6·25전쟁 당시 부산지역 교두보를 남겨두고 낙동강 전선을 최후의 방어선으로 삼고 혈투를 벌이면서도 언제 무너질지 모르는 위급한 순간에 맥아더 장군은 인천상륙작전을 감행하여 우리나라를 풍전등

---

8) Peter S. Goodman and Joohee Cho, "Anti-U.S. Sentiment Deepens in S. Korea," *The Washington Post,* January 9, 2003, p.A01; Franklin Fisher, "Attack on American in South Korea," *Stars and Stripes Pacific Edition,* December 23, 2002.

화의 위기로부터 구해낸 전설적인 장군이다. 미국의 조야에서 모두 반대했고 아무도 안 된다고 하는 그곳으로 그는 기습적인 상륙작전을 감행함으로써 전세(戰勢)를 극적으로 반전시키고 일사천리로 진격하여 인천상륙 13일 만에 수도 서울을 탈환했던 것이다. 다시 말하면, 맥아더 장군은 한국전쟁 당시 유엔군 사령관으로서 공산화 위기에 처해 있던 우리나라를 구해준 은인으로 그의 동상은 오늘 우리가 누리고 있는 소중한 자유민주주의를 지켜낸 상징적 기념물이다. 맥아더 장군은 또한 미국인들이 존경하는 전쟁영웅이다. 그래서 한국의 반미세력이 그의 동상을 철거하려 한다는 소식을 듣고 헨리 하이드(Henry Hyde) 미국 하원 외교위원장은 동상을 미국으로 옮겨 가겠다고 했던 것이다.

▎친북세력이 주도해온 반미운동

그런데 2005년부터 노무현 정부의 과거사 청산과 친북정책에 힘입어 소위 조국통일 범민족 연합(범민련), 우리민족 연방제통일추진회의(연방통추) 등 친북단체들은 맥아더동상 철거운동을 전개했으며, 이에 대항하여 6·25참전용사들이 주축이 된 재향군인회 등 보수단체들이 이를 저지하려 하면서 그 아름다운 공원은 소란스러운 이념투쟁의 장소로 둔갑했다. 반미세력은 "점령군의 상징인 맥아더동상을 그대로 두고선 우리 사회의 민주주의와 인권신장은 물론 남과 북의 자주적인 통일도 이룰 수 없다. 우리민족의 영구분단과 한반도 전쟁위기를 조장하려는 듯 오만하고 위압적인 맥아더동상을 철거해야 한다"고 주장하고 나아가 "맥아더동상 철거는 단순히 하나의 동상 철거가 아니라 왜곡된 역사를 바로 세우고, 미국에게 빼앗긴 자주권을 회복하는 것"이라고 억지를 부리며 "흉물스런 식민의 잔재, 민족의 수치 맥아더동상을 깨끗이 털어내는 거사에 함께 나서자"고 했다. 강순정 범민련 공동의장은 "최근에 양키들은 작전계획 8022란 걸 만들었는데, 이건 바로 북에서 미사일 발사 징후만 보이면 즉시 핵으로 공격하겠다는 북에 대한 핵전쟁 계획"이라며 전쟁의 위험성을 경고한 뒤, "지금은 남북의 동포들이 사상논쟁 할 때가 아니라 힘을 모아 양키군대를 쫓아내야 할 때"라면서 "양키 추방에 전시민이 나서 우선 인천 맥아더동상을 철거하여 양키의 힘을 약화시켜야 할 것"이라고 역설했다.

맥아더동상 철거운동을 주도한 범민련은 그동안 연방제 통일, 미군철수, 국가보안법 폐지 등을 주장하며 폭력 일변도의 투쟁으로 1997년과 1998년 두 차례에 걸쳐 대법원으로부터 이적단체로 판결되었지만 햇빛정책 이래 더욱 노골적으로 반미친북 투쟁을 벌였다. 범민련의 정체는 이명박 정부하에서 선명하게 드러났다. 2009년 6월 검찰은 범민련 남측본부 이규재 의장과 이경원 사무처장, 최은아 선전위원장 등 3명을 구속 기소했다. 이들은 2003년부터 2007년까지 남북교류협력을 가장해 방북하거나 통일부로부터 북한주민 접촉 승인을 받아 금강산과 중국에서 북한 공작원들을 만나 그들의 지령을 받고 돌아와 행동으로 옮긴 혐의를 받고 있다. 범민련이 개입한 각종 불법 폭력시위 현장에서 나온 구호들이 평양방송과 똑같은 내용을 담고 있었던 것은 그들의 정체가 무엇인가를 말해준다. 이들은 북의 지령에 따라 북한의 핵실험을 옹호하고 주체사상과 선군(先軍)정치를 미화했으며 맥아더동상 철거 및 평택 미군기지 이전 반대 시위에 앞장섰다. 범민련 간부들은 2006년 6월 15일 서울에서 열린 민족통일대축전에 참가한 북측 인사에게 김정일 정권에 "충성서약"을 담은 디스켓을 전달한 혐의로 체포되기도 했다.

맥아더동상 철거운동을 주도한 사람은 강순정(76) 범민련 공동의장으로 그는 간첩혐의로 4년 6개월의 징역형을 받고 복역하다가 김대중 정부에 의해 특사로 풀려난 자이다. 경찰은 강씨가 "북한의 지령을 받고 수차례에 걸쳐 국가기밀을 북한에 넘긴 혐의를 받고 수배 중에 있던 자"라고 밝혔다. 그는 당시 통일연대, 평화와 통일을 여는 사람들, 연방통추 등 5개 친북단체 고문으로 활동하고 있었다. 이처럼 김대중·노무현 정부하에서 간첩이나 노골적인 친북활동을 하면서 대한민국을 파괴하려는 자들이 맥아더동상을 철거하고 미군기지 이전을 반대하는 등, 반미·반(反)대한민국 운동을 주도했던 것이다. 6·25전쟁을 체험하지 못한 인구가 절대 다수인데다 10년간 추진된 햇볕정책으로 국민의 안보 불감증이 심화되면서 그들이 활개칠 수 있게 된 것이다.

▌소중히 여겨야 할 한미관계

미국은 6·25전쟁을 통해 우리나라의 공산화를 막았고 그 후 60년 가까이 안보우산을 제공했으며, 우리의 경제발전을 위해 필요한 자금과 기술을 제공했고 우리의 수출을 위해 시장을 개방했던 나라이다. 미국은 지금도 여전히 우리의 안보와 경제를 지탱해주는 매우 소중한 우방이다. 미국은 우리나라의 주요 경제협력 대상국으로 수출과 외국인 직접투자의 20%가량을 차지하고 있는 반면 미국의 입장에서 보면 한국의 비중은 그보다 훨씬 적은 편이다. 우리나라 대표산업인 자동차의 경우, 우리는 매년 70만 대 정도를 미국에 수출하고 있지만 미국에서 수입하는 자동차는 7천 대도 못 된다. 따라서 우리는 미국과의 통상관계에서도 막대한 이익을 누리고 있다고 할 수 있다. 미국과의 관계에 못마땅한 점이 있다면 감정적으로 대응할 것이 아니라 외교적 채널을 통해 해결하면 되는 것이다.

반미시위로 가장 우려되는 사태는 미군철수가 눈앞의 현실로 닥칠 경우다. 한미 양국 간 국민감정이 악화되고 마찰이 지속된다면 우리가 더 큰 피해를 입게 될 것이 분명하다. 공산권 몰락으로 동아시아에서 미국에 대한 안보위협이 크게 줄어들었기 때문에 한국에 미군을 주둔시키지 않고도 미국의 국가이익을 지키는 데 큰 문제가 없다. 북한은 핵으로 무장하고 대남 위협을 거듭하고 있는 반면 2012년이 되면 우리 정부가 전시작전통제권을 행사하게 되고 한국방위의 중심역할을 해 온 한미 연합사령부가 해체되는 등, 한국안보에 불확실성이 높아지고 있는 매우 민감한 때이다. 문제는 주한미군 철수는 우리의 안보는 말할 것도 없고 경제적으로도 결정적 타격을 주게 된다는 것이다. 무엇보다도 안보에 대한 불안감 조성으로 외국인들이 우리나라에 더 이상 투자를 꺼리게 될 뿐 아니라 이미 한국에 투자된 자본도 철수할 가능성이 높아진다.

또한 미군철수는 한국의 국가리스크(risk)를 높여 국가신용등급을 떨어뜨리며 그 결과로 해외에서 자본을 차입할 때 높은 이자를 지불해야 할 것이다. 이 같은 경제적 타격으로 인해 증시폭락, 기업도산, 대량실업 등, 심각한 경제위기를 초래할 가능성이 있다. 이러한 점들을 고려하지 않고 미군이 주둔하기 때문에 불가피하게 발생하는 불편함과 불이익에 초점을 맞추는 것은 너무나 어리석은 일이다. 미래지향적이고 대등한 한미관계의 구축을 위해서도 과격한 반미시위는 자제되어야 하며, 상호이해를 바탕으로 합리적이며 이성적으로 문제를 해결하려는 성숙한 자세가 그 어느 때보다 절실하다.

후진적인 우리 민주주의의 현주소

민주국가에서 정치는 국민의식 수준의 바로미터이다. 따라서 우리의 의식수준을 평가하기 위해서는 정치를 살펴 볼 필요가 있다. 지난 날

사회의 모든 책임을 지도자에게 돌리는 경향이 있었다. 독재정치 때문이라며 독재타도를 외치면 되었다. 그러나 민주화된 지 20여 년이 되었지만 민주정치가 제대로 자리 잡지 못하고 있으며 그 결과로 정치불신이 팽배하고 국회무용론이 확산되는 등, 우리 민주주의는 위기에 처해 있다.

옛말에 "윗물이 맑아야 아랫물이 맑다"는 말이 있다. 정치인들이 민주주의와 거리가 먼 행동을 하면서 국민들에게 성숙된 민주시민이 되기를 기대할 수 없다. 지금 국민들이 느끼는 국회는 국민의 대표들이 모여 국정 현안을 논의하는 신성한 민의의 전당과는 거리가 멀다. 여야는 원수끼리 만난 것처럼 대화도 타협도 없으며 여당이 주장하면 야당은 무조건 반대하고 야당이 주장하면 여당이 외면한다. 북한이 핵실험을 하고 경제위기로 온 세계가 대응책에 급급하고 있음에도 이러한 시급한 문제에 대응하기는커녕 국회를 여는 것조차 합의하지 못한다. 무엇이 시급한 국정과제인지 관심도 없고 국정운영의 효율성이나 책임성은 개의치 않는다. 천안함 격침과 같은 중대한 안보위기하에서도 여전하다. 임진왜란을 앞두고 당파싸움에 몰두하여 전쟁준비를 해야 된다 아니다로 논란을 벌였던 조선왕조의 부패무능한 위정자들을 보는 듯하다.

국회가 이처럼 무력화되고 있는 것은 무엇보다도 상당수 의원들이 의회민주주의의 핵심인 다수결 원칙을 무시하기 때문이다. 소수파에게 의견을 개진할 기회는 충분히 보장되어야 하지만 최종적으로 다수결에 따라 결정해야 한다. 국회의 의석 분포는 국민이 선택한 것이므로 이것을 부정하는 것은 국민의 뜻을 거역하는 것이다.

난장판 같은 인상을 주는 국회
2008년 가을 국회 외교통일위원회에서는 한미 자유무역협정 비준

안 처리를 위해 두 달에 걸쳐 9차례 여야 간사회의를 열었지만 야당은 조금도 양보하지 않았고 '선대책, 후비준' 입장만 고집했다. 보완대책을 내놓으라는 여당의 주문에도 무조건 거부했던 것이다. 한나라당은 협정의 비준은 경제 살리기를 위해 시급하지만 야당과의 타협이 어렵다고 판단하고 12월 18일 자유무역협정 비준동의안을 외교통일위원회에 단독으로 상정했다. 박진 위원장이 질서유지권을 발동해 국회 경위들로 하여금 회의실을 지키게 하고 한나라당 의원들은 오전 6시 30분부터 회의실에 들어가 소파와 의자로 바리케이드를 쌓아 야당의원의 출입을 막았다. 민주당 의원과 당직자들은 회의장에 들어가려고 해머로 문짝을 때려 부수고 전기톱으로 회의실 출입문을 절단했다. 이에 대응하여 여당의원들은 갈라진 문틈 사이로 소방용 분사기로 소화액을 뿌리기도 했다. 의원들이 명패를 집어던져 부서지기도 했고 유리문이 깨져 의원비서관이 피를 흘리기도 했다. 이것은 국회가 아니라 폭력배들의 패싸움장에 가까웠다. 단독 상정을 강행한 한나라당 측 논리도 설득력이 없었지만, 그렇다고 민주당의 행동은 전혀 납득이 가지 않았다. 민주당은 1년 전 여당으로서 한미자유무역협상을 주도하고 매듭지었는데도 이제와서 결사반대한다는 것은 이만저만한 모순이 아니다. 17대 국회 마지막 회기였던 2008년 2월 민주노동당이 반대하자 회의장을 옮겨가며 자유무역협정 비준안을 상정했던 것이 민주당이기 때문이다.

예산안 심의를 둘러싼 여야 간의 멱살잡이는 연례행사처럼 되어 왔다. 헌법 54조 2항에 의하면, 국회는 회계연도 개시 30일 전, 즉 매년 12월 2일까지 예산안을 의결해야 한다고 규정하고 있다. 그러나 이 헌법 조항이 1990년 이래 다섯 번을 제외하고 15년간 계속 위반되었다. 2003년부터는 7년 연속 헌법에 규정된 날짜까지 예산이 통과되지 못했다. 국회의 역할 중 가장 중요한 것이 정부 예산심의이다. 국민이 낸 세금이 불요불급한 곳에 낭비되지는 않는지 중복투자는 없는지 나눠먹기는 하지 않는지 따지는 것이 국민의 대표들이 무엇보다 중시해야 할 책임이다. 그런데 국회는 예산심사를 해야 하는 기간에 정치싸움으로 시간을 다보내고 법정 시한을 넘기고서야 여론이 무서워 서둘러 예산심의를 시작한다. 그들은 연말을 며칠 남기고 막판에 정치적 흥정으로 몇 천억쯤 깎는 시늉을 하지만 불요불급한 중복예산, 선심성 예산, 지역구와 업자들 이익을 대변하는 나눠먹기와 끼워넣기로 오히려 예산을 증액한 후 예산 심의를 끝내고 만다. 2009년 말 예산 심사는 여야 대립으로 법정시한을 넘기고 연말까지 계수조정 소위원회조차 구성하지 못했다. 민주당은 4대강 살리기 예산은 대운하 건설 예산이라며 심의를 거부하였다. 2010년도 예산안은 정부안에 1조 원을 증액시킨 가운데 2009년 마지막 날 자정이 다되어 한나라당 단독으로 통과시켰던 것이다.

국회가 예산을 심의하는 기간은 길어야 60일이다. 정부가 회계연도 개시 90일 전인 10월 2일까지 예산안을 국회에 제출하면 국회는 12월 2일까지 처리를 끝내게 돼 있다. 그러나 국회가 10월 한 달을 국정감사와 대정부 질문으로 보내는 탓에 실제 예산심의는 30~40일에 불과하다. 그런데 해마다 정기국회는 정치적 논쟁에 휩싸여서 차분히 앉아 예산을 심의할 여유조차 없다. 무책임하고 졸속한 예산심의가 되풀이되고 있는 것이다. 미국은 매년 1월 정부가 다음 해 예산안을 의회에 제출한다. 그러면 상·하원 예산위원회가 청문회를 열어 의회예산처가 낸 검토보고서를 참고해 4월까지 예산 총액과 분야별 세출 한도를 정한다. 상·하원 상임위는 이를 가지고 9월까지 분야별 예산을 심의해 10월 1일 예산안을 법으로 확정한다. 사실상 일 년 내내 예산안을 심의하는 셈이다. 이렇게 본다면 우리 국회는 사실상 직무유기를 하고 있는 것이다.

민주절차가 외면당하는 국회

가장 중요한 예산안 심의가 이 모양이니 다른 법안 심의는 말할 필요조차 없다. 수많은 법안이 국회에서 낮잠을 자다가 제대로 된 심의도 없이 무더기로 통과되기도 하고 시한을 넘겨 폐기되기도 한다. 가장 극단적인 예는 2009년 가을 정기국회 회기 중 법안 하나도 처리 못한 교육과학기술위원회이다. 이 위원회에는 무려 328개의 법안이 심의를 기다리고 있었지만 정기국회 100일간 단 한 건의 법안도 처리하지 못했다. 이 위원회에는 교원평가제 실시를 규정한 초중등 교육법 개정안, 서울대 법인화법, 국제과학비즈니스벨트 설치법, '취업 후 학자금 상환제 특별법,' 2010년 5월에 실시될 지방선거에서 직선으로 교육위원을 뽑는 규정이 포함된 법안 등, 중요하고 시급한 법안이 많았다. 정부가 일을 하려 해도 관련법이 통과되지 않으면 할 수 없는 것이다. 국회가 정부의 발목을 잡는 셈이다. 민주주의는 대의정치라 하는데 국회가 이처럼 마비된 나라가 과연 제대로 된 민주국가라 할 수 있는가?

2009년 7월 미디어법 국회통과 당시 텔레비전 화면에 비친 국회 본회의장은 절망적이었다. 온갖 욕설과 폭력이 난무하여 과연 그곳이 국민들의 대표기관인 국회가 맞는지 의심스러울 정도였다. 야당인 민주당은 미디어법안이 상정된 지 1년이 되도록 제대로 된 심의조차 못하게 막다가 표결 처리키로 여야 간에 합의까지 하고서도 물리력을 동원해 의원들의 본회의장 입장을 막고 투표를 방해했던 것이다. 국회의 기능은 법을 제정하는 것인데 야당의원들이 회의조차 열지 못하게 하고 표결조차 방해했으며 그런 가운데 여당은 투표를 강행했으니 이를 바라보는 국민은 그야말로 기가 막힐 지경이었다. 미디어법을 둘러싼 국회의 사당 내에서의 이 같은 소란은 야당의원들이 해머와 전기톱으로 문을 부수고 회의장에 난입하는 추태를 보인지 7개월 만이다.

지역주민이 선출한 국회의원 한 사람 한 사람은 모두 헌법기관으로서 각자 소신에 따라 투표할 권리와 책임이 있다. 의원들의 투표 등 국회 활동을 방해하는 것은 공무집행 방해로 어떤 이유로도 정당화될 수 없다. 국회에서 온갖 불법과 편법 행위가 난무하는 가운데 법이 통과되었으니 법과 국회의 권위는 땅에 떨어지게 되는 것이다. 국회가 난장판이 되면서 국회의원 보좌진과 각 정당 사무처 요원들의 국회 내 폭력행위도 심각해졌다. 그들은 국회 의사진행에 개입할 아무런 권한이 없음에도 의사당 내에서 수십, 수백 명씩 몰려다니며 의사 진행을 방해하고 의원들에게 욕설을 퍼붓고 폭력을 행사하는 것을 아무렇지도 않게 생각한다. 광장의 무질서와 폭력이 의사당까지 오염시킨 것이다.

　이처럼 부끄러운 모습을 보이고도 여기서 끝나지 않았다. 민주당은 한나라당이 사전투표, 대리투표, 중복투표 등을 했다고 주장하며 헌법재판소에 제소하고 검찰에도 고발했으며, 또한 주요 도시를 순회하며 미디어법은 원천적으로 '악법' 이며 여당의 미디어법 처리는 불법이라고 규탄했다. 한나라당은 야당 의원들이 회의장을 봉쇄하고 의원들의 표결을 방해하고 심지어 여당의원이 투표한 컴퓨터를 조작하여 취소까지 했다며 맞고발했다. 노무현 대통령 탄핵사태 이후로 정치의 주요사안이 국회가 아닌 법원에 의해 결정되는, 정치의 사법화(司法化) 현상이 나타난 것이다. 민주주의의 핵심 기관인 국회가 내부에서 발생한 문제를 스스로 해결하지 못하고 사법부의 판단에 맡기는 것은 여간 심각한 문제가 아니다.

　제헌절 61주년이 되는 2009년 7월 17일 국회 본회의장에서 여야 의원들이 동시에 농성을 하고 있는 전무후무한 현상이 벌어졌다. 하루 전 김형오 의장이 주선하여 여야 원내대표들이 만났지만 한 치도 접근하지 못했다. 김 의장은 제헌절을 맞아 외부 손님들이 많이 오니 본회의장을 비우라고 요구했지만 묵살되었다. 민주당은 한나라당이 쟁점법안을 날치기 처리하는 것을 막아야 한다며 본회의장을 점거했고, 한나라당 또한 민주당 의원들이 국회를 마비시킬 수 있다며 다른 한편에서 농성을 벌였다. 이것으로 끝나지 않았다. 그 해 9월 정기국회 개회 시 김형오 의장이 개회사를 시작하자 야당의원들이 일제히 1인용 플래카드를 꺼내 펼쳐 들고 시위를 하더니 곧바로 퇴장했다. 일부는 구호를 외치기도 했다. 국회 본회의장에서 이 같은 플래카드 시위가 벌어진 것은 처음 있는 일로 당연히 국회법 위반이다. 법 절차의 공공연한 무시라고 탓하기 전에 마치 어린이들의 '종이 놀이'를 보는 듯했다.

2009년 11월 5일 미국 워싱턴에 있는 연방의회 의사당 앞에서 오바마 대통령과 민주당이 추진하는 건강보험 개혁안에 반대하는 공화당 지지자 수천 명이 참가한 집회가 열렸다. 공화당 소속 상원의원 40명 모두 이 집회에 참석하기를 거부했다. 공화당 상원의원들은 미 의회 전문지(紙)인 '롤 콜(Roll Call)'과의 인터뷰에서 "우리가 있어야 할 곳은 장외(場外)가 아니라 의회"라고 집회 불참 이유를 설명했다. 미국 정가는 몇 달간 오바마 대통령을 위시한 민주당 진영과 공화당 간에 건강보험 개혁안을 놓고 대치해 왔다. 민주당이 주도한 건강보험 개혁안이 11월 8일 연방하원을 통과하면서 양 진영의 대결의 초점은 상원으로 옮겨졌다. 상원 의석 분포는 민주 58, 공화 40, 무소속 2석으로, 야당인 공화당에 절대 불리했다. 공화당 의원들은 이런 불리한 상황에서도 자신들을 지지하는 의사당 앞 장외 집회에 참석하길 거부했다. 공화당 의원들은 의원들이 국회를 떠나 장외로 나가는 순간 의회민주주의는 걷잡을 수 없는 군중심리에 휩쓸려 민주주의 자체가 위기에 처하게 된다는 것을 잘 알고 있었던 것이다.

일하지 않는 국회

우리 국회의 상황은 정반대였다. 18대 국회는 2008년 5월 31일 임기가 시작된 이래 여야가 국회 안에서 활동한 시간보다 국회 밖에서 보낸 날이 더 많았다. 야당인 민주당과 민주노동당, 그리고 진보신당은 쟁점 현안이 생길 때마다 반정부단체들과 대규모 불법 집회를 여는 등, 장외 투쟁에 열중했다. 국회 안의 여야 몸싸움에 시민단체까지 끌어들이기도 했다. 그 결과 국회와 정당은 사회적 갈등을 의회 안으로 수렴하여 해결하는 본연의 역할을 하지 못하고 국회 안 대결을 국회 밖으로 가져나가 사회적 갈등을 조장해 온 것이다. 의원들이 있어야 할 곳은 국회라는 원칙 하나만 지켜도 정치의 수준은 달라질 것이다. 그러다 보니 국회가 열려도 표결조차 불참하는 의원이 적지 않다. 동아일보가 2008년 18대 국회 개원부터 2009년 11월 6일까지 표결한 720개 법안에 대한 표결현황을 분석한 결과에 따르면, 60명 이상의 의원이 통과된 법안의 절반 이상에 투표하지 않은 것으로 나타났다. 우리 국회의 투표 불참률은 30.2%나 되지만 미국 상원의 투표 불참률은 2.4%에 불과했다.9)

대정부 질문 시에는 정족수 부족으로 국회의장이 국회의원 출석 챙기기에 바쁘다. 김형오 의장은 텅 빈 회의장을 보면서 "방청석에 있는 초등학생들 보기 부끄럽다"고 했다고 한다. 2009년 정기국회 당시 법률소비자연맹이 실시한 대정부질문 출석률 조사에서 의원들은 90%가 회의 시작 때 잠깐 참석하지만 회의가 끝날 무렵엔 26% 정도가 자리에 남아있던 것으로 파악되었다. 상임위원회 회의에서도 의원들은 자기 질문만 하고 사라져 버린다. 다른 의원들의 질의나 정부 측의 답변에는 관심도

---

9) "한국 국회의원 투표 불참률 30.2% vs 미국 상원의원 투표 불참률 2.4%," 『동아일보』, 2010년 1월 20일. 720개 법안 가운데 70%에 해당하는 500건 이상의 표결에 불참한 의원이 민주당 11명, 자유선진당 2명 등 13명으로 나타났다.

없다. 2010년 3월 초 임시국회 마지막 날 의결정족수가 모자라 주요 법안을 처리하지 못하고 폐회하고 말았다. 야당의원들이 회의 도중 집단 퇴장한 것도 문제지만 다수 의석을 가진 한나라당 의원들은 어디서 무엇을 하고 있었는가? 우리 사회 어디서도 통하지 않을 일들이 국회에서는 일어나고 있는 것이다. 이처럼 무책임하게 행동하면서 어떻게 그들이 나라의 중대사를 담당하고 있다고 할 수 있는가? 국회를 해산할 수 있는 제도적 장치가 있었다면 벌써 사라졌어야 할 국회이다.

국회의원은 매우 중요한 선출직 공직자이다. 노동자에게 무노동 무임금을 주장하는 의원들이 자기들 스스로는 1년 내 대부분의 기간을 일하지 않으면서도 특별대우를 받고 있다. 선진국 의원들은 일반 공직자처럼 연초에 개회하여 하루도 빠짐없이 일하고 여름휴가를 위해 2~3주 휴회할 뿐이다. 그들은 중요한 안건을 다룰 때는 주말에도 쉬지 않고 일한다. 예를 들면, 2009년 말 미국 상원은 의료보험개혁법안을 심의하면서 표결 시까지 25일간 회의를 계속하여 크리스마스이브에 법안을 통과시켰던 것이다. 그런데 우리 국회가 정식으로 열리는 것은 매년 8월 말에 시작되어 12월 초 끝나는 100일간의 정기국회뿐이고 통상 한 달 정도인 임시국회는 매년 한두 차례 열릴 뿐이다. 특히 2009년에는 국회는 1년 내내 정쟁으로 한 해를 보냈으며 그래서 무려 4천8백여 개의 법안이 국회에서 심의를 기다리고 있는 실정이다. 국가의 중추기관의 하나인 국회가 헌법에 규정된 책임을 포기하다시피 하고 있는 것이다. 국회에 실망한 자유선진당 이회창 총재는 2009년 12월 30일 "국회는 야만의 시대에 머물러 있다"고 했다. 삼성의 이건희 회장이 1995년 우리의 "정치는 4류, 행정은 3류"라고 말한 적이 있지만 그로부터 15년이 흐른 지금에도 그 지적이 더욱 절실하게 느껴진다. 우리 기업 중에는 세계시장에서 당당히 경쟁하는 기업이 적지 않은데 정치는 아직도 3~4

류에서 벗어나지 못하고 있는 것이다.

그리하여 우리 국회는 국제사회에서 웃음거리가 되고 있다. 미국의 외교전문지 '포린 폴리시(Foreign Policy)'는 2009년 9월 15일 세계에서 가장 무질서한 의회 5개를 소개했으며 첫 번째로 소개된 나라가 한국이다. 둘째와 셋째는 대만과 우크라이나였다. 그 내용을 소개하면,

"한국 민주주의는 온몸으로 부딪치는 스포츠다. 외교정책과 언론 자유에 대한 토론은 종종 주먹다짐이나 실내에 있는 무거운 물건이면 무엇이든지 동원해서 결말을 짓는다. 한국 국회가 난투극을 벌인 것이 국제적으로 알려지게 된 것은 2004년 노무현 대통령 탄핵안 처리 때의 국회 본회의 장면이다. 노무현을 지지하는 의원들은 탄핵안이 의회 쿠데타라며 탄핵안 가결을 막기 위해 의장석을 점거했다. 국회 경위들이 그들을 저지하려 하자 주먹을 휘두르거나 가구와 집기를 내던졌다. 2008년 12월에는 미국과의 자유무역협정 비준안 처리를 둘러싸고 더욱 격렬한 전투가 벌어졌다. 한나라당 의원들이 오바마 대통령 취임 이전에 서둘러 비준하기 위해 이 법안을 해당 상임위에 상정하자, 야당 의원들은 해머와 전기톱을 동원하여 잠긴 회의실을 열려 했고 회의실에 있던 여당 의원들은 가구로 바리케이드를 만들고 소화기를 분사하며 야당 의원들의 진입에 응수했다. 텔레비전 카메라는 얼굴에 피를 흘리는 야당 의원 등, 난투장면을 전 세계에 내보냈다. 야당 의원이 여당과 타협을 한 것은 그로부터 12일 간이나 농성한 이후였다. 그리고도 피를 흘리는 난투극은 끝나지 않았다. 지난(2009년) 7월 미디어법 처리를 둘러싼 격돌은 온몸으로 싸우는 난투극이었다."10)

포린 폴리시 기사에 곁들여진 사진은 우리 여성의원 5명이 입을 벌리고 악을 쓰며 밀고 당기며 얽힌 장면을 보여주고 있어 더욱 실감나게

---

10) "The World's Most Unruly Parliaments," *Foreign Policy*, September 15, 2009.

했다. 이 잡지는 "무질서한 의회라고 하는 분야의 역대 챔피언은 타이완이지만 현재 세계의 리더는 한국"이라고 덧붙였다. 이 잡지는 연설을 하는 오바마 대통령에게 '거짓말쟁이'라고 소리친 죠 윌슨(Joe Wilson) 의원에 대한 비난결의안이 하원에서 가결된 것은 한국 등 일부 국가에서는 문제도 되지 않는다고 꼬집었다.

의원들의 말 한 마디, 행동 하나 하나는 그 사회의 전반적인 의식 수준을 나타낸다. 선진국에서는 의원 스스로 언행을 조심하기도 하지만 의사당 내에서의 규칙도 엄격하다. 다른 의원에 대한 인신공격이나 질서문란 행위, 의사진행 방해 등에 대해 의장의 호명 경고나 퇴장명령이 내려지고, 심한 경우 출석정지나 직무정지 동의안이 발의된다. 의장이 안건을 상정하거나 발언할 때는 의원들이 본회의장을 걸어 다닐 수조차 없다. 영국에서는 질서를 어지럽히는 의원에게 의장이 즉시 퇴장을 명령한다. 프랑스는 의장을 모욕하거나 폭력을 행사하는 의원에게 일시 등원정지 처분까지 내린다. 미국 의회에서는 회의 도중 다른 의원을 호칭할 때 반드시 "○○주 출신 신사 또는 숙녀'라는 표현을 쓴다. 정중한 호칭이니 비신사적인 행동을 할 수도 없으며 비신사적인 행동을 하는 의원이 있다면 언론이나 여론이 결코 묵과하지 않는다. 의회에서 연설하던 오바마 대통령을 향해 손가락질하며 "거짓말"이라고 외친 죠 윌슨 하원의원은 뭇매를 맞는 신세가 되었다. 윌슨 의원은 그렇게 소리친지 90분 만에 사과성명을 발표했고 오바마 대통령이 이를 받아들인다고 했지만 파문은 가라앉지 않았다. 같은 공화당 의원들로부터도 "무례한 행동이었다"는 질책이 쏟아졌다. 그의 지역구에서는 후원회 간부들이 "부끄럽다"며 사퇴했다. 의사당에서의 말 한 마디 때문에 그의 정치생명이 위협받게 되었다. 그 정도는 우리 국회에서라면 아무런 문제가 되지 않았을 것이다. 발언대에서 야당 의원이 대통령을 겨냥하거나 국무총리와 장관들을 향해 독설에 욕설까지 퍼부어도 같은 당 의석에서 질책은커녕 "잘했어"라는 격려가 쏟아지는 판이다.

전직 대통령에 관련된 문제라서 거론하기 부담스럽기는 하지만 노무현 전 대통령은 국회의원 시절 국회의사당 내에서 폭력을 행사하여 유명세(?)를 누리기도 했다. 1989년 12월 31일 '5공 청문회' 마지막 순서로 여야 합의하에 전두환 전 대통령이 백담사에서 나와 국회에서 자신의 입장을 해명하고 있었다. 전두환 대통령의 증언내용에 불만을 느낀 노무현 의원은 자신의 명패를 전두환 대통령을 향해 집어 던졌다. 국회의원으로서 해서는 안 될 폭력적인 행동이었고 더구나 텔레비전으로 중계되어 모든 국민이 주시하고 있는 가운데 그 같은 무례한 행동을 했던 것이다. 그런데도 우리 국민은 이를 문제삼지 않았고 결국 그를 대통령으로 선출했던 것이다.

풀뿌리 민주주의라고 하는 지방자치는 뿌리째 썩어가고 있다. 과열경쟁으로 엄청난 금권타락선거가 이루어지고 있으며, 당선 후 본전을 뽑기 위해 매관매직, 자리 나눠갖기는 물론 단체장과 토착세력 간의 유착으로 인한 비리가 광범위하게 일어나고 있다. 2006년에 임기를 시작한 시장·군수·구청장의 경우 230명 중 97명(42.2%)이 각종 비리 또는 위법 혐의로 기소되었다. 그러한 이유로 여러 곳에서 호화청사 건립을 비롯하여 외형적인 공공사업을 수없이 벌이는 등, 흥청망청 혈세를 낭비하고 있다. 지방자치를 한지 16년이 되었지만 지방자치의 타락상은 개선의 기미조차 안 보인다. 지방의회 의원들도 단체장과 크게 다를 바 없다. 국회가 그랬듯이 민주적 절차를 무시하고 폭력수단에 의존한다는 점에서 지방의회도 마찬가지다. 예를 들면, 성남시 의회 야당의원들은 성남, 하남, 광주시 통합을 반대하기 위해 야당의원 10명이 쇠사슬로 자기들 몸을 묶은 채 의장석을 점거하며 농성을 벌여 회의장을 아수라장으로 만들었듯이 지방자치가 중병을 앓고 있는 것이다.

분명 우리 민주주의는 위기에 처해 있다. 이것은 정치인들만의 문제가 아니라 그들을 잘못 선출한 국민의 문제이기도 하다. 정치불신이 지나쳐 선거 때만 되면 물갈이가 되풀이되지만 새로운 물이라고 해서 정치가 달라지는 것이 아니다. 국민에 대한 봉사 의식이 갖추어지지 못한 정치인들이 많아 투쟁밖에 할 줄 모르니 무책임하고 비생산적인 정치가 되풀이되고 있는 것이다. 링컨은 "투표는 총탄보다 강하다"고 했다. 아무렇게 찍은 한 표는 그처럼 위험한 것이다. 그런데 지역감정 때문에 또는 허황한 정치적 구호가 난무하는 '바람의 선거'에 휩쓸려 투표하는 경우가 적지 않았다. 유권자가 왜 잘못 뽑았는지 반성하지 않고 정치인들만 비난한다면 다음 선거에서 또 비슷한 사람들을 뽑게 된다. 정치의 수준은 국민의 수준을 넘지 못한다. 국민이 달라지지 않으면 정치도 달라지기 어렵고 명실상부한 선진국이 되기도 어렵다.

세종시 건설을 둘러싼 논란

세종시(실제 명칭은 행정중심복합도시) 건설을 둘러싼 오랜 정치적 논란은 선심성 공약, 정치적 지역주의, 지역이기주의, 대화와 타협의 실종 등 우리 정치의 다양한 문제점을 동시에 노출시키고 있다. 세종시 건설은 2002년 대통령 선거 당시 노무현 후보의 수도 이전 공약에서 시작되어 8년이 되는 2010년 현재까지 어떻게 처리할 것이냐를 두고 심각한 국가적 혼란을 경험하고 있다. 세종시 건설은 천문학적인 국민세금을 낭비하고 있지만 원안대로 건설한다 하더라도 행정비효율만 초래하고 실제로는 유령 도시가 되고 말 것이라는 우려가 크다며 이명박 정부가 행정도시 대신 '교육과학중심 경제도시'로 건설하려 하면서 정치사회적 갈등이 벌어지게 된 것이다.

이처럼 대통령 후보의 잘못된 공약이 수년간에 걸쳐 심각한 국론분열과 국력낭비를 초래하여 치열한 세계경쟁에 나서야 하는 한국의 발목을 잡고 있는 것이다. 세종시 문제를 두고 여당과 야당, 여권 내 주류와 비주류, 보수 세력과 진보 세력, 수도권과 지방 사이에 의견이 엇갈리고 있다. 왜냐하면 이 문제가 국회를 포함한 정부의 약속, 수도권과 지방 간 격차, 무시당했다고 믿는 충청주민의 감정, 행정부 분할의 비효율성 등이 난마처럼 얽혀 있기 때문이다. 우리 사회는 지금 진퇴양난에 빠져 있다. 국가 백년대계를 위해서 법률까지 만들어 이미 추진 중인 정부정책을 취소하고 다른 것으로 대체하는 것도 문제이지만, 수도분할이라는 불합리한 정책을 계속 추진해서도 안 되기 때문이다. 8년 전에 시작된 이 문제가 지금까지 논란만 거듭하고 있는 것은 국가적 과제를 민주적 절차에 따라 해결하지 못하는 우리 정치의 한계를 보여 주는 것이기도 하다.

잘못된 공약으로 인한 국론분열과 국력낭비

세종시 건설은 2007년부터 공사가 진행 중이며 2009년 말 현재 토지보상비와 각종 공사 등에 총사업비 22조 5천억 원의 20%가 넘는 6조 가까운 막대한 예산이 투입되었으며 이미 분당 신도시 면적만큼의 거대한 땅을 파헤친 상태이다. 세종시 건설이 원안대로 추진된다면 입법부, 사법부, 청와대는 서울에 남고 국무총리를 포함하여 9부 2처 2청 등, 행정부의 절반 이상이 이곳으로 이전하고 6부 2청이 서울에 남게 되는 '수도 분할'로서 이는 국가경영 조직이 둘로 갈라지게 됨으로써 엄청난 세금이 낭비되는 것은 말할 것도 없고 행정의 효율성을 크게 떨어뜨리고 국민과 기업에게 불편을 초래하여 국가경쟁력에도 큰 타격을 줄 것이 불을 보듯 뻔하다.

노무현 후보는 '수도(首都) 이전' 공약으로 충청권 득표율을 올리는 데 성공하여 대통령에 당선되었고 그래서 그 스스로 "재미 좀 봤다"고 할 정도로 그의 공약이 포퓰리즘(populism)에서 비롯된 것이라고 사실상 인정했다. 그래서 그의 공약은 해방 이후 최대의 포퓰리즘이라는 비난도 받고 있다. 수도 이전 공약은 헌법재판소에 의해 위헌 결정이 내려졌지만 노무현 정부는 포기하지 않고 국토균형개발의 논리를 내세워 행정중심복합도시 건설이라는 수도분할 계획을 밀어붙였다. 당시 한나라당은 불법 선거자금으로 조사를 받은 후 최악의 위기에 직면해 있었고 또한 각종 선거에서 충청표를 의식하지 않을 수 없어 2005년 3월 행정중심복합도시 건설 특별법이 통과될 당시 찬성할 수밖에 없었다. 이명박 서울시장은 당초 세종시 건설을 반대했지만 대통령 선거의 승리를 위해 세종시가 노무현의 포퓰리즘에서 비롯된 것임을 알면서도 그 자신도 포퓰리즘에서 벗어나지 못하고 세종시를 계획된 대로 추진하겠다고 공약했다. 한나라당 또한 여러 차례 "세종시는 원안대로 추진하겠다"고 공약했다.

그러나 2009년 9월에 이르러 이대통령은 "세종시 원안(原案)이 옳다면 갈 수도 있지만 아니라고 판단되면 바꾸는 게 지도자의 자세"라며 원안 수정 입장을 밝힌 후 정운찬 총리를 앞세워 수정안 마련에 적극 나섰다. 이에 따라 세종시 문제는 정치적 논쟁에 휩싸였으며 그러한 가운데 전직 총리들을 비롯한 1,200여 명의 원로들이 '세종시 건설 계획 수정 촉구 성명'을 발표했다. 이들은 "철저한 정치 논리로 시작된 행복도시는 성공하지 못할 뿐 아니라 뒤에 따르는 부작용이 클 것"이라 했다. 김영삼 전 대통령은 "세종시는 정부를 반으로 쪼개려는 기형적인 괴물"이라며 "대통령이 되려는 목적으로 수도를 통째로 옮기겠다는 (노무현 대통령 후보의) 황당한 공약이 (세종시 문제의) 발단이 되었다"고 했다. 충청권을 대표하는 정치지도자 김종필 전 총리는 인터뷰를 통해 "세종시를 추진하지 않았을 때 일어날 혼란을 생각하면 안 할 도리가 없다"면서도 "엄격하게 국가 차원에서만 볼 때는 정부기관들이 그곳으로 갈 것이 아니라는 생각이 들고 행정부가 서울에 하나, 대전에 하나, 세종시에 하나, 이렇게 나뉘는 것은 걱정스럽다"고 했다.

국민신뢰냐 행정효율이냐

정부 부처가 서울과 세종시 두 곳으로 쪼개지는 데 따른 불편과 비효율은 국민의 짐으로 돌아간다. 더구나 통일이 된다면 사실상 수도가 세 곳이 되거나 세종시를 다시 이전해야 하는 상황이 올지도 모른다. 행정부를 두 곳으로 분산시키는 것은 아예 수도를 옮기는 것보다 못하다. 현대와 같이 시간을 다투는 시대에 이처럼 행정부처를 100킬로미터 이상 먼 곳에 분리 배치하면 정부가 제대로 운영될 수 없는 것은 너무도 자명하며, 더구나 전쟁과 같은 위기 시에는 더욱 그렇다. 지금도 과천에 있는 몇 개의 행정기관들은 장차관을 위시한 고위직들이 청와대, 총리실, 또는 다른 부처와의 합동회의 참석과 국회출석 때문에 서울 도심에 별도 사무실을 두고 있는 실정이다.

노무현 정부 당시 집권당이었던 민주당도 이 문제에 대한 비난을 면할 수 없다. 세종시 건설의 문제점이 드러나고 있고 국민 여론까지 반대가 많은 현실에서 그들은 국가이익보다는 당리당략에 집착하여 정치쟁점화하기에 급급하고 있기 때문이다. 충청지역 출신이 대부분인 선진국민당 의원들도 출신지역 여론만을 의식하여 강경 발언을 쏟아내고 있을 뿐이다. 이와 관련하여 한나라당 박근혜 전 대표는 "정치는 신뢰인데, 신뢰가 없으면 무슨 의미가 있겠는가, 이 문제는 당의 존립에 관한 문제이다. 이렇게 큰 약속이 지켜지지 않는다면 앞으로 한나라당이 국민에게 무슨 약속을 하겠는가?"라며 원안대로 실시할 것을 주장했다. 이미 정치사회적 불신이 심각한 문제가 되고 있는 가운데 대통령이 약속했고 여야 합의로 국회에서 특별법까지 만들어 시행중인 정책을 뒤집는다면 정부와 정치권의 공신력에 큰 타격이 될 것이라는 우려이다. 정치인은 이미 국민들로부터 가장 불신받고 있는 집단이다. 공자(孔子)도 정치에 있어 군사력이나 경제력보다도 국민의 신뢰가 중요하다고 했지만, 국민의 신뢰를 잃으면 정부는 무력해지고 사회는 혼란에 빠지게 된다.

세종시 문제가 이처럼 풀기 어려운 문제가 되고 있는 것은 이것이 수도권과 지방 간의 지나친 격차와 관련되어 있기 때문이다. 많은 사람들이 행정부를 쪼개는 것은 문제가 많다는 것을 인정하면서도 원안대로 하자는 데는 지나친 수도권 집중현상과 지방의 낙후에 대한 해결책을 모색하지 않으면 안 된다는 절박함 때문이다. 행정적 비효율이 크지만 총리실과 9개 부처가 내려가야만 지방균형발전을 상징할 수 있다는 것이다. 수도권에는 계속 인구가 늘어나고 경제적 비중도 커지고 있고 호화로운 고층건물이 계속 올라가고 부동산값도 천정부지로 치솟고 있지만 지방은 모든 면에서 계속 쪼그라들고 있다. 다시 말하면 세종시 문제는 그 자체의 문제보다도 지방주민들이 느끼고 있는 박탈감과 소외감을 나타내고 있는 것이다. 과연 수도권의 팽창은 어디까지 계속될 것이며 쇠퇴일로에 있는 지방은 어떻게 될 것인가? 이를 방치하면 나라의 장래는 과연 어떻게 될 것인가?

이명박 대통령은 이같이 어려운 문제를 해결하는 데 있어 정치력을 발휘하지 못했다는 비판을 받고 있다. 정치인 중에서 세종시 원안수정에 가장 큰 이해관계가 걸린 사람은 한나라당의 유망한 차기 대통령 후보인 박근혜 의원이다. 충청지역 표심을 고려한다면 수정안에 대해 박근혜 의원이 반대할 수밖에 없다. 이명박 대통령이 박근혜 의원의 입장에 있다 하더라도 마찬가지였을 것이다. 따라서 이명박 대통령은 먼저 박근혜 의원과 만나 세종시 문제에 대해 상생(相生)할 수 있는 방안을 찾고자 노력했어야 마땅하다. 그러나 이명박 대통령은 정운찬 총리를 임명하고 그로 하여금 세종시 수정안을 주도하게 하는 등, 그 같은 노력을 등한히 했다. 박근혜 의원의 입장에서 보면 수정안이 관철되면 자신은 한나라당 대표로서 충청지역에서 했던 약속을 지키지 못하게 될 뿐 아니라 파워 게임에서 밀린 것이 되고 정운찬 총리가 새로운 경쟁자로 떠오를 우려가 있는 것이다. 2008년 4·26총선에서 지지세력이 대거 공천에 탈락당한 바 있는 박근혜 의원으로서는 세종시 수정의 의도를 의심할 수밖에 없는 상황이다. 요컨대, 이명박 대통령은 상생(相生) 게임이 될 수 있는 문제를 죽고 살기의 제로섬(zero-sum) 게임으로 만들고 말았다. 이명박 대통령이 당내 계파 간 대화와 타협을 소홀히 하고 일방적으로 밀어붙이면서 이 문제는 집권당 내 계파갈등으로 번져 문제를 더욱 복잡하게 만들고 말았다.

이명박 정부는 또한 세종시 건설이라는 포퓰리즘 공약을 수정하기 위해 세종시에 투자하려는 기업들에게 특혜를 줌으로써 스스로 새로운 포퓰리즘에 빠지는 것이 아닌가 하는 우려를 낳고 있다. 특히 세종시에 기업이나 대학을 유치하기 위해 파격적인 혜택을 주기로 하면서 다른 지방에서 상대적으로 피해를 보게 되었다고 반발하자 다른 지역에도 같은 혜택을 약속하고 있다. 이명박 정부가 세종시 문제의 합리성을 내세우고 있지만 이미 추진 중인 혁신도시와 기업도시에는 그 같은 원칙을 적용하지 않고 있다. 노무현 대통령이 추진한 혁신도시와 기업도시도

대중영합적인 측면이 크기 때문에 세종시처럼 합리적으로 조정해야 마땅하지만, 그렇게 하겠다고 하면 전국이 벌집 쑤셔 놓은 듯이 혼란에 빠질 가능성이 크기 때문에 이명박 정부는 합리적 차원에서 접근하지 못하고 있다고 본다. 세종시 원안수정은 그 자체로서 바람직할지 모르지만 그것은 기회주의의 나쁜 선례가 될 것이다. 향후 2012년 대선에서 당선된 차기 대통령이 '이명박 포퓰리즘'을 바로잡겠다며 4대강 사업을 백지화시킬 수도 있는 것이다.

다른 주요 쟁점들이 대화와 타협, 그리고 다수결이라는 민주적 절차를 통해 해결하지 못하고 평행선을 달리며 갈등을 증폭해 왔듯이 세종시 문제도 마찬가지다. 이것이 우리 정치의 근본적 한계이다. 세종시 문제로 인해 정당이나 정치인들이 비난을 받고 있지만 노무현 후보가 이 같은 공약을 했을 때 당시 언론이나 시민단체, 그리고 여론도 수도이전 문제를 국가 백년대계의 차원에서 냉철한 검증이 있었는지 그리고 국민들도 책임 있는 입장에서 이 문제를 생각하고 투표했는지 반성해야할 문제이다. 특히, 충청지역 주민들이 아무리 그들에게 유리한 공약이었다 하더라도 국가적으로 문제 있는 공약은 외면할 수 있는 판단력과 용기가 있어야 했던 것이다.

국민이 현명하면 선심성 공약 불가능

세종시 문제는 우리 정치의 고질병인 정치적 지역주의에서 비롯된 것이다. 특정 지방에서 특정 정치지도자에게 몰표를 몰아주면서 민주주의의 정신은 많이 훼손되었다. 1987년 대선에서는 김종필 씨가 대통령 후보로 나서기도 했지만 충청지역은 상대적으로 인구가 적기 때문에 대통령 당선자를 내기는 어렵지만 캐스팅 보트 역할은 할 수 있는 위치에 있었다. 1997년 대통령 선거에서 김종필 씨가 김대중 후보를 지지함으로써 김대중은 대통령이 될 수 있었다. 노무현 후보도 충청지역의 정치적 지역주의를 노려 수도를 충청지역으로 옮기겠다고 했던 것이다. 그런데 이명박 후보도 한나라당도 선거 때문에 충청지역의 정치적 지역주의를 외면할 수 없었다. 차기 대통령 후보로 유망한 박근혜 의원도 마찬가지다. 그리하여 한국사회는 포퓰리즘의 늪에 빠져서 헤어나오지 못하고 있는 것이다.

이렇게 볼 때, 노무현 후보는 처음부터 잘못된 공약을 했다. 대통령 당선이라는 개인의 이익과 소속 정당의 집권이라는 정파적 이익을 위해 국가이익을 외면했던 것이다. 국가이익을 최우선으로 삼아야 할 책임이 있는 대통령 후보로서는 수도이전 공약은 있을 수 없는 일이다. 수도이전이 안 되니까 행정부 분할을 시도했고 여야 모두 충청지역의 표를 빼앗기지 않기 위해 세종시 건설에 찬성할 수밖에 없었다. 세종시 수정안이 채택된다면 다음 대통령 후보들 중에는 또다시 세종시 원안 추진을 공약할지도 모른다. 이처럼 충청지역의 정치적 지역주의가 충청지역 주민들을 볼모로 잡고 있으며 또한 나라의 발목을 잡고 있는 것이다. 정치적 지역주의가 사라지지 않는 한 이러한 문제는 빈번히 발생할 가능성이 있다.

노무현의 포퓰리즘 정책은 세종시로 끝나지 않고 6개의 기업도시와 10개의 혁신도시, 그리고 신도시 건설 등 국책사업을 통해 막대한 정부부채를 초래했을 뿐 아니라 이러한 사업을 주관한 토지주택공사의 부채도 5배로 늘려 놓았고 전국적으로 부동산 투기의 광풍이 일어나게 했다. 한국은 민주화 이래 20여 년간 정치가 과열되면서 정치권은 무책임한 포퓰리즘 선거전략에 급급했으며, 특히 특정지역의 득표수단으로 대형 토목공사 공약을 남발하여 막대한 국민세금을 낭비하고 국가부채를 늘려 후손들에게 부담만 가중시켜 왔다. 예를 들면, 무안국제공항, 청주

국제공항, 양양국제공항 등 국제공항 건설을 위해 1994년 이래 5조 5천억 원 이상의 막대한 세금이 투입되었다. 그러나 그 공항들은 하루에 비행기 한 편도 뜨지 않고 있지만 공항관리를 위해 여전히 막대한 세금을 낭비하고 있다. 2009년도 국회 국정감사 자료에 의하면 2001년 이후 개통된 13개 도로노선 중 당초 예측치에 비해 실제 이용률이 50%를 넘는 도로는 네 곳에 불과하며, 일부 도로는 이용률이 최초 예상의 10%대에 불과하다. 이외에도 광주지하철, 대구지하철 등 실패한 정책 사업들로 정부재정에 부담만 안겨주는 사례가 적지 않다.

그런데도 정치권은 6월 지방선거를 앞두고 무상급식 등 천문학적 예산이 소요되는 포퓰리즘 공약을 경쟁적으로 내놓고 있다. 지방자치단체도 포퓰리즘의 예외가 아니다. 선심성 정책과 과시성 개발로 지방정부 부채가 25조 원에 이르고 있고 지방 공기업의 부채도 무서운 속도로 늘어나고 있다. 이웃나라 일본은 만성적인 경제침체를 벗어나기 위해서 손쉬운 선심정책에 의존하다가 GDP 대비 국가부채 비율이 220%나 되는 빚쟁이 국가로 전락했다. 멀리는 그리스를 위시하여 상당수의 유럽 국가와 동남아의 태국까지도 포퓰리즘 정책의 여파로 나라가 휘청거리고 있다. 포퓰리즘 공약은 당장은 달콤해 보이지만 한번 시행되면 되돌리기 어렵게 되어 나라를 근본적인 파멸로 빠뜨리게 되는 것이다.

따라서 세종시 문제에 대해 유권자인 우리는 스스로 반성할 필요가 있다. 수도 이전 공약이 나왔을 때 일반국민이 그 같은 공약을 강력히 반대하고 언론이 제대로 된 비판기능을 했더라면 그러한 공약을 했던 후보가 당선되지 않았을지도 모른다. 민주사회에서 정치지도자의 성패는 득표에 의해 좌우되기 때문에 특정지역의 득표를 겨냥한 포퓰리즘적 공약을 하고자 하는 유혹에 빠지기 쉽다. 그것이 바로 민주주의의 약점이다. 그러나 선진 민주사회에서는 언론매체가 적절한 평가를 해주고 국민들이 합리적 판단을 하기 때문에 지나친 선심성 공약이나 국가적으로 문제 있는 공약을 하지 못하게 된다. 정치인들에게 잘못이 있다면 그들의 책임도 크지만 그들을 잘못 선출한 국민들의 책임도 적지 않다. 국민이 합리적 판단력이 부족하고 언론도 제대로 평가하지 않으니 정당이나 후보자들은 당선만을 노려 무책임한 공약을 남발하는 것이다.

다시 말하면, 유권자들의 민주시민의식이 희박하면 정치인들은 득표를 위해 얄팍한 인기전술에 의존하게 되는 것이다. 선거에 나서는 정치인은 장기적으로 국가와 국민에게 부담이 되는 대형 개발사업 같은 것은 섣불리 공약하지 말아야 하지만 그런 공약이 나오더라도 유권자는 무책임한 공약을 하는 후보자를 가려낼 수 있는 판단력이 있어야 한다. 우리는 세종시 논란을 통해 포퓰리즘은 달콤한 것 같지만 결과적으로 국가와 국민에게 엄청난 해악을 끼치고 만다는 교훈을 배워야 한다. 아르헨티나 등, 일부 라틴아메리카 국가들은 이 같은 포퓰리즘의 늪에 빠져 정체를 면치 못하고 있는 것이다. 요컨대, 국민이 현명해야 정치도 성숙해지는 것이다.

국가정통성마저 부정하는 전교조와 공무원노조

우리 사회에서 외형적으로 나타난 문제보다도 국가기능의 중추적 역할을 담당하는 공무원과 교사들의 노동조합이 국가와 사회에 미치는 해악이 훨씬 심각하다고 할 수 있다. 전국교직원노동조합(전교조)은 1989년 우리 교육이 근본적으로 잘못된 것이라며 '참교육'을 표방하고 결성되었고 1998년 김대중 정부에 의해 합법화되었으며, 공무원노조는 2002

년 결성되어 2006년 노무현 정부에서 합법화되었다. 민주국가에서 교사나 공무원도 노동조합을 조직하여 처우개선을 위한 단체활동을 할 수 있다. 그러나 교원노조와 공무원노조는 엄밀한 의미의 노동조합이라기보다는 좌파이념을 추구하는 정치적 투쟁단체라는 데 문제가 있다.

전교조는 평등교육을 최고의 가치로 내세운다. 그들은 학생들이 시험을 보게 되면 서열이 정해지기 때문에 시험을 보지 않는 학교가 좋은 학교라고 가르친다. 다시 말하면, 획일적 평준화 교육만이 참교육이라고 주장한다. 그래서 그들은 중간고사든 일제고사든 시험을 반대하며 교원들의 자질이나 근무를 평가하는 교원평가도 반대한다. 그들이 표방하는 '참교육'의 모토는 민족, 민주, 인간화의 교육이다. 그들이 의미하는 민족은 외세, 곧 미국을 몰아내고 남북이 하나가 되자는 것이며, 민주는 노동자·농민·빈민이 주인이 되는 사회를 만들자는 것이며, 인간화는 평등을 최고의 가치로 내세우며 수월성교육과 서열화를 없애자는 것이다. 이처럼 전교조의 조직이념과 활동은 정상적인 교사들의 노동조합이 할 수 있는 것과는 거리가 멀다.

전교조가 어떤 단체인가는 이 단체가 민주노총의 핵심조직이라는 사실에서 짐작할 수 있다. 민주노총의 목적은 '노동자의 정치 경제 사회적 지위 향상'만이 아니라 '인간의 존엄과 평등이 보장되는 통일조국 민주사회 건설'이다. 이에 따라 민주노총의 첫 번째 사업은 노동자의 정치세력화다. 정치세력화를 목적으로 하는 조직은 노동조직이라고 보기 어렵다. 민주노총의 두 번째 사업인 '자주 민주 통일'은 북한의 대남투쟁의 3대 목표와 일치한다. 자주는 반미를 의미하며, 민주는 노동자, 농민, 빈민 계급이 주체가 되는 정치체제, 곧 북한과 같은 사회주의 체제를 말하며, 통일은 북한이 주장하는 연방제 통일을 의미한다. 따라서 민주노총이 건설하겠다는 '통일조국 민주사회'도 우리 헌법에 명시된 '자유민주적 기본질서에 입각한' 나라와는 근본적으로 다른 것이다.

전교조는 민주노총이 설립된 1995년부터 산하(傘下)연맹으로 활동했다. 전교조 위원장이었던 사람이 민주노총 위원장도 지냈으며 지금은 민주노동당 최고위원으로 있다. 또한 전교조 조합원 중에는 민노당 전당대회 대의원과 중앙위원회 위원도 여러 명 포함된 것으로 알려졌다. 전교조는 민주노총이 주도한 한미 자유무역협정 반대를 위한 총파업에도 참가했으며 또한 민노당의 핵심 전위조직으로서 정치활동과 이념투쟁을 해왔다.11) 따라서 전교조는 학교에서는 어린 학생들의 순수성을 자극하면서 반정부, 반자본주의, 반미친북 이념교육을 하고 있고 사회적으로는 반체제 반정부 반미 정치투쟁을 일삼아왔다. 그들은 민주노총의 반정부 투쟁에 적극 참여해 왔으며, 특히 2009년 6월에는 미디어법 강행 중단, 대운하 재추진 의혹 해소 등의 주장을 담은 시국선언을 하기도 했다. 헌법 제7조 및 제31조 제4항은 공무원의 정치적 중립과 교육의 정치적 중립을 규정하고 있고 교원노조법 제3조는 교사의 정치활동을 금지하고 있지만 전교조는 그 같은 헌법과 법률의 조항을 무시하고 있는 것이다.

미래를 발목 잡는 전교조

잘못된 이념에 심취된 교사로 인한 폐해는 자못 심각한 것이다. 백지처럼 깨끗한 어린 학생들에게 잘못 심어진 편견은 가치체계로 굳어져 어른이 되어서도 쉽게 해소되지 않는다. 커가면서 자신의 사고를 합리화하는 자료나 논리들이 보태져 편견이 더욱 견고해지기 때문이다.

---

11) 중앙일보의 2010년 2월 11일 보도는, 경찰이 민노당 등에서 압수한 문건을 분석한 결과 2000년대 중반 전교조 교사의 민노당 가입은 2,000여 명, 전공노 소속은 600여 명이었으며 그들은 수천만 원의 당비를 납부한 것으로 파악되고 있다.

전교조 교사들은 좌파이념에 입각하여 학생들에게 기성세대, 사회 및 국가에 대해 편견과 분노와 증오를 심어주고 있다. 이처럼 잘못된 이념에 오염된 학생들이 주변의 모든 것이 잘못되었다고 느끼게 되면 불만을 가지게 되고 분노하며 투쟁에 나서게 되는 등, 자칫하면 일생동안 잘못된 길에서 빠져나오지 못하게 된다. 마치 사이비 종교에 빠진 사람이 자기 인생을 파멸로 몰고 가는 것과 비슷하다고 할 수 있다. 공교육은 세금으로 운영되는 것으로 학교는 어디까지나 사회적으로 합의된 내용을 가르쳐야 하는 것이며, 따라서 교사가 사회적으로 논란이 되는 특정이념이나 왜곡된 내용을 독단적으로 가르칠 수 없는 것이다.

전교조는 수시로 국가정체성 부정, 국기에 대한 경례 거부, 애국가거부, 교실에서 태극기 없애기, 군대복무 반대, 맹목적인 반미친북 노선의 통일교육, 반자본주의 및 노동자 의식화 교육 등을 시켜왔다. 특히 그들은 정치사회적으로 중요한 계기가 있을 때마다 교과과정이나 담당하고 있는 과목과는 상관없이 제멋대로 '계기수업'을 했다. 민주시민교육의 관점에서 보면, 과목 담당 교사가 사회적 쟁점을 수업내용에 포함시킴으로써 학생들에게 그러한 문제들에 대해 이해를 돕고 판단력을 길러주는 것은 바람직하다. 그러나 전교조 교사들이 실시하는 계기수업은 이와는 거리가 먼 것으로, 정규수업은 제쳐놓고 전교조에서 내려온 지침대로 이념교육을 해왔다. 예를 들면, 2000년 4·13총선을 앞둔 시기의 총선수업, 2002년 두 여중생 사망사건으로 반미시위가 격렬할 당시 주한미군 지위협정인 SOFA 불평등 공동수업, 2003년 미국의 이라크전 반대를 위한 반전(反戰) 평화수업, 2004년 노무현 대통령 탄핵소추와 관련된 수업, 2005년 6·15남북공동선언 기념 공동수업, 사립학교법 개정 계기수업, 부산에서 열린 APEC 정상회의 당시 부산 전교조의 반APEC 수업 등이 있다.

이처럼 좌파이념에 치우친 계기수업은 가치관 형성기에 있는 어린 학생들에게 왜곡된 역사관, 국가관, 가치관을 심어주게 되어 바람직한 민주시민교육에 정면으로 배치되는 중대한 결과를 낳게 한다. 원래 계기수업은 학교장의 승인을 받아 실시해야 하지만 전교조 교사들은 그 같은 절차를 무시하고 전교조 지침에 따라 전교조 소속교사들이 집단적으로 강행하여 학교장의 권위를 무시하며 학교 내 질서를 혼란에 빠뜨리고 있다. 또한 전교조 교사들은 대규모 전교조 집회가 있을 때마다 연가(年暇) 투쟁이라 하여 무단조퇴와 무단결근을 하여 막대한 수업손실을 초래했다. 전교조는 합법화 이후 10여 년 동안 13차례에 걸쳐 연가투쟁을 했던 것이다. 걸핏하면 투쟁이나 일삼는 교사들로부터 투쟁하는 것 이외에 학생들이 배울 것이 무엇이 있겠는가?

전교조는 대한민국의 국가정통성 부정과 친북반미 투쟁에 앞장서왔다. 예를 들면, 2005년 10월 전교조 부산지부가 교사 교재용으로 제작한 「통일학교 자료집」이 북한 역사책인 「현대조선력사(1983년)」를 토씨 하나 틀리지 않게 그대로 베껴서 교재로 사용한 것으로 드러났다. 전북 임실군 중학교 도덕교사 김모씨는 학생과 학부모 180여 명을 인솔하여 "빨치산" 추모제에 참여시켰으며 여기서 학생들은 빨치산들을 '훌륭한 분' 이라 표현한 편지를 낭독케 했고, '전쟁 위협하는 외세를 몰아내고 우리 민족끼리 통일하자' 는 구호를 외치게 했다. 그는 인민군 혁명가와 '주체철학은 독창적 혁명철학' 이라는 북한 원전을 소지했으며, '6·15 [6·15남북공동선언]시대의 전진을 가로막아온 미국의 죄악' 이라는 글을 인터넷에 올리기도 했다. 인천의 고등학교 전교조 교사인 신모씨는 자신의 홈페이지에 한미 관계의 불평등을 풍자하는 시(詩) '대~한민국' 을 게재했다. 그는 이 시에서 '사고를 낸 미군은 영내에서 정상적으로 잘 생활하고 있다고, 방송에 나와 떠들어대도 아무렇지도 않은 나라,

대~한민국'라고 비난했다. 그는 우리나라를 '그 놈들[미국인들]에게 거꾸로 표창장을 주는 미친 나라', '태어난 게 너무 재수 없는 나라'라고 했다. 그는 다른 시에서 "10년 안에 연방통일조국 건설"이라고 하여 북한의 대한민국 적화전략인 연방제 통일을 찬양한 바 있다.[12] 국가관이 불분명한 교사들이 많이 있는데 학부모들이 자녀를 안심하고 학교에 보낼 수 있겠으며 제대로 된 공교육이 있을 수 있겠는가?

전교조는 회의나 집회 개최 시 국민의례가 아닌 '민중의례'로 시작한다. 민중의례는 국기에 대한 경례나 애국가 제창이 없고 대신 반체제 운동권 노래인 '님을 위한 행진곡'을 부르며 '순국선열에 대한 묵념' 대신 '민주열사에 대한 묵념'을 한다. 이 나라는 애국할 나라가 아니기 때문에 애국가를 부르지 않고, 애국가 세력과 구분짓기 위해 '님을 위한 행진곡'을 대신 부른다는 것이다.

이 같은 민중의례는 대한민국의 정통성을 부정하는 민주노총 등, 좌파 시민단체나 노동단체에서 널리 행해지고 있어 전교조가 바로 그러한 단체라는 것을 스스로 증명하고 있는 것이다. '님을 위한 행진곡'은 소위 광주민주화운동을 기리는 노래라고 한다. 설령 당시 그들의 행위가 정당했다 하더라도 완전한 민주주의가 뿌리내리고 있는 지금 공무원 신분일 뿐 아니라 교육을 담당하고 있는 교사들의 단체에서 이러한 노래로 애국가를 대신한다는 것은 문제가 있다 하겠다. 즉, 국가 공무원으로서의 품위와, 교사로서의 자질을 벗어난 무리한 행위라 하지 않을 수 없다. 대한민국의 공교육을 위해 국가에서 길러낸 교사들이 대한민국의 체제이념에 반대하는 활동을 조직적으로 벌이고 있다는 것은 여간 심각한 문제가 아니다.

---

12) "재수 없는 나라,"『조선일보』, 2006년 1월 19일.

김대중·노무현 정부 당시 전교조는 집권세력의 비호를 받고 있어서 전교조에 비협조적인 교육장관은 자리를 유지하기가 어려웠다. 당시 전교조는 200억이 넘는 예산과 150여 명의 전임노조원을 가진 막강한 단체였다. 교원노조법 제6조는 단체협상 대상으로 '임금, 근로조건, 후생복지 등에 관한 사항'으로 규정하고 있지만, 대부분의 교육청들은 전교조의 위세에 눌려 임금, 근무조건, 복지후생과 아무 관련이 없는 교육정책이나 학교장 권한에 관한 내용까지 단체협약에 포함시켜 공교육을 초토화시키고 말았다.

그들은 정부에서 실시하는 전국 학업성취도 평가에 학생들에게 커닝하라고 가르치고 백지 답안을 내라고 부추겨도 처벌할 수 없게 단체협약을 맺었다. 학력평가의 경우 시도교육청 13곳 중 8곳의 교육청 단체협약에는 '평가는 표집(sample) 학교에서만 실시한다'고 돼 있고 '평가 결과는 비공개로 한다'고 못 박고 있다. 전교조가 교육부의 정책을 뒤집는 단체협약을 밀어붙인 것이다.

공교육 붕괴에 책임이 큰 전교조

김대중 대통령의 비서실장을 지내고 교육부 장관도 지낸 이상주 박사는 2008년 11월 12일 '한국의 교육문제 진단과 처방'이라는 강연을 통해 "현재 학교에서 가장 심각한 문제를 일으키고 있는 갈등에는 대체로 전교조가 개입돼 있다"고 했다. 교육부장관으로서 전교조의 실체를 누구보다 잘 알게 되었으며 그들이 교육정책의 장애요소라는 것을 절실히 느낀 것을 실토한 것이다. 그는 전교조가 다음과 같은 네 가지 문제점을 가지고 있다고 지적했다. 즉, 첫째, 교원노조법이 금지하는 쟁의(爭議)행위를 집단연가(年暇), 집단조퇴 등 편법적 방법으로 실시하고 과격한 시위를 벌이며, 둘째, 선배 교육자인 교장과 교감에 대해 비윤리적인 행위를 서슴지 않으며, 셋째, 교실에서 학생들에게 의식화 교육을 실시하며, 마지막으로 교직의 노동조합주의를 표방하면서 교사로서의 책무를 소홀히 하고 안일과 권익만 추구하고 있다고 했다. 그는 이 같은 전교조 활동으로 인해 "불신과 증오, 감시와 협박의 살벌한 학교 분위기 속에서는 자녀들이 건전하게 성장하기 어렵다"고 말했다.

과거 10여 년 동안 전교조의 투쟁일변도 노선으로 공교육은 붕괴되고 사교육 천국이 되어 학생들은 학교에서는 잠자고 학원에서 공부하게 만들고 말았다. 전교조는 또한 교사의 질적 향상을 도모하기 위한 교원평가를 반대하고 부적격 교사의 퇴출도 반대한다. 부적격 교사에게 평생 직장을 보장하면 결국 "악화(惡貨)가 양화(良貨)를 구축한다"고 하듯이 훌륭한 교사들의 사기를 떨어뜨려 교육계 전체를 망치게 한다. 현재까지 부적격 교사의 기준은 도박이나 알코올 중독 등 교사의 자질문제를 들고 있지만 전교조는 단체협약을 통해 그러한 부적격 교사들까지도 퇴출하지 못하도록 만들었다. 그들은 자기들의 기득권 보호를 위해 부적격 교사까지 퇴출시키지 못하게 함으로써 교육의 질을 떨어뜨려 공교육을 파탄에 빠뜨리고 있는 것이다.

세계는 치열한 경쟁으로 달려가고 있고 그래서 학부모와 학생들은 경쟁력 있는 교육을 원하고 있다. 그러나 전교조는 경쟁 없는 교육만 고집하고 있으니 공교육이 외면당할 수밖에 없다. 전교조의 좌익 이념교육으로 어린 학생들이 정신적으로 병들고 있고 또한 공교육이 불신 받게 되면서 너도 나도 사교육에 의존하게 되면서 과중한 사교육비로 많은 가정경제가 파탄지경에 이르고 있고 그 여파로 하루 100명씩 조기유학을 떠나고 있는 실정이다. 이명박 정부는 국가경쟁력 강화의 일환으로 교육개혁을 위해 노력하고 있지만 전교조가 가장 큰 걸림돌이 되고 있다. 전교조는 경쟁 없는 교육을 주장하며 이명박 정부의 교육자율화정책을 '미친교육' 이라 하며 정부의 각종 교육시책을 사사건건 반대하고 있는 것이다.

국가정통성을 부정하는 공무원노조

전교조 문제 못지않게 공무원노조도 심각한 우려대상이 되고 있다. 공무원노조는 결성되자마자 반체제세력인 민주노총에 가입하고 전교조와 같은 정치투쟁 노선을 걷고 있다. 특히 공무원노조는 그들의 공무원 신분을 망각하고 노조행사 시작 시 국민의례 대신 '민중의례'를 한다. 그들은 국기에 대한 경례와 애국가를 거부한 채 주먹을 휘두르며 투쟁을 선동하는 '님을 위한 행진곡'을 부르고 '순국선열 및 호국영령에 대한 묵념' 대신 '민주열사에 대한 묵념'을 한다. 이것은 사실상 대한민국의 국가적 정통성을 부정하는 것이다. 무슨 혁명집단의 행사도 아니고 공무원들이 모여서 하는 행사이니 어안이 벙벙할 따름이다. 국민이 낸 세금으로 월급을 받는 그들이 나라에 충성을 다짐하는 것이 아니라 다른 사회를 꿈꾸고 있는 것이다. 이들은 국가공무원법을 위반하고 있어 공무원으로서의 자질도 의심스러울 뿐 아니라 국민자격도 없다고 해야 할 것이다. 대한민국 국민의 절대다수는 국기에 대한 경례와 애국가 제창, 순국선열에 대한 묵념을 당연한 일로 여긴다.

시들어가던 반민주 반기업 반체제 세력인 민주노총이 11만여 명의 공무원노조의 가입으로 막대한 투쟁인력과 자금을 지원받아 전보다 더 강력한 반사회세력이 될 가능성이 있다. 공무원노조는 민주노총의 투쟁노선에 따라 향후 사회질서를 허물고 공공기관의 구조조정과 기강을 무너뜨리고 일류 기업들을 외국으로 내쫓는 일에 앞장설 것이다. 법을 집행하는 공무원들의 노조가 불법과 탈법을 수시로 저지르는 민주노총에 가입하면 법치주의의 근본이 흔들리게 된다. 그들이 받는 월급과 반체제 활동비는 모두 세금에서 나오는 것이니 국민이 제 손가락으로 제 눈을 찌르는 격이다. 공무원노조가 민주노총 산하조직이 됨으로써 결국 민주노동당의 전위조직이 되는 것이다. 민주노동당의 강령은 "외세를 물리치고 사회주의적 이상과 원칙을 계승하여 새로운 해방공동체를 구현한다"고 선언하고 있다. 즉, 민주노동당은 대한민국의 헌정질서를 근본적으로 바꾸는 것을 목적으로 하고 있는 것이다. 공무원노조가 민주노동당의 전위대 역할을 하겠다는 것은 곧 공무원들이 대한민국의 해체에 앞장서는 것이나 마찬가지이다. 실제로 공무원노조는 2008년 6~7월 촛불시위 당시 행정업무 거부선언을 했고 이명박 대통령에 대한 불신임 투표를 추진하기도 했다.

더구나 공무원노조는 산하 7개 지역본부와 90개 지부의 홈페이지에 '노동가요 듣기' 코너를 만들어 놓고 링크 사이트를 거쳐 '북한 가요'를 들을 수 있도록 했다. 그중엔 '2월의 명절을 축하합니다' '얼룩소야 어서 가자' '흰 눈 덮인 고향집' 등 김정일을 추종하고 대남 혁명을 선동하는 내용의 북한 노래 20여 곡이 담겨 있다. 그 외에도 '인공기면 어때, 평양이면 어때', '국가보안법 철폐가' 등 친북적 내용의 노래도 많은 것으로 알려졌다.[13]

대한민국을 부정하는 공무원들의 월급을 왜 국민의 세금으로 대주어야 하는가? 대한민국의 정체성을 부인하는 공무원노조를 방치하는 것은 정부 스스로 법치(法治)를 포기하는 것이다. 공무원은 아무런 책임도 느끼지 않는 비판자가 아니라 국가관리에 책임을 지고 있으며, 국민 세금으로 안정된 직장과 평생연금을 누리는 사람들이다. 따라서 공무원이 국가의 정통성을 부정하거나 국가에 도전자가 된다는 것은 국가와 국민

---

13) "사설: 전공노는 북 찬양 가요가 그렇게 좋은가," 『중앙일보』, 2010월 3월 24일.

에 대한 반역행위이므로 정상적인 국가라면 결코 용납될 수 없는 일이다. 우리 헌법은 '국민 전체에 대한 봉사자'인 공무원의 정치적 중립을 명문화하고 있다. 공무원노조법도 복무 의무규정 준수와 쟁의행위 및 정치활동 금지를 규정하고 있다.

분단국가였던 구(舊) 서독 정부는 1972년 자유민주적 기본질서를 위협하는 세력의 공무원 임용을 배제하는 결정을 내린 바 있다. 이 조치는 '국가공무원은 자유민주 기본질서의 유지를 위해 적극 헌신할 의무를 지니며 이는 공무원에게 부과되는 강제규정'이라고 못 박았다. 이와 함께 '헌법에 적대적인 활동을 하는 지원자를 공무원으로 임용해서는 안 되며, 지원자가 그런 목적을 추구하는 조직에 소속된 일원이라는 사실만으로도 자유민주 질서의 유지와 수호에 적극 헌신할 수 없을 것이라는 의혹의 정당한 근거가 된다'고 규정했다. 다행히 중앙선거관리위원회 공무원노조는 자진해산했다. 공정한 선거관리를 해야 하는 선관위 공무원들이 민주노총의 산하단체로서 특정 정치세력을 위한 활동을 하는 것이 문제라는 것을 자각한 때문이다. 다른 공무원노조들도 통합공무원노조와 민주노총을 탈퇴하는 움직임이 있어 다행이라는 생각이 든다.

지도층까지 만연된 탈법심리

국무총리, 장관 등 고위직 임명에 앞서 열리는 국회 인사청문회를 볼 때마다 지도층까지도 준법정신이 희박하다는 느낌을 지울 수 없다. 위장전입은 기본이고 부동산 구입 시 실제 거래가격보다 낮게 기록하는 다운계약서 작성, 소득신고 누락, 탈세, 병역기피, 교통법규 위반, 논문

중복 게재에 이르기까지 위법과 반칙투성이다. 한마디로 고위직 후보들의 준법 성적표는 일반국민의 평균점에도 못 미친다. 더구나 법치를 주된 업무로 하는 법무장관과 검찰총장 후보자도 예외가 아니다. 청문회에서 그들은 하나같이 자신들의 탈법행위를 관행(慣行)이라 변명했다.

그들의 탈법 중에서도 위장전입이 가장 공통적이다. 그 이유는 자녀전학, 부동산 구입 등 다양하다. 70년대 이래 부동산과 자녀교육이 중대한 문제로 등장하면서 사람들은 이를 위해 거짓으로 주민등록을 옮겼다. 이것이 엄연한 범법행위인데도 많은 사람들이 자기 가족의 이익을 위해 죄의식 없이 그렇게 하고 있다는 것이다. 어떤 고위 공직자 후보자는 한두 번도 아니고 서너 차례 위장전입을 했다. 주민등록법에 의하면, 거주하지 않으면서 주민등록만 옮겨 놓는 위장전입자에게 3년 이하 징역이나 1천만 원 이하의 벌금에 처하도록 규정하고 있다. 그래서 주민등록법 위반으로 처벌된 사람은 과거 10년간 5천여 명이나 된다. 그럼에도 청와대마저 위장전입은 "직무수행에 결정적인 결격 사유가 아니다"라고 했다. 직무수행에 결격사유가 안 될지는 모르지만 민주시민으로서는 결격사유인 것이 분명하다.

보다 큰 문제는 이처럼 법도 제대로 안 지킨 사람들이 국무총리나 장관으로 앉아 있는 정부를 국민이 얼마나 신뢰할 수 있느냐 하는 문제다. 미국에서는 백악관에 들어가려던 인사가 14년 전 가정부의 사회보장세를 내주지 않아 946달러(약 100만원)의 과태료를 미납했다는 이유로 물러나게 되었다는 것을 볼 때 우리나라와 얼마나 다른 엄격한 잣대를 가졌는지 알 수 있다. 국회 인사청문회가 후보자의 업무능력보다는 약점 부풀리기에 급급하는 것도 문제이지만 그처럼 상당한 결격사유가 있음에도 그들을 고위직으로 임명하는 것도 문제다. 인사청문회 제도가 근본적으로 불신 받고 있다는 사실을 직시해야 한다.

모범이 되지 못하고 있는 지도층

고위층 인사가운데는 어째서 그렇게 아프거나 신체가 군대에 못 갈 정도로 비정상인 사람이 많은지, 또 본인이 군대에 가면 부모가 살기 힘든 어려운 형편이었던 사람들이 왜 그렇게 많았는지 이해하기 어렵다. 사실 그들은 '애국'과 '국가'를 입에 달고 사는 위선자들이다. 6·25전쟁 당시 같은 또래의 젊은이들이 전쟁터에서 다치고 죽고 했는데도 재주 좋게 군 복무를 피해간 사람들은 운(運)도 따랐는지 최고위급 공직에 오른 사람이 적지 않다. 6·25전쟁 당시에도 전쟁터로 나가면 죽을 가능성이 매우 높았는데도 젊은이들은 자원해서 군대에 입대했던 것이다. 그런데 6·25전쟁으로부터 오늘에 이르기까지 장차관이나 국회의원을 지낸 사람들 가운데 이해할 수 없는 이유로 군대복무를 하지 않은 사람이 적지 않았다는 것은 크게 잘못된 현상이다. 선진국에서 통용되는 '고귀한 신분에는 더 많은 책임이 따른다(Noblesse Oblige)'라는 말처럼 사회지도층이 다른 사람들보다 더 많은 책임을 지고 모범을 보여야 일반국민의 존경을 받게 되는데 우리 현실은 이와는 거리가 멀다.

군복무 기피현상이 확산되면서 80년대부터 군대 면제자는 '신의 아들,' 공익근무자는 '장군의 아들,' 현역근무자는 '어둠의 자식들'이라는 말이 유행하기도 했다. 지도층이 병역을 기피하는 일이 빈번하니 부유층이나 연예인, 운동선수 위주였던 병역기피 풍조가 근래에는 일반인으로 번져가고 있고 병역비리 수법도 지능화되고 있다. 병원 진단서의 환자 이름을 바꾸거나 멀쩡한 몸을 수술해 병역을 기피한 병역비리 사범이 대규모로 적발됐다. 그래서 인터넷 공간에서는 다양한 병역기피 수법이 확산되고 있다. 2009년 서울과 경기지역에서 병역비리 혐의로 수사 대상에 오른 연예인, 가수, 운동선수 등은 300여 명에 이르렀다. 그들은 브로커에게 적게는 수백만 원에서 많게는 1,000만 원 이상을 주고 심부전(心不全)증 환자로 둔갑하는가 하면, 어깨 관절을 수술로 망가 뜨려 병역면제나 입영 연기 또는 공익근무요원 판정을 받았다. 수사 대상자 가운데 서울 거주자의 약 60%가 서울 강남지역 사람들이고 부유층이 대부분이다.

유교의 영향인지는 모르지만 군인을 무시하고 국가안보 의식이 희박했던 것은 조선왕조의 가장 큰 약점 중의 하나였다고 본다. 조선왕조는 중국에 의존하면서 국방문제에 별로 신경을 쓰지 않아도 되었는지도 모른다. 그러한 풍조가 현대에도 남아있을 뿐 아니라 한미동맹으로 인해 엘리트 계층이 안보문제는 자기들의 관심사가 아니라고 생각하는 경향이 있다. 특히 민족자주를 외치는 사람들 중에서 안보문제를 등한시하는 사람들이 많고 국회의원들 중에도 안보의식이 희박한 사람들이 많아서 안보문제가 나오면 그것을 정치쟁점화하기에 바쁘다. 그래서 군대를 제대로 마치지 않은 사람들이 대통령이 되고 총리와 장관이 될 수 있으며, 세계의 화약고 중의 하나라고 하는 나라에서 대통령의 안보문제를 보좌하는 보좌관조차 없었는지도 모른다. 선진국에서는 지도층에 속하는 사람들은 무엇보다도 안보의식이 투철하다. 지금도 영국 왕실의 왕자는 전쟁터에 솔선해서 나가고 있다.

중상류층의 문제 중에는 병역 기피뿐 아니라 원정출산도 지탄의 대상이 되고 있다. 유력 대통령 후보의 며느리도 선거가 있던 해에 미국에 원정출산을 했다 하여 선거의 쟁점이 된 적이 있다. 최근 아나운서 출신이며 재벌가의 며느리가 미국에 원정출산했다 하여 우리사회 지도층의 국가관이 주목받기도 하였다. 그런데 최근 이중국적을 대폭 확대하기로 한 국적법 개정안이 입법 예고되면서 원정출산 대행업체에 신청자가 30% 이상 증가했다고 한다. 국가의식이 분명하지 않고 자기들의 이익을 앞세우는 사람들은 국적 같은 것은 아무렇지도 않게 생각하는지도 모른다.

우리 사회 지도층의 가장 큰 문제는 부정부패이다. 민주정치에도 엄청난 비용이 소요되기 때문에 정치자금을 모금하는 것은 불가피한 일이지만 그것이 제도화되어 있지 않기 때문에 대규모 부정부패 스캔들로 비화한다. 또한 권력을 이용하여 이권을 획득하려는 풍조 때문에 대통령과 정치권 실세들의 주변 인사들을 중심으로 부정부패사건이 빈발한다. 그래서 선거로 당선된 의원이나 공직자들도 선거법 위반이나 정치자금법 위반으로 당선무효가 되는 경우가 많다. 최근에는 교육계에도 부정과 비리가 만연된 것으로 나타나고 있다. 국제적 비교를 통해서 볼 때 우리나라의 공공부문 부패는 심각한 수준이다. 국제투명성기구 (Transparency International) 한국본부가 2009년 11월 발표한 한국의 부패인식지수는 10점 만점에 5.5점으로 조사대상 국가 180개 중 39위를 차지했으며 OECD 평균 7.04점보다 크게 낮다. 1위와 2위를 한 뉴질랜드와 덴마크는 각각 9.4점과 9.3점이며 싱가포르 9.1점, 홍콩 8.3점, 일본 7.7점으로 나타났다. 부패는 정치와 정부에 대한 불신을 높이고 경제흐름을 왜곡하며 건전한 기업가정신을 좀먹는다. 정실주의가 판을 치니 국정운영이 제대로 될 리 없다.

그러나 부정부패는 지도층만의 문제가 아니라 우리 모두의 문제이다. 부패가 만연되는 근본적 이유는 무엇이 부패이고 비리인가에 대한 인식이 부족하거나 공(公)과 사(私)를 구분하지 못하기 때문이다. 또한 법과 규칙을 지키면 손해 본다고 생각하는 사람이 많다는 것도 그 이유 중의 하나이다. 법을 어겨서라도 친구나 친척을 특별히 배려하지 않을 수 없다거나 인정의 이름으로 비리를 감싸는 사회정서가 뿌리 뽑히지 않는 한 부패는 근절되기 어렵다. 남의 비리는 쉽게 지탄하면서도 자신의 이해관계가 걸린 문제에는 관대하다. 공직자로 있는 친인척을 통해 청탁하는 것을 당연한 것으로 생각한다. 관혼상제 등 일상생활에서 돈 봉투가 오가고 명절 때 받는 과도한 선물도 부패의 씨앗이 된다.[14] 최근 SAT 시험 부정과 관련하여 우리나라가 국제적 망신을 당한 바 있다. 점수만 높일 수 있고 좋은 학교에 들어갈 수만 있다면 부정한 방법도 상관없다는 학생과 학부모의 잘못된 이기주의와 도덕불감증 때문이다. 병역비리와 부정입학 등도 학부모가 상당규모의 금품을 제공함으로써 가능한 것이라고 볼 때 부정과 비리는 사회적으로 만연된 '질병'이라 할 수 있다.

지금까지 살펴 본 바와 같이 우리는 외형적인 면에서 놀라운 발전을 이룩하여 선진국에 근접하고 있지만 민주정치, 사회질서, 국민의식 등에서 선진국 수준에 크게 못 미치고 있다. 원래 물질적인 것은 현대적 장비와 첨단 기술을 활용하기 때문에 신속한 발전이 가능하고, 또한 우리가 경제발전을 위해 막대한 자본을 투입하는 등, 국가적 노력을 지속적으로 해왔다. 이에 비해 눈에 보이지 않는 정신적 요소에 대해서는 관심과 노력이 부족했으며, 특히 입시위주의 교육풍토로 공교육이 위축되고 인성교육이나 사회의식과 관련된 교육이 등한시되었다고 해도 과언이 아니다. 그 결과로 우리의 물질문명과 정신문화 간의 격차는 심각한 수준에 이르렀다고 볼 수 있다. 경제적으로 후진성을 탈피하기 위해서 과거에는 그러한 발전전략이 불가피했을지 모르지만 일류 선진국으로 진입하기 위해서는 국민의식을 선진수준으로 높이지 않으면 안 된다고 본다. 우리의 정신문화적 발전을 위한 선진시민교육을 진흥시키기 위해서 주요 선진국들의 국민교육이 어떻게 실시되고 있는가를 살펴보고자 한다.

---

14) 2010년 초 그리스의 국가부도 위기의 근본원인은 우리처럼 모든 경우에 돈봉투가 오가는 만연된 부패가 근본원인이라고 했다.

제3부 • 주요 국가들은 국민교육을 어떻게 실시하고 있나

대부분의 현대 국가들은 나름대로의 국민의식 교육을 실시하고 있으며, 특히 선진 민주국가들은 민주시민교육을 체계적으로 실시해왔고 세계화의 도전이 거세짐에 따라 더욱 강화하고 있다. 민주시민교육은 국가정체성과 국민의식에 관련된 내용과 그에 따른 실질적 과제를 이해할 수 있도록 하는 것을 목표로 한다. 시민교육을 논의하려 한다면 무슨 내용을 어떻게 가르쳐야 하느냐, 그리고 교육의 핵심이 국가중심적 입장에 있느냐 혹은 개인중심적 입장이냐가 중요한 문제들이다. 역사교육, 사회일반교육 등 시민교육의 내용은 어느 시대 어느 나라를 막론하고 정치적 성격을 띨 수밖에 없다. 고대 그리스의 플라톤(Plato)이 정치와 교육은 밀접한 관계가 있다고 했듯이 시민교육 또는 정치교육은 그 사회의 정치적 이념을 반영하고 있는 것이다.

각국은 다양한 민주시민교육을 실시하고 있지만 공통적인 요소가 있다고 본다. 이와 관련하여 존 코간(John J. Cogan)과 레이 데리콧(Ray Derricott)을 중심으로 한 9개국의 27명의 전문가들은 민주시민교육이 함양해야 할 자질로서 다음과 같은 다섯 가지를 제시하고 있다.[1]

1) 정체성 또는 소속감(a sense of identity): 한 개인은 인종, 종교, 지역 등 다양한 소속감을 갖지만 가장 중요한 것은 국가에 대해 자부심과 충성심을 느끼는 국가정체성(sense of national identity)으로 이는 민주시민에서 요구되는 가장 중요한 자질이다. 이와 관련하여 세계화되고 국가 간 상호의존성이 높은 시대에 있어 국가 중심의 소속감만으로는 21세기 도전에 대응하는 데 한계가 있다는 의견이 없지 않다. 최근 한국에서 경험하고 있듯이 반외세적 친북(親北)적 민족우선주의와 같은 민족중심의 소속감은 긍정적 측면보다는 부정적인 면이 더 크다. 그렇다고 해서 국가단위 시민의식을 부정해서는 안 될 것이다. 오늘날 어느 나라도 고립되어 생존할 수 없으며 따라서 바람직한 시민의식은 분명한 국가정체성을 가져야 하는 동시에 국제사회에 대한 이해와 협조도 필요하다.

2) 권리의식(a sense of rights): 민주국가의 국민은 국민으로서의 권리의식을 가져야 한다. 모든 국민은 해외여행 중 자기 나라의 보호를 받을 권리가 있고 또한 국내에서는 법의 보호를 받을 권리가 있다. 권리에는 세 가지가 있는 바, 첫째, 법에 의해 보호받을 권

---

1) John J. Cogan, "Citizenship Education for the 21st Century: Setting the Context," in Cogan and Ray Derricott, *Citizenship for the 21st Century* (Liverpool: Director Centre, University of Liverpool, 2000), pp.2-5.

리, 둘째, 투표 등 정치에 참여할 권리, 셋째, 교육을 받을 수
있고 노동자로서 노동조합에 가입할 수 있으며 사회보장 혜택을
받을 권리 등, 사회경제적 권리가 있다.

3) 책임과 의무(responsibilities and duties): 사람들은 자신의 권리는 주장
하면서 시민으로서의 책임과 의무를 소홀히 하는 경우가 많다.
특히 미국 등 선진 민주국가에서는 개인의 권리를 지나치게 강
조하면서도 공공의 이익을 위한 개인의 책임과 의무를 등한시하
는 경향이 있다. 모든 국민은 법을 지키고 세금을 내고 다른 사
람의 권리를 존중하고 외국과 전쟁을 할 경우 나라를 위해 싸울
의무가 있으며 그 외에도 다양한 사회적 책임이 있다. 그래서
선진민주국가에서는 법 위반에 대해 엄격하게 처벌하고 세금을
제대로 내지 않은 사람은 용납하지 않는다.

4) 공공문제 참여(active in public affairs): 시민으로서 책임을 다하려면
지역사회나 국가 등의 공동체가 당면한 문제를 외면해서는 안
되며 관심을 가지고 해결하려는 노력에 동참해야 한다. 고대 그
리스 시대부터 훌륭한 사람(good person)과 훌륭한 시민(good
citizen)을 구별하는 전통이 있다. 훌륭한 사람이란 도덕적이기는
하지만 공공의 문제에 관여하지 않는 사람을 말하며, 훌륭한 시
민이란 개인적으로 모범이 될 뿐 아니라 공공의 문제에 관심을
가지고 해결하기 위해 앞장서는 사람을 말한다.

5) 사회의 기본적 가치 수용(acceptance of basic societal values): 한 사회
의 기본적 가치는 헌법에 기록되어 있거나 사회통념으로 받아들

여지고 있는 가치들을 말한다. 선진 민주사회를 보면 그 나라의 기본적 가치를 항상 강조하고 상황이 바뀌면 그러한 가치들을 새롭게 정의(定義)한다. 이에 비해 개발도상국들은 외래의 제도와 가치를 받아들이면서 전통적인 가치관과의 관계 때문에 가치관 혼란을 경험하게 된다. 이것이 바로 개발도상국 시민교육에서 극복해야 할 중요한 과제라고 본다.

우리나라 민주시민교육의 발전방향을 모색하기 위해 먼저 미국, 영국, 프랑스, 캐나다, 오스트레일리아, 독일, 일본, 싱가포르 등 주요 선진국 시민교육의 현황과 추세를 살펴보고자 한다.

소련보다 정치교육을 더 철저히 해 온 미국

미국은 다양한 인종적·종교적·문화적 배경을 가진 이민자들로 구성된 나라일 뿐 아니라 광대한 대륙을 영토로 가진 나라이기 때문에 국민통합을 위해 매우 체계적이며 적극적인 시민교육을 실시해왔다.[2] 더구나 세계 최초로 대통령제를 채택함으로써 대통령이 국가의 상징일 뿐 아니라 국민통합의 중심 역할을 하기 때문에 시민교육에서 대통령과 정부에 대해 특별한 관심을 기울여 온 나라이다. 그래서 냉전시대 미국과

---

2) Thomas Scott and John J. Cogan, "Democracy at a Crossroads: Political Tensions Concerning Educating for Citizenship in the United States," David Grossman, Wing On Lee, Kerry J. Kennedy, eds., *Citizenship Curriculum in Asia and the Pacific* (Hong Kong: Comparative Education Research Centre, the Hong Kong University, 2008), pp.165-179.

소련의 정치교육을 비교 연구한 한 학자는 미국이 소련보다도 정치교육을 더 철저히 시키고 있다고 결론을 내린 바 있다.

미국은 연방국가이기 때문에 교육에 대해서는 각 주가 자치권을 가지고 있어 지방별로 다양한 시민교육이 실시되어 왔으며, 또한 기독교 국가이기 때문에 기독교단체와 교회 등도 시민교육에 상당한 영향을 미치고 있다. 미국의 시민교육은 전통적으로 '미국역사' 과목에 포함되어 있었으며 그러한 전통으로 인해 지금도 미국역사는 일반사회 과목과 시민교육 과목의 중심역할을 하고 있다.

미국의 시민교육은 1916년에 이르러 큰 변화가 일어나기 시작했다. 즉, 미국교육협회(National Education Association) 산하의 '시민교육 연구그룹(Civic Study Group)'이 9학년 과목으로 '공동체 윤리(Community Civics)'와 고등학교 마지막 해인 12학년 과목으로 '민주주의의 제문제(Problems of Democracy)'를 각각 새로운 과목으로 채택하도록 건의했으며 정부가 이 건의를 받아들임으로써 시민교육이 체계적으로 이루어지게 되었다.

미국은 월남전 이전까지는 '민주적 합의'라는 원칙에 따라 국가적 과제를 원만히 해결할 수 있었으나, 월남전과 더불어 젊은 세대를 중심으로 격렬한 반전운동이 일어나고 국론이 분열되면서 시민교육에 문제가 있다는 여론이 높아져 시민교육이 사회적인 주목을 받게 되었다. 그러나 미국은 민주적 전통이 비교적 잘 정착되어 있고 양당제도 아래서 심각한 정치적 갈등 없이 국정이 원만히 이루어지고 있었으며, 미국이 세계 제일이라는 자부심으로 국민적 단합과 사회안정을 유지할 수 있어서 지속적인 발전을 할 수 있었다. 따라서 미국의 민주시민교육은 새로운 정치문화를 창출하기보다는 기존의 정치문화를 계승하는 데 중점을 두었다고 하겠다. 그래서 역사교육과 미국정부론이 미국 시민교육의 핵심과목이 되었다.

1980년대 레이건 행정부의 등장 이래 미국 사회의 제반 문제를 극복해야 한다는 보수적 목소리가 높아지기 시작했으며 이러한 가운데 '교육 수월성을 위한 전국위원회(the National Commission on Excellence in Education)'는 1983년 「위기에 처한 미국(*A Nation at Risk: the Imperative for Educational Reform*)」이라는 보고서를 발표했다. 이 보고서는 미국의 공(公)교육이 실패하여 미국은 사실상 교육의 무장해제(武裝解除) 상태에 놓여 있다고 진단하고 획기적인 교육개혁을 건의했다. 그후 조지 부시 행정부는 1991년 〈America 2000 Excellence in Education Act〉라는 교육개혁법을 제정했고 이어서 클린턴 행정부는 1994년 〈Goals 2000: Educate America Act〉라는 교육개혁법을 제정하게 되었다.

1990대에 이르러 미국은 독일, 일본 등 경쟁국들로부터 경제적 도전을 받게 되면서 국가경쟁력을 향상시키려는 목적에서 시민교육을 강화하게 되었다. 그러한 노력의 일환으로 미국 시민교육센터(the Center for Civic Education)는 1991년 「시민교육의 개요」(CIVITAS)를 발표했고[3] 이어서 1994년에는 「시민교육 및 미국정부론 교육에 대한 전국 표준」(*National Standards for Civics and Government*)을 연구·발간했다. 사회과교육 전국위원회(NCSS, the National Council for the Social Studies)도 같은 해에 「수월성의 기대」(*Expectations of Excellence*)라는 보고서를 통해 사회과 교육의 표준을 제시했다. 이 두 보고서는 최초의 국가차원의 시민교육 지침서라 할 수 있으며 그 후 미국 시민교육의 표준이 되었다. 이 표준에 따라 시민교육과 미국정부론 교육에도 상당한 변화와 발

---

3) Center for Civic Education, *CIVITAS: A Framework for Civic Education* (Calabasas, CA: Center for Civic Education, 1991).

전이 있었다. 그때까지는 고등학교 9학년과 12학년에서만 시민교육 과목이 있었으나 이때부터 초등학교 1학년에서 고등학교 졸업까지 12년간 일관성 있게 시민교육이 실시되었다. 시민교육의 개혁을 위해서 다양한 연구와 논의가 이루어졌으며 여기에는 관련 교수, 사회과 교사, 정부관리, 정당 대표, 기독교단체 대표, 기타 이익집단 대표가 참가했다.

시민교육센터가 발표한 '시민교육의 개요'는 모든 학교 수업에 활용되고 있으며 그 내용은 다음과 같은 다섯 가지를 제시하고 있다.[4] 첫째, 민주적 시민, 정치, 그리고 정부란 무엇인가, 둘째, 미국 정치제도는 어떻게 발전되어 왔는가, 셋째, 미국정부는 헌법에 규정된 민주주의의 목적, 가치, 그리고 원칙을 어떻게 구현하고 있는가, 넷째, 미국은 다른 나라와 세계문제에 어떤 관계가 있는가, 마지막으로, 미국 민주주의에 있어서 시민의 역할은 무엇인가 등에 대한 것을 학생들에게 가르쳐야 한다고 했다. 미국 시민교육센터가 제시한 시민교육 표준은 미국 전국에 걸쳐 처음으로 적용한 시민교육의 지침이 되었다.

사회과교육 전국위원회(NCSS)는 『수월성의 기대』라는 보고서를 통해 성숙한 시민으로서 갖추어야 할 이상(理想), 원칙, 실제 등을 담은 '시민윤리의 이상과 실제(Civic Ideals and Practices)'를 제시했으며 여기에는 다음과 같은 내용들이 포함되어 있다.

- 미국 민주주의의 주요 이상(ideals)
- 시민의 권리와 책임
- 인권, 인종, 종교 등, 주요 공공정책 쟁점에 대한 지식
- 주요 쟁점에 대한 토의와 결정과정에의 개인의 참여

---

4) Center for Civic Education, *The National Standards for Civics and Government* (Calabasa, CA: Center for Civic Education, 1994), p.1.

- 공공정책에 관련된 시민운동에의 개인의 참여
- 공공정책 및 쟁점에 대한 개인의 분석 및 판단 능력
- 여론이 공공정책에 미치는 영향
- 시민행동이 민주정부의 이상 실현에 미치는 영향
- 공공정책에 대한 개인의 의견 제시 및 행동
- '공동선(common good)' 창출을 위한 개인의 기여

학교수업은 정치사회적 참여에 필요한 지식과 태도, 그리고 참여기술을 함양하는 데 중점을 두고 있다. 이를 위해 학생들은 현실정치와 관련된 청문회, 모의선거, 역할극 등을 통해 민주주의의 실제와 참여과정에 대해 익힌다. 미국의 시민교육은 개인과 집단 간의 관계뿐만 아니라 개인들 간의 관계를 민주적으로 만드는 데 초점이 맞추어져 있다. 다시 말해서 집단 속에서 자신의 의견을 형성하는 기술, 전달하고 설득하는 기술, 참여하는 기술을 함양하고 있는 것이다.

90년대 미국의 교육이 주로 경제적 경쟁력을 강화하는 데 초점이 맞추어졌다면, 9·11테러 이후에는 애국심을 고취시키는 교육이 강조되었다. 즉, 역사교육, 시민교육, 사회과교육에서 애국심, 성조기 존중, 기독교적 국가정체성, 미국적 가치관인 민주주의와 시장경제를 적극적으로 확신하는, 이른바 '미국 제일주의(America First)' 등을 더욱 강조하게 되었다. 또한 미국의 국토안보부는 시민권 시험의 범위를 미국 헌법, 역사, 정부, 지리, 시민의 권리와 의무 등 민주시민으로서 알아야 할 내용을 많이 포함시킨 바 있다.

이처럼 조지 W. 부시 행정부에서 테러 등 국가적 위험에 처하여 '시민은 정부의 정책을 무조건 지지해야 한다'고 강조했지만 진보적인 교사들은 민주주의에서 정부의 정책을 비판적으로 평가하는 것이 중요하다고 하여 시민교육을 둘러싼 논란이 없지 않았다. 보수적 입장을 취하

고 있는 교회나 학부모들은 진보적인 교사들에 대해 불만이 적지 않았다. 이 같은 민주시민교육의 강조에도 불구하고 미국 젊은이들은 대체로 국가적 쟁점에 대해 관심이 적고 선거에서 투표하는 것도 소극적이어서 '시민의식 결핍(civic deficit)'이 우려되고 있다. 또한 시민교육 교과서와 교사의 교육방법, 그리고 학교분위기 간에 서로 상치되는 요소가 많아 시민교육의 성과는 기대에 못 미치고 있는 것으로 평가되고 있다. 미국이 정치적, 경제적, 사회문화적 도전을 심각하게 인식하게 되면서 시민교육은 계속 중요한 국가적 과제로 남아 있다.

유럽통합 후 시민교육을 강화하고 있는 영국

영국에서는 1930년대를 통해 파시즘이 심각한 위협으로 등장하면서 이에 대항하기 위해 국민의식과 애국심을 함양하는 교육이 필요하다는 주장이 시민교육협회를 중심으로 제기되면서 시민교육이 강화되기 시작했다. 2차 대전 후인 1949년 영국정부는 「시민의 성장(*Citizens Growing Up*)」이라는 시민교육에 관한 보고서를 발간했다. 이 보고서는 파시즘의 위험을 회고하고 공산주의 확산을 경계하는 등, 급진적 정치사상의 확산을 방지하기 위해 시민교육을 강화해야 한다고 주장했다. 전쟁 직후의 사회적 단합과 전후 복구의 필요성 때문에 시민교육은 학생들에게 지역사회의 중요성을 일깨우고 지방정부와 중앙정부의 구조와 운영을 이해하게 하며, 나아가 모범적 시민으로서의 의무와 책임을 강조했다.[5]

---

5) Ray Derricott, "National Case Studies of Citizenship Education: England and

1970년대에 들어 시민교육 중에서 특히 정치교육의 중요성이 제기되었다. 당시 정치학자들을 중심으로 영국국민 다수가 정치적 문맹(political illiteracy) 상태이기 때문에 체계적인 정치교육을 통해 이를 극복해야 한다고 주장했다. 그들은 정치교육에서 정부의 구조와 기능 등 단순한 정치적 지식(political knowledge)의 습득보다는, 공공의 문제에 대한 토론 참여, 문제해결 과정 참여 등 개인이 실질적으로 할 수 있는 정치적 기술(political skills) 함양에 중점을 두어야 한다고 했다. 그들은 중고등학교 시민교육의 내용을 평가한 후 문제점을 지적하고 중고등학교 시민교육을 실질적으로 강화해야 한다고 주장하여 시민교육을 활성화하는 계기가 되었다.

1974년부터 1988년 사이에 정치문제에 관심을 가지고 적극 참여토록 하자는 '정치교육(political education)' 과목과 빈곤, 인권, 환경 등 지구촌 이슈들을 이해하고 그 해결에 기여하는 것을 목표로 한 '현대세계' 과목을 시민교육의 새로운 과목으로 채택해야 한다는 운동이 일어났으며 결국 두 과목이 시민교육에 포함되었다. 전체 커리큘럼 속에서 이 같은 새로운 과목들을 위한 시간을 획득하는 것이 어려운 문제였기 때문에 이를 위해 확고한 목적의식을 가지고 적극적으로 노력하는 사람들의 힘이 컸다. 이처럼 영국에서 시민교육을 강화하려는 노력은 당시 유럽통합이 이뤄지고 있었기 때문에 영국에 대한 충성심이 약화되는 것을 막고 영국인으로서의 국민의식을 높이는 것을 목표로 했다.

1990년대에 이르러 영국의 시민교육은 보다 체계적으로 발전되었다. 즉, 국회의장 예하에 구성된 교육위원회(Speaker's Commission on Education)에 의해 발간된 「시민의식의 장려(*Encouraging Citizenship*)」라는

Wales," in Cogan and Derricott (eds.), *op. cit.,* pp. 23-24.

보고서와 같은 해 전국 커리큘럼 위원회(National Curriculum Council)에 의해 발간된 「시민의식을 위한 교육(*Education for Citizenship*)」이라는 보고서는 영국의 시민교육을 활성화하는 촉진제가 되었다. 이 보고서들은 작성과정에서 저명한 학자, 변호사, 정치인들로부터 자문을 받았으며, 학생들과 교육현장 근무자에 대한 여론조사 결과도 포함됐다. 학생들에 대한 설문조사 결과를 보면, 고등학교를 졸업할 무렵의 학생들은 정치사회적 문제에 대한 관심이 적었고 나이가 들수록 정치에 대한 불신도 높아지고 있었으며, 또한 자기들의 정치사회적 역할에 대해서도 부정적인 인식이 높은 것으로 나타났다. 요컨대, 영국의 시민교육은 기대에 못 미치고 있다는 것이다.[6]

전국 커리큘럼 위원회는 1988년에 제정된 교육개혁법에 따라 교육장관을 자문하기 위해 구성된 것으로 그들이 작성한 「시민의식을 위한 교육」이라는 보고서는 시민교육 담당 교사들에게 지침을 제공하고, 나아가 시민의식의 주요개념을 현실에 어떻게 적용할 것인가를 제시하고 있으며, 또 학교는 시민교육을 실시할 법적 책임이 있다고 명시했다. 이 보고서는 다음과 같은 시민교육의 8대 요소를 제시했다.

일반적 요소로서
　1) 국가 및 지역공동체의 특성
　2) 다원화사회의 다양한 역할과 역할들 간의 관계
　3) 시민으로서의 의무와 책임 그리고 권리 등 세 가지를 제시했다.

일상생활과 관련된 되는 요소로서
　1) 가족과 관련된 문제

---

6) Ibid., p.25.

2) 시민과 법,

3) 일, 고용 그리고 여가

4) 공공문제 해결과 시민의 참여

5) 지역사회에 대한 자원봉사 등, 다섯 가지를 제시했다.

그러나 이 보고서는 시민교육에서 정치교육을 주장하는 사람들이 강조하고 있는 정치참여 또는 정치기술적 측면을 등한시하고 지나치게 시민으로서의 책임과 의무를 강조하고 있다는 비판을 받았다. 또한 시민교육을 제대로 실시하기 위해서는 교사들에 대한 재교육이 필요하다는 것도 지적되었다. 영국에서 "시민이 책임을 다히는 곳에 자유기 번성한다"는 말이 있듯이 민주시민의 역할로서 자원봉사가 강조되고 있다. 자원봉사는 영국의 오랜 전통으로 모든 교육에서 자원봉사가 중요한 요소로 간주되고 있다.[7]

유럽이 통합되면서 영국의 시민교육은 더욱 체계화되고 강화되었다. 즉, 2002년 9월 시민교육이 중고등학교 필수과목으로 신설되었고, 2003년부터 14세 학생들의 시민교육 성취도를 보고해야 할 의무가 학교에 부과되었다. 시민교육이 점차 자리 잡게 됨에 따라 시민교육 성취도를 평가하는 공식적인 시험이 생겼다. 교육기준청(OFSTED)은 각 학교의 시민교육 진행상황을 평가하기 위해 15~16세 학생들을 대상으로 시험을 실시하여 시민교육 과목의 위상과 신뢰성을 높이고 있다.

최근에 와서 학교에서 무질서와 폭력이 증가하면서 영국 정부는 시민교육의 일환으로 학교 내 폭력방지와 질서확립을 위한 조치를 잇달아 채택하고 있다. 즉, '불량 학생'의 학부모는 자녀 훈육을 책임지겠다는 취지의 '계약서'를 써야 하고, 불량한 행동이 계속될 경우 학부모는 최

---

7) Ibid., pp.26-27.

고 100파운드(약 20만 원)의 벌금을 내도록 하고 있다. 또한 불량 학생의
부모는 자녀교육방법 강좌를 의무적으로 들어야 하며, 불참 시 1,000파
운드(약 200만 원)의 벌금이 부과된다. 에드 볼스(Ed Balls) 영국 초중등
교육장관은 2009년 4월 14일 영국 교사노조(NASUWT) 회의에서 이 같
은 법제화 내용을 담은 보고서를 발표한 바 있다. 영국에서는 수업 중
제지가 불가능할 정도로 소란을 피우거나, 폭력을 일삼는 학생들 때문에
교사 1인당 연간 평균 16일을 허비한다는 통계가 나왔을 정도로 불량
학생 문제가 심각하다. 영국 정부로부터 '교육 짜르(tsar·총책임자)'로
임명된 알렌 스티어(Allen Steer)는 2007년부터 교육개혁의 구체적 방향
과 관련 법안의 필요성을 건의하는 보고서를 제출했다. 이에 제정된 새
로운 법의 내용에는 교사가 학생을 방과 후 학교에 남도록 할 수 있는
조항, 교실에서 모자를 쓰지 못하도록 할 수 있는 조항, 학생의 휴대폰을
압수할 수 있는 권한 등이 포함되었다.[8]

100년 전에 시민교육을 시작한 프랑스

전통적으로 프랑스의 교육은 군주제를 지지하는 가톨릭교회의 영향
하에 있었다. 그러나 군주제를 폐지하고 공화정이 들어서면서 교육에
대한 교회의 영향력을 배제하기 위해 1882년 교육의 종교적 중립이 선
언되었고 법에 의해 '종교교육'은 '시민교육'으로 대체되었다. 프랑스
시민교육의 목적은 어린 학생들에게 공화국을 가르치고 존중하게 함으

---

8) 『조선일보』, 2009년 4월 16일.

로써 공화국을 지지하게 만드는 것이었다. 그리하여 초등학교(6~13세)에 '시민·도덕교육' 과목(주당 1시간)이 의무화되었다.9) 당시 공교육장관은 상원에서 "보통선거를 실시하는 나라에서 시민교육은 미래의 유권자 또는 시민을 배출하기 위한 교육이 어릴 때부터 실시되어야 하며 학교는 한없이 존중해도 모자랄 프랑스혁명 체제와 그것의 궁극적이면서도 필수적 완성이라 할 수 있는 공화제 아래서 시민들이 단결할 수 있도록 어릴 때부터 준비시켜야 한다."고 시민교육의 필요성을 역설했다.

2차 대전 이후에는 시민교육이 중학교까지 확대 실시되었다. 그리고 시민교육의 내용에 그때까지 강조해오던 도덕의 비중을 줄이고 경제 민주화와 사회 민주화와 같은 새로운 내용을 포함시켰다. 그러나 1960년대부터 1980년대 중반까지 시민교육의 정당성에 대한 근본적인 의문이 제기됨에 따라 독립된 과목으로서 시민교육은 없어지게 되었다. 당시 프랑스의 사회적 분위기는 진보적인 경향이 강해서 지식인들은 학교를 유산계급의 지속적인 지배를 보장하기 위한 이념적 수단으로 인식했다. 특히 교원노조는 시민교육을 국가 이데올로기 교육으로 의심하는 시각이 팽배했었다. 교육당국은 좌파적인 교원노조 교사들이 시민교육을 그들의 의도대로 왜곡해서 가르칠까 두려워한 나머지 모든 교과과정이 궁극적으로 시민교육에 기여한다는 논리를 내세워 중등 교육과정에서 시민교육을 폐지했던 것이다. 그렇지만 교사를 양성하는 사범학교에서는 시민교육에 관련된 과목들이 계속 중시되었다.

그러나 정치권과 언론계에서 시민교육의 부활을 꾸준히 주장해왔고 또한 학교폭력 현상이 주요한 사회문제로 등장하면서 1985년 시민교육

---

9) 프랑스의 민주시민교육에 대해서는 허영식·신두철, 『민주시민교육 핸드북』(서울: 오름, 2007)과 Arlette Heymann-Doat, "프랑스의 민주시민교육"(http://www. civicedu.go.kr)을 참조.

이 중학교 필수과목으로 부활되었다. 세계화로 인해 국가 간 경쟁이 치열해지고 유럽통합으로 국가정체성 문제가 대두되면서 프랑스는 시민교육을 더욱 강화하게 되었고, 이에 따라 1998년 고등학교에 시민교육이 신설되었다. 그래서 프랑스의 시민교육은 초등학교에서 고등학교까지 일관되게 실시되고 있다.

2008년에 도입된 초등학교의 새 교육과정에는 '시민·도덕교육' 과목이 포함되어 있다. 시민교육의 내용은 도덕, 공동체 생활의 규칙(예절), 건강 및 안전 교육, 공화국 상징(국가, 국기, '자유·평등·박애' 이념)에 대한 교육으로 구성된다. 2008년에 도입된 중학교 교과과정에도 새로운 시민교육 과정이 마련되었다. 중학교 시민교육은 두 가지 목적을 가지고 있다. 첫째는 학생들에게 사회생활에 필요한 일정한 행동 양식을 받아들이게 하며, 둘째는 정치에 관한 지식을 제공하는 것, 즉 미래의 시민을 양성하는 것이다. 첫 번째 목적은 시민교육과 도덕 과목에서 공통되는 것으로서, 교사들은 학생들에게 공동체 생활의 기본이 되는 규칙들에 대해 이해시키고 체질화시키고자 노력한다. 두 번째 목적은 정치적 시민권 및 정치 제도에 관한 내용, 즉 민주시민교육으로 중학교 마지막 학년에 실시된다.

고등학교의 시민교육은 '시민·법률·사회교육'이라는 명칭하에 실시되며 필수과목이다. 시민의식은 다른 과목과는 달리 지식의 전수를 위한 것이 아니라 다른 과목에서 배운 지식을 활용해 교사가 학생들로 하여금 민주주의의 실천 방식인 토론을 장려한다. 따라서 학생 스스로 정치적 의견을 발표할 수 있도록 하여 적극적인 시민의식을 체득하게 한다. 토론의 주제는 1) 시민권과 예절, 2) 시민권과 국민통합, 3) 시민권과 노동, 4) 시민권과 가족 관계의 변화 등 4가지이다. 시민교육 교과서는 토론식 수업에 활용할 수 있도록 체계적으로 짜여 있다. 또한 시사성이 높은 학습자료를 활용함으로써 학생들이 현실문제에 보다 깊은 관심을 가질 수 있도록 하고 있다. 마지막으로 학생들 스스로 중요한 정치적, 경제적, 사회적 사건과 이슈들에 대한 정보를 수집하고 분석하여 합리적이고 독립적인 판단을 할 수 있도록 하고 있다.

최근에 이르러 세계화와 유럽통합, 다수의 이민자 유입 등으로 국가정체성 혼란이 심화되었다. 이에 대응하여 프랑스 정부는 2010년 2월 8일 14개 항목으로 구성된 '국가정체성 확립 방안'을 발표했다. 여기에는 공립학교의 국기 게양, 초·중·고 교실에 프랑스혁명 당시 발표된 인권선언문 게시, 학생들에게 시민생활 수칙이 담긴 수첩 배포, 1년에 한 번 이상 학생들의 국가 제창, 이민자에 대한 평등이념 교육, 국가정체성위원회 설립 등이 포함되어 있다. 그동안 프랑스 학교에서는 국기를 볼 수 없었고 학생들이 단체로 국가를 부르는 일도 없었지만 학교에서는 국기가 게양되고 국가가 울려 퍼지게 되었다. 국가정체성 확립 정책은 2009년 11월 이민부 장관이 "나라의 정체성이 흔들리고 있다"면서 범국민적인 토론을 제안한 이래 3개월간 열띤 토론이 있었다. 무슬림 이민자들이 여성 차별을 하고, 공공장소에서 노골적으로 종교적 색채를 드러내는 것도 논란의 대상이 되었던 것이다. 프랑수아 피용 총리는 프랑스의 국가정체성은 "프랑스적 가치를 자랑스럽게 여기는 것이 핵심"이라면서 프랑스혁명 정신에 입각한 차별 금지와 공적 영역에서의 종교성 배제를 프랑스적 가치의 근간이라고 주장했다.

국가정체성을 중시하는 캐나다와 오스트레일리아

캐나다는 미국과 마찬가지로 다양한 문화적 배경을 가진 이민자들로 구성된 나라이기 때문에 이민자들을 캐나다 국민으로 동화시키는 시민교육이 매우 중시되어 왔으며 국민의식 함양이 무엇보다 중요한 학교의 역할로 인식되어 왔다.[10] 다시 말하면, 학교는 단지 지식을 전달하는 곳이 아니라 캐나다 국민으로서의 소속감과 애국심, 그리고 정치와 사회에 대한 기본 지식을 함양하는 국민훈련 센터 같은 역할을 해왔다.

캐나다의 시민교육은 최근까지만 해도 주로 역사 과목과 사회생활 과목을 통해 실시되는 등 소극적으로 이루어졌다. 특히 주된 시민정신은 사회적 신뢰, 문화적 다양성 수용, 시민으로서의 의무, 국가에 대한 충성심 같은 가치를 중시했다. 시민의식으로 중시된 것은 투표참여 등 시민의 책임과 의무를 강조했고, 연방정부와 지방정부의 구조와 기능 등 사실 위주로 가르쳤다. 또한 캐나다의 역사적 발전과정을 자세히 가르쳤지만 정치와 사회의 현실적인 쟁점이나 문제해결을 위한 참여를 포함하는 정치교육은 등한시했다. 최근에 이르러 정치과정에 대한 이해를 높이고 지역사회에서 일어나는 정치사회적 이슈에 대한 토론을 중시하는 등 학교수업과 사회생활 간의 연계를 강화하는 교육, 즉 정치교육이 점차 강화되고 있다.

캐나다 시민교육의 특징으로 법률교육을 중시하고 있다는 점이다. 캐나다에서는 법률에 대한 기본지식과 민주사회에서 법률의 긍정적 역할을 이해하는 것은 성숙한 민주시민으로서 필수적인 자질로 보고 있다.

---

10) Roland Case, Kenneth Osborne, Kathryn Skau, "National Case Studies of Citizenship Education," in Cogan and Derricott (eds.), *op. cit.*, pp.42-50.

각 주에서는 법률교육 당당부서를 두어 법률교육을 위한 자료를 제공하고 교사들을 대상으로 한 법률훈련 등, 학교와 지역사회의 법률교육을 적극 지원하고 있다. 모든 고등학교는 법률을 독립된 과목으로 가르치거나 다른 과목의 일부로서 가르친다. 그 외에도 캐나다 시민교육은 인권, 환경, 국제관계, 지구촌 이슈, 선진국과 개도국 간의 관계, 다문화사회의 문제 등에 대한 내용을 시민교육에 포함시키고 있다. 근래에 이르러서는 시민교육이 정치교육, 환경교육, 세계화교육을 모두 포함하는 방향으로 나가고 있다.

또한 캐나다의 시민교육은 지역사회에 대한 봉사활동과 밀접히 연관되어 있다. 가난한 사람들을 위한 식품지원 활동, 노인들을 위한 봉사, 어린이집 봉사, 병원과 사회복지시설 봉사, 폐품수집 운동, 환경보호운동 등 지역사회에 대한 봉사를 학생들에게 권장하고 있다. 특히 지역사회 봉사를 졸업을 위한 필수과정으로 삼고 있는 학교가 대부분이다. 이러한 봉사활동을 통해 다른 사람들을 이해하고 어려운 처지에 있는 사람들을 돕는 것을 체질화하도록 하고 있다.

이민자들로 구성된 나라라는 점에서 오스트레일리아도 캐나다와 유사하다. 민주주의란 그 구성원인 시민들이 헌법의 원리는 물론 정부의 구조와 기능, 시민의 책임과 역할을 제대로 알고 실천할 수 있어야 성숙한 민주주의가 구현될 수 있지만, 오스트레일리아에서는 시민적 자질부족이 민주주의를 위기에 빠뜨리고 있다는 인식이 팽배하면서 1990년대부터 시민교육을 대폭 강화하게 되었다. 또한 국제적 테러와 분쟁 등, 새로운 지정학적 위협이 증가하면서 이에 대응하기 위한 국제적 노력에 오스트레일리아가 적극 참여하게 되면서 국제적 이슈에 대한 이해와 정부의 대외정책에 대한 지지가 긴요하기 때문에 국제적 이슈에 대한 교육도 더욱 중시되었다.

오스트레일리아의 민주시민교육은 1990년대 후반 교육장관 데이비드 켐프(David Kemp)에 의해 활성화되었다.[11] 그는 1997년 교과과정협회 연례회의 연설에서 오스트레일리아의 시민교육은 유럽적인 문화전통과 민주주의를 중시하는 국가정체성 중심의 교육이 되어야 한다고 주장했으며 그것은 초당적 지지를 받는 시민교육 정책이 되었다. 그러나 오스트레일리아 연방정부는 교육에 직접 개입할 권한이 없기 때문에 예산지원을 통해 시민교육의 방향을 간접적으로 유도하고 있다. 예를 들면, 연방정부는 학교 별로 학교 실정에 맞는 시민교육 프로그램을 개발하는 데 필요한 예산을 지원한다. 한편 각 주 등, 지방정부는 각기 다양한 시민교육 지침을 제시하고 있다. 우리나라에서 1970년대 학교 새마을운동이 했던 것처럼 지역별로 시민교육 시범학교를 선발하여 발전시키고 그것을 다른 학교에 확산시키고자 노력하고 있다.

오스트레일리아의 시민교육은 지리, 역사, 정치, 경제, 법률 등을 포함한 과목들로 구성되어 있다. 시민교육의 공통적 내용은 1) 영국과 유럽 등, 오스트레일리아 민주제도의 역사적 뿌리, 그리고 오스트레일리아의 헌법과 정부의 조직과 기능, 2) 오스트레일리아의 국가적 정체성(인종적 문화적 다양성과 사회통합 문제), 3) 성숙한 시민으로서 요구되는 가치관과 자질 등을 포함하고 있다.[12]

영국연방 국가의 하나인 오스트레일리아도 시민교육에 있어 역사를 중시하고 있는 바, 그 것은 오스트레일리아의 정치적, 사회문화적 뿌리

---

11) David Kemp, *Discovering Democracy: Civics and Citizenship Education, Ministerial Statement* (Canberra: Minister for Schools, Vocational Education and Training, 1997).
12) Kerry J. Kennedy, "More Civics, Less Democracy: Competing Discourses for Citizenship Education in Australia," David Gorssman et al.(eds.), *op. cit.*, p.188.

와 변화를 가르침으로써 오스트레일리아가 처한 현실을 이해하는 데 도움을 주려는 것이다. 그러나 2001년의 9·11테러공격과 2002년 오스트레일리아에 인접한 발리섬에서의 테러공격에 충격을 받아 사회 전반적으로 애국심과 국민적 단결을 강조하는 분위기가 팽배하면서 개인의 자유를 부분적으로 제한하는 법률을 제정하였으며 또한 애국심을 고취시키고 개인의 책임과 의무를 강조하는 시민교육도 더욱 활기를 띠게 되었다. 시민교육은 오스트레일리아의 역사적 발전과 업적을 높이 평가하는 동시에 오스트레일리아가 유럽식 민주제도와 문화적 전통을 계승 발전시켜 온 덕분이라며 정치적 문화적 정체성을 강조하게 되었다.13)

적극적인 국민교육으로 성공한 일본

일본은 적극적인 교육정책에 힘입어 단기간 내에 후진 봉건국가로부터 세계열강과 경쟁할 수 있는 근대국가로 발돋움할 수 있었다. 오늘날 일본은 경제적 측면뿐만 아니라 시민의식 수준에 이르기까지 자타가 공인하는 선진국이 된 것이다. 오늘날에도 일본은 국민교육을 적극적으로 실시하는 대표적인 나라 중의 하나이다.14) 일본 정부는 민주시민교육을 국가에 충성하고 헌신하는 태도를 함양하는 것을 목표로 하기 때문에 공민(公民)교육이라 하고 있다.

---

13) Kemp, *op. cit.*, pp.188ff.
14) Kazuko Otsu, "National Case Studies of Citizenship Education: Japan," in Cogan and Derricott (eds.), *op. cit.*, pp.51-57; and Kazuk Otsu, "Citizenship Education Curriculum in Japan," David Grossman et al.(eds.), *op. cit.*, pp. 75-94.

일본은 1868년 메이지(明治)유신 이래 부국강병만이 유럽 열강들과의 경쟁에서 생존할 수 있는 유일한 길이라는 판단아래 천황을 중심으로 한 국가에 헌신적으로 충성할 수 있는 신민(臣民)을 기르는 교육을 실시했다. 메이지 지도자들은 급속한 국가발전을 뒷받침하기 위해 미개인과 같은 일본인을 서구인과 같은 문명인으로 만드는 일이 무엇보다도 시급한 과제라고 판단하고 적극적인 국민교육 정책을 펴나갔던 것이다. 그러나 일본의 교육은 태평양전쟁에서 보듯이 국가를 위해 맹목적으로 희생하는 광신적인 충성심을 강조하는 등, 군국주의 정치체제를 뒷받침하는 도구로 전락되고 말았다.

미군 점령하에서 일본은 군국주의와 전체주의의 잔재를 청산하고 민주주의를 뿌리내리게 하기 위해 민주시민교육을 실시하게 되었다.[15] 일본은 1946년 민주적인 신헌법을 채택하면서 전 국민을 대상으로 '신헌법 보급운동'을 전개하는 등, 국민들에게 민주제도를 이해시키기 위해 적극 노력했다. 예를 들면, 문부성 차관은 1946년 8월 전국에 보낸 '신헌법 보급철저 운동 실시 준비에 관하여'라는 공문을 통해 새로운 헌법 숙지의 중요성을 다음과 같이 강조하고 있다. "이 헌법을 제대로 운용하고 시행하는 것은 우리나라가 민주적으로 탄생하느냐 아니냐를 결정하는 중대한 문제이다. 개정 헌법의 정신이 국민 한 사람 한 사람에게 침투하도록 하기 위해 개정 헌법의 정신을 모든 국민에게 이해시킬 필요가 있다고 판단되어 신헌법 정신 보급을 위한 국민운동이 적극적으로 전개될 것을 기대하며 정부는 이에 대해 강력한 지지와 지원을 할 계획이다."[16] 일본 정부는 신헌법 정신 보급을 위한 강습회를 개최하기 위

---

15) 전득주, 『선진한국 어떻게 만들까』(서울: 동아일보사, 2009), 327-350면 참조.
16) 위의 책, 334면에서 재인용.

해 전국 시(市) 정(町) 촌(村) 단위로 일종의 시민교육센터라고 할 수 있는 공민관(公民館)을 설치했다. 공민관 강습을 통해 참여자들로 하여금 메이지 헌법과 신헌법과의 차이점을 인식하게 하고 새로운 헌법에 따라 책임과 의무를 다하는 것이 중요하다는 것을 깨닫게 했다. 이어서 1947년 3월에 통과된 교육기본법은 시민교육의 필요성을 다음과 같이 서술하고 있다. 즉, "양식 있는 공민에게 필요한 정치적 교양은 모든 교육에서 이를 중시하지 않으면 안 된다." [17)

그러나 중국의 공산화와 뒤이은 한반도에서의 6·25전쟁의 발발로 일본의 정치사회적 분위기가 보수화되면서 보수정당인 자민당이 탄생했고, 국민교육도 일본의 우수성을 강조하는 내용으로 변하게 되었다. 1960년 미일 안보조약 개정 과정에서 이에 대한 찬반으로 정치사회적으로 갈등이 표출되었지만 1968년에 개최되었던 도쿄올림픽을 위한 준비와 더불어 적극적인 경제발전과 국가발전을 도모함으로써 국민들의 국가의식과 국민적 단합심이 고취되었으며, 이에 따라 학교에서도 공민교육이 강화되었다. 즉, 1968년 중학교 정치·경제·사회과 과목을 재편하여 국민윤리(Civics)라는 명칭으로 변경하는 등 시민교육을 체계화했다. 또한 올림픽 전후로 일본과 세계 여러 나라 간에 교류와 협력이 늘어나면서 고등학교에 '현대사회'라는 과목을 신설했다.

이처럼 시민교육이 본격화되면서 일본 문부성(文部省)은 1970년 다음과 같은 시민교육의 기본목표를 설정했으며 그것은 지금까지 큰 변화 없이 유지되고 있다. 즉, 첫째, 일본이라는 나라와 일본의 주권을 이해시키고, 둘째, 국가와 지역사회의 개념을 이해하게 하고 국가와 지역사회에서 각자가 기여할 수 있는 방안에 대해 이해시키며, 셋째, 일본의 찬란

---

17) 위의 책, 334-335면 참조.

한 문화와 국제사회에 있어서 일본의 경제력과 국가적 위상을 인식하게 하고, 넷째, 국가와 지역사회에 있어 개인의 권리를 이해시키는 동시에 책임과 의무를 다할 수 있게 하며, 마지막으로, 개인의 권리 및 의무와 관련하여 사회에 적극적으로 참여할 수 있는 소질을 개발하는 것을 목표로 한다고 했다. 1980년대 중반 이후 일본의 국제화가 급격히 진전됨에 따라 국가에 대한 충성심이 약화되는 현상이 나타나자 문부성은 1989년 교과과정 지침을 통해 국가정체성 교육을 강화했다.

일본의 공민교육은 사회과 교육과 공민(민주시민)교육으로 구성되어 있다. 초등학교에서는 '사회생활' 과목에서 매주 세 시간, 중학교에서는 1~2학년에서 지리와 역사 과목에서 각각 주당 4시간, 그리고 3학년에서 '공민' 과목에서 주당 2~3시간을 실시하고 있다. 고등학교에서는 지리, 역사, 공민 과목으로 나누어져 있으며 공민 과목에는 '현대사회', '정치·경제', '공민'의 세 과목으로 구성되어 있다. 정치·경제 과목에서는 정치와 경제를 구분하여 가르치며 정치에는 헌법, 법률, 행정, 국제정치가 포함되어 있다. '현대사회' 과목은 1) 현대사회에 있어 개인과 문화, 2) 환경과 인간, 3) 현대의 정치와 경제 그리고 개인의 역할, 4) 국제공동체와 지구촌 이슈들을 주된 내용으로 하고 있다. 고등학교 공민교육은 모두 4학점을 이수해야 하며, '현대사회' 과목에서 4학점을 배우거나 '공민' 2학점과 '정치·경제' 과목에서 2학점을 배워야 한다. 1994년에 시행된 개정 교과과정은 모든 고등학교 학생들에게 세계사A를 필수과목으로 정하여 국제사회에서 살아가는 데 필요한 역사지식을 습득하게 하고 있다.

공민교육을 강화하고 있는 일본

세계화의 도전으로 일본경제가 장기간 침체에 빠지면서 일본사회는 위기의식이 높아졌고 이에 따라 공민교육을 강화해야 한다는 여론이 높아졌다. 특히 보수세력은 젊은이들의 국가의식이나 국민적 자부심이 약화되고 있고 일본 문화와 전통에 대해 무지하거나 무관심하다고 보고 국가정체성 교육을 강화해야 한다고 주장했다. 일본 중앙교육위원회가 2003년에 발간한 보고서 또한 대다수 사람들이 자신감, 윤리의식, 사회적 책임감이 결여됨으로써 일본사회가 심각한 위기에 직면하고 있다고 진단했다. 최근 중국의 급부상과 일본의 장기적인 경제침체와 고령화로 일본인들이 위기의식을 느끼고 있는 가운데 이 같은 보고서가 발간된 것이다. 이 보고서는 젊은이들이 미래에 대한 꿈을 갖지 못하고 있고 도덕심이 결여되어 있을 뿐 아니라 자립심이 부족하다는 것 등, 일본의 교육이 심각한 위기에 처해 있다고 진단했다. 많은 학교들은 교내폭력, 중퇴자, 등교 안하기, 교내 무질서 등으로 골치를 앓고 있으며 흉악범죄도 급속도로 증가하고 있다고 했다. 젊은이들은 부모와 친구들에 대한 사랑을 느끼지 못하고 있고 다른 사람들과 원만한 관계를 갖지 못하고 있다고 했다.[18]

이에 따라 중앙교육위원회는 시민교육과 관련하여 다음과 같이 건의했다. 첫째, 시민교육의 목적은 시민의식을 가진 사람을 육성하는 것이 되어야 하며 또한 21세기에 적합한 국가와 사회를 만드는 데 적극 참여할 수 있는 사람을 육성해야 하며, 둘째로 세계화된 세계에서 일본의 문화와 전통에 바탕을 둔 일본인을 육성하는 데 목표를 두어야 한다고 했으며 이를 위해 교육기본법 개정을 건의했다.[19]

---

18) Japan Ministry of Education, Culture, Sports, Science, and Technology, *Report of Central Council for Education* (Tokyo: Ministry of Education, Culture, Sports, Science, and Technology, 2003), p.2.

19) Kazuko Otsu, "Citizenship Education Curriculum in Japan," Grossman et

이에 따라 아베 내각은 2차 대전 직후 맥아더사령부의 지침에 따라 제정되었던 교육기본법을 2006년 처음으로 개정했다. 기존 교육기본법은 전인교육을 목표로 삼았지만 개정된 교육법은 전통문화 존중과 애국심 배양을 주된 목표로 삼았다. 다시 말하면, 개인보다는 국가에 적합한 인재양성에 목표를 두었다. 특히 개정된 교육법은 애국조항을 추가하고 고령화 사회에서 고령자에 대한 태도, 치열한 국제경쟁에 대비한 생산성 향상, 다른 나라들에 대한 이해와 협력의 필요성, 세계평화와 발전을 위한 기여에 대한 조항이 신설되었다.[20] 이에 따라 2008년 개정한 학습지도요령은 건국신화를 모든 교과서에 싣도록 했고, 일왕의 영원한 통치를 기원하는 '기미가요'도 모든 음악교과서에 실렸으며, 최근 초등학교 교과서에 독도 영유권 주장을 강화한 것도 그 일환이다. 그리고 교육방법도 '주입식 교육'으로 바뀌었다. 나아가 모든 학교는 행사를 할 때 국기를 게양하고 일본의 애국가인 기미가요를 합창하도록 했다.

생존의 위기의식을 강조해 온 싱가포르

싱가포르는 건국 이후 지정학적(geopolitical), 지경학적(geoeconomic) 취약성 때문에 생존조차 어려운 나라였지만 오늘날 최고 수준의 번영을 구가하고 있다. 이 나라는 다민족, 다문화, 다종교로 이루어진 사회이기 때문에 사회통합을 이룩하는 것이 무엇보다도 중요한 과제가 되었으며

---

al.(eds.), *Citizenship Curriculum*, p.78.
20) Japan Ministry of Education, *op. cit.*, p.11.

이를 위해 국민교육을 매우 적극적으로 실시한 나라이다.21)

싱가포르 건국의 아버지라 할 수 있는 이콴유(李光曜)는 싱가포르는 강대국들에 둘러싸인 조그마한 도시국가일 뿐 아니라 인종적·문화적·종교적 다양성을 가지고 있어 잘 통합된 사회가 되기 어렵고 부존자원도 없어서 국가의 생존마저 불투명하다고 판단하고 싱가포르 사회를 '잘 결속된 사회(the tightly-knit society)'로 전환시키는 것이 절실하다고 보고, 이를 위해 국가주도의 적극적인 국민교육을 실시했던 것이다.22) 이처럼 세계적인 정치경제적 격랑 속에서 살아남아야 한다는 위기의식이 싱가포르의 국가발전 전략과 국민교육의 기본정신이 되어 왔다.23) 오늘날 이 나라는 세계 최고수준의 국가경쟁력을 자랑하고 있으면서도 그같은 정신이 계속 강조되고 있다. 이처럼 대외의존도가 높은 나라의 생존과 번영은 내적 요인보다 국제환경이 어떻게 변하며 그 같은 변화에 어떻게 적응하느냐에 크게 달려 있다. 이 같은 국가적 취약성(sense of vulnerability)에 대해 싱가포르 국민 대다수가 공감하기 때문에 권위주의 정부 아래서 싱가포르 사회를 잘 훈련되고 능률적으로 움직이는 거대한 조직체처럼 만들 수 있었다.

잘 결속된 사회를 이룩하기 위해서는 유능한 지도자 집단과 더불어 일반국민의 성숙한 시민의식이 필요하다고 보았다. 사회적 결속은 국민교육을 통해 책임감 있는 시민으로서 훈련받았을 때 가능한 것이라고

---

21) Tai Wei Tan and Lee Chin Chew, "Political Pragmatism and Citizenship Training in Singapore," David L. Grossman et al.(eds.), *op. cit.,*, pp.147-161.

22) Lee Kuan Yew, *New Bearings in Our Education System* (Singapore: Ministry of Culture, 1966), p.9.

23) Seth Mydans and Wayne Arnold, "Lee Kuan Yew, Founder of Singapore, Changing with Times," *International Herald Tribune,* August 29, 2007.

판단했다. 이에 따라 국민교육은 국가정체성 강조를 통해 다양성 가운데 국민적 통합을 도모하며 또한 다문화적 시민성을 갖춘 인간을 육성하는 것으로 목표로 삼았다. 국가생존에 대한 위기의식 때문에 국민교육은 학교는 물론, 대중매체, 직장, 군대, 지역사회 등 다양한 사회교육을 통해 유기적이며 체계적으로 실시되어 왔으며 이념적 측면에 치우치지 않고 실질적인 교육을 중시해왔다. 이것은 국민 모두가 국가와 사회를 지킨다는 '총체적 국방(total defence)'이라는 정치캠페인의 일환으로 이루어졌다. 이처럼 이 나라의 발전과 경쟁력의 원동력은 "위기위식"에서 비롯되고 있으며 특별하지 않으면 살아남을 수 없다는 인식이 모든 국민의 마음 속에 확고히 자리 잡게 되었다.

  싱가포르의 국민교육은 국가적 사회적 필요에 부응해야 한다고 보았기 때문에 책임감 있는 시민 육성을 목표로 삼았다. 그렇게 교육받은 시민은 국가에 대한 충성심과 헌신적인 태도를 지녀야 하며 나아가 국가발전에 기여하고, 특히 경제를 위해 능률적으로 일할 수 있고 또한 팀워크를 발휘할 수 있어야 한다고 보았다. 이를 위해 모든 학교는 일일 행사로 모든 학생과 교직원들이 국기 앞에서 국가를 합창하고 국가에 대한 충성선서를 한다. 싱가포르의 국민교육은 사회보다는 국가를, 개인보다는 사회를 우선시하고 있다. 이것은 또한 서구적 가치보다는 아시아적 가치를 중시하면서 유교적 윤리를 강조했다. 이콴유는 일본의 경제발전은 그들의 유교적 가치관과 단결심에서 비롯된 것이라고 보고 유교적 가치관 교육을 강조했다. 이에 따라 가족 중시, 연장자 존중, 상이한 문화 존중, 타인에 대한 배려, 근검 등을 주요 가치로 가르쳤다. 싱가포르의 도덕교육도 시민교육처럼 국가적 사회적 측면이 강조되고 있다. 싱가포르의 도덕교육은 유교적 가치와 싱가포르의 공통가치를 동시에 가르치고 있으며, 정치적 의도에서 추진되기 때문에 국가중심적 내용과 사회적 책임감이 강조되고 있다. 그래서 싱가포르의 '시민 및 도덕 교육'은 '국민교육(national education)'으로 인식되기도 한다.

국민교육은 국가경쟁력의 핵심

싱가포르가 높은 국가경쟁력을 유지하기 위해서는 싱가포르 사람들이 후진국 사람들처럼 거리에 껌을 버리고 아무데서나 소변을 보는 것이 아니라 일류 선진국 국민들처럼 행동해야 한다고 판단했다. 특히 '잘 결속된 사회'를 이룩하기 위해 엄격한 법치주의와 사회기강을 확립하고자 했다. 학교에서는 학생들에게 화장실사용 요령까지 교육했으며 교내 매점에서 껌을 팔지 못하도록 하고 있고 학교기물에 씹던 껌을 붙이면 엄한 처벌을 받는다. 싱가포르는 정부, 대중매체, 사회단체가 공동으로 국민교양 캠페인을 벌여왔다. 즉, '껌을 버리지 맙시다', '집 밖으로 쓰레기를 던지지 맙시다', '품위있는 영어를 사용합시다', '웃읍시다', '때와 장소를 가리지 않고 친절을 배풉시다' 등을 내용으로 하는 캠페인을 연중 내내 전개하고 있다. 동시에 시민들이 공중화장실 사용 후 물을 내리지 않으면 300달러의 벌금을 부과했다. 외국인이 남의 차량을 훼손하는 등 경범죄를 범하면 매질로 대신하도록 하는 등 강력한 법질서 확립정책을 유지해 왔다.

싱가포르의 국민교육에 있어 군대는 매우 중요한 역할을 해왔다. 싱가포르는 인접국가로부터 직접적인 군사적 위협을 받고 있지 않지만 가장 군사화된 나라라고 할 수 있다. 정부예산의 25% 정도를 군사비로 지출하고 있고 인구 400만의 도시국가에 불과하지만 2만 명의 상비군과 의무복무 사병 5만 5천, 그리고 22만 5천이나 되는 예비군을 보유한 '군사대국'이다. 이를 위해 모든 남자는 18세가 되면 군복무를 위해 등록해야 하며 2년간 의무복무를 해야 한다. 영주권자의 아들은 21세가 되면 군대복무를 마쳐야만 영주권이 계속 유지될 수 있다. 징병제는 젊은이들이 국가정체성을 키우고 국가에 대한 충성심을 함양하며 다양한 인종적 문화적 배경을 가진 젊은이들과의 공동생활을 통해 사회통합을 체험적으로 배우고 실천하는 소중한 기회가 되고 있다.

싱가포르는 국가의 생존과 번영을 위해 필요한 것은 무엇이든 한다는 것을 철칙으로 삼아 왔다. 이콴유는 세계화 시대에 싱가포르가 살아남고 나아가 세계 속에서 역할을 하려면 세계 변화의 추세에 잘 적응할 수 있어야 한다고 보았다. 세계화에 적응하지 못하면 싱가포르 같이 자원이 없고 모든 것을 수출입에 의존하고 있는 나라는 살아남을 수 없다고 보고 있다. 석유, 가스, 식량 등 생명자원을 수입해야 하는 나라는 그에 필요한 외화를 확보하기 위해 스스로의 노력으로 무언가를 창출하지 않으면 안 된다고 보고 있다.

따라서 세계화로 국제경쟁이 치열해지면서 싱가포르는 2000년부터 '시민교육 및 도덕교육(Civics and Moral Education)'이라는 명칭으로 시민교육을 체계화하여 학생들에게 매주 두 시간씩 가르치고 있다. 왜냐하면 젊은이들이 최근의 싱가포르 역사에 대한 기본지식이 부족하고 급속한 세계화 진전으로 국가에 대한 충성심이 약화되고 있다고 보았으며, 또한 불확실성이 크고 급속한 변화가 이루어지고 있는 시기에 자신있게 대처할 수 있는 국민교육이 필요하다고 판단했기 때문이다.[24] 불확실성이 높은 세계화 시대에 계속 성공할 수 있다는 확신을 모든 국민들이 갖도록 하고, 지도층뿐 아니라 국민 대부분이 기존 틀을 벗어나서 생각하는 사회를 만들려 노력해야 하고 또한 예상치 못한 어떤 새로운 물결이 닥쳐오더라도 즉각 대응할 수 있는 자질을 함양하는 데 교육의 역점

---

24) Tan and Chew, *op. cit.*, p.157.

을 두고 있다.

체계적인 정치교육으로 통일에 성공한 독일

독일은 국가차원의 체계적이고 적극적인 정치교육으로 경제적으로 '라인강의 기적'을 이룩하고 나아가 성숙한 민주사회를 건설한 바탕 위에서 동독을 흡수통일하게 되었다. 같은 분단국인 우리나라도 경제적으로는 '한강의 기적'을 이룩했지만 성숙한 민주정치를 뿌리내리는 데 성공하지 못하고 있고 통일에 대한 전망도 불투명하다. 그런 점에서 독일의 정치교육은 우리에게 시사하는 바가 크다고 본다. 통일 이전의 서독에서는 동서독이 체제경쟁을 하고 있으며 어느 체제가 독일 사람들의 지지를 더 받을 수 있는가는 매우 중요한 문제라고 판단했기 때문에 민주주의와 시장경제에 대한 정치교육을 중시해 왔다. 북한이 동독보다 더 철저한 정치교육을 해 왔다는 점을 고려할 때 상대적으로 우리의 정치교육이 얼마나 부실했던가를 짐작할 수 있겠다.

독일은 강력한 전제군주제를 거쳐 바이마르공화국의 민주주의 실험 실패, 뒤이은 나치스 전체주의 등, 정치적 혼란을 거듭했을 뿐 아니라 두 번의 세계대전을 일으키는 등, 역사적 과오가 많았다. 2차 대전에 패한 독일은 분단되었고 서독은 미국, 영국, 프랑스 3국에 의해 점령된 상태하에서 민주제도를 수용할 수밖에 없었다. 따라서 정치적으로 자유민주주의, 경제적으로 시장경제를 정착시키는 것이 독일의 최고 목표가 될 수밖에 없었다. 동서 냉전질서는 어떤 면에서는 독일에게 민주주의와 시장경제를 발전시킬 수 있는 여건을 제공했다. 공산주의 위협이 현실화되면서 미국과 유럽 국가들이 북대서양조약기구(NATO)를 결성했고 서독은 나토에 가입함으로써 안보부담이 적어졌고, 또한 미국으로부터 막대한 원조를 받아 폐허가 된 나라를 복구하고 경제발전에 나설 수 있었다. 정치적으로 나치스의 유산을 청산해야 하는 동시에 공산주의 위협에 대응하는 것도 중요한 과제였다. 따라서 민주주의를 정착시키는 것이 이러한 두 가지 도전에 대한 응답이었다고 할 수 있다.

과거와는 전혀 다른 민주체제를 도입한 나라에서 과거의 비민주적인 전통을 극복하고 새로운 민주질서를 뿌리내리게 하기 위해서는 적어도 수십 년이 소요될 것이기 때문에 이를 빠른 기간 내에 성공적으로 정착시키기 위해서는 인위적인 노력, 즉, 국민에 대한 체계적이고 적극적인 정치교육이 필요하다. 더구나 민주주의는 주권자인 국민을 시민으로서 필요한 자질을 갖추도록 하는 것이 민주주의 성공을 앞당길 수 있는 길이기에, 독일에서는 민주시민교육 등, 다른 명칭을 부치지 않고 직접적으로 정치교육이라 했다. 독일의 정치교육은 바이마르공화국부터 시작되었지만 2차 대전 후 나치스 유산을 청산하고, 공산주의 동독과 차별화하고, 공산위협에 대응하려는 목적에서 정부 주도로 정치교육을 실시해 왔다. 그래서 서독의 정치교육은 먼저 나치스의 국가사회주의에 맹종했던 과거의 교육을 비판하고, 합리성과 책임감을 중시하는 성숙한 민주시민을 육성하는 것을 목표로 삼았다.[25]

---

25) 독일의 정치교육에 대해서는 전득주, 『선진한국 어떻게 만들까』(서울: 동아일보사, 2009), pp.295-326; 전득주 외 (편), 『민주시민교육의 이론과 실제』(서울: 엠 애드, 2006); 전득주, 『독일연방공화국: 정치교육, 민주화 그리고 통일』(서울: 대왕사, 1995) 참조.

초당적으로 실시한 정치교육

오늘날 독일의 정치교육은 모든 교육과정에서 확고히 뿌리내리고 있다. 정치교육은 공공 교육기관에서 정규과목으로 지정되어 있고 성인교육 또는 사회교육에서 실시하는 정치교육도 정부의 행정적·재정적 지원을 받고 있다. 연방정부 내무부 산하에 설치된 연방정치교육원은 신문, 잡지, 서적, 시청각자료, 각종 세미나 등을 통해 교육자료를 제공하는 등 필요한 지원을 한다. 독일 연방공화국 16개 주는 각각 정치교육원을 설치하여 정치교육을 지원하고 있다. 교사가 정치교육 수업준비를 위해 활용하는 교재는 연방정치교육원에서 발간한 교과서와 학습자료가 중심이 되고 있다. 연방정치교육원은 학교 정치교육을 위해 많은 자료를 제공해 왔다. 100만 부에 달하는 「정치교육정보」 이외에도 「논쟁점」, 「정치신문」과 같은 시리즈 발간물과 영상자료 등을 제공해 왔다. 또한 특정한 주제에 대한 정치교육의 성과를 겨루는 '정치교육 학생 경시대회'가 매년 열리고 있다. 또한 독일에서는 각급 학교 교사 양성과정에서 전공과목에 상관없이 정치교육을 필수과목으로 지정하고 있다. 이것은 교사로 발령받은 후 자기 과목의 수업을 통해서 직접 또는 간접적으로 정치교육을 할 수 있도록 하기 위한 것이다.

독일의 정치교육은 초당적인 지지와 국민적 공감대를 바탕으로 시행되었으며 그래서 오랫동안 일관성 있게 추진되어 왔다. 그러나 1970년대 들어 신좌파 학생운동이 활기를 띠면서 정치교육을 둘러싸고 보수와 진보, 좌파와 우파 간에 논쟁이 일어났고 정치교육도 당파적 입장에서 인식하게 되었다. 정치교육에 대한 논란을 방지하고 효과적인 정치교육을 위해서 국민적 합의가 필요했고 그래서 좌·우파 지식인들이 보이텔스바흐에서 정치교육이 지켜야 할 원칙에 대해 합의했다. 여기서 합의한 원칙은 첫째, 주입식 교육이나 정치적 교화(敎化)를 금지하고, 둘째,

정치권의 논쟁점을 수업에 그대로 반영하며, 셋째, 주어진 정치상황에서 학생 자신의 입장을 고려한 교육을 실시하도록 한다는 것이다. 이같은 원칙은 지금까지 잘 지켜지고 있다.

독일의 정치교육은 독일이라는 나라의 정치체제를 유지하는 데 기본적인 원칙을 이해시키는 것을 목표로 하고 있으며 그 원칙은 자유민주주의, 국민주권과 권력분립, 국민 기본권과 법치국가, 정치적 공론의 형성과 결정의 법적 절차, 시장경제의 기본원리 등이다.

독일 정치교육의 주요 내용을 보면,
- 자유민주국가 정치질서의 기본요소 및 독일헌법의 규범과 가치
- 국가와 사회에 있어서 시민의 권리와 의무
- 자유민주주의에 배치되는 극우(나치즘)와 극좌(공산주의)에 대한 비판
- 자유민주주의와 자본주의적 시장경제 간의 상관관계
- 내각제 정부의 구조와 기능, 의회의 역할, 삼권분립
- 민주적 정치과정의 이해, 정당, 이익집단 및 언론의 역할
- 독일의 대외정책 및 안보정책과 그 환경 등이다.

통일이 되고 나서 독일의 정치교육에도 근본적 변화가 일어났다. 특히, 동독지역의 교육을 민주적으로 전환하는 것이 통일 이후의 중요한 국가적 과업이 되었다. 학교뿐 아니라 사회 전반에 걸쳐 공산주의 잔재를 청산하고 민주질서를 뿌리내리고자 했기 때문에 학교는 물론, 가정, 각급 직장, 지역사회에서 민주시민 훈련을 위한 사회교육이 전개되었다. 구 동독지역의 학교에서는 교사들의 역할이 절대적이고 공산체제에 익숙했던 학부모들의 역할은 적은 편이다. 새로운 정치이념을 전파해야 하기 때문에 교사들의 의견과 평가는 보다 큰 영향력을 가지게 되었다.

독일은 한국과 비슷한 점도 있지만 다른 점도 적지 않다는 점에 유의

할 필요가 있다. 독일은 기본적으로 1870년대 비스마르크에 의한 부국강병책으로 강력한 현대국가 건설에 성공하여 강대국의 하나가 됨으로써 국민들의 국가에 대한 소속감과 충성심이 강력했던 나라이다. 경제적으로 사회적으로 이미 발전된 수준에 있었기 때문에 전쟁 후 신속히 복구할 수 있는 능력도 있었다. 뿐만 아니라 주변 국가들은 대부분 선진 민주국가였기 때문에 독일의 국가발전에 유리하게 작용했으며 유럽통합 노력 또한 독일에 긍정적인 역할을 했다고 볼 수 있다.

이에 비해 한국은 과거 봉건군주 국가에서 식민지로 전락했고 식민지에서 벗어난 한국은 세계에서 가장 가난하고 낙후된 국가였다. 그러한 가운데 6·25전쟁으로 결정적인 타격을 받게 되어 한국의 역사발전 과정이 서독과는 비교조차 할 수 없을 정도로 열악했다. 그런 점에서 보면 한국은 정치교육을 더욱 적극적으로 해야 할 필요가 있을 뿐 아니라, 젊은이들이 국가정통성에 대한 확고한 인식을 갖도록 하기 위해 1945년 이래의 험난한 국가발전 과정을 포함한 한국 현대사 교육이 민주시민교육에서 특히 중시되어야 할 것으로 본다.

제4부 • 선진 시민의식은 어떻게 함양되어야 하나

근본적 변화가 요구되는 선진 시민교육

민주시민교육 없는 민주주의는 사상누각

지금까지 살펴본 것과 같이 선진국들은 물질문명에서만 앞선 것이 아니라 정신문화에서도 높은 수준을 유지하고 있으며 이를 위해 체계적인 국민교육을 꾸준히 실시해오고 있다는 것을 알 수 있다. 앞에서 우리 사회에서 극복해야 할 여러 가지 문제들을 살펴보았지만, 그 같은 현상이 나타나는 것은 무엇보다 우리가 물질적으로 선진국을 따라잡는 데 집착하면서 정신문화적 측면을 상대적으로 등한히 했다는 데 있다고 보며, 이로 인해 최근 공교육을 위시한 국민교육이 위기를 맞고 있는 것이다. 이 같은 문제에 대해 과거 지도자들에게 책임을 전가하는 사람들도 있지만, 사실은 이승만 대통령과 박정희 대통령은 정신문화적 측면을 상당히 중요시했다는 사실을 잊어서는 안 된다.

우리의 민주주의가 후진성을 벗어나지 못하고 사회질서나 국민의식 수준이 선진국에 크게 못 미친다면 경제부문의 발전만으로 선진국이 될 수 없다. 설령 국민 모두가 부자가 된다 하더라도 국민의식이 성숙되지 못한다면 마치 배부른 돼지나 다름없다. 석유자본으로 모두가 잘 사는 일부 아랍 국가들이 선진국 대우를 받지 못하는 것은 바로 그 때문이다. 더구나 성숙한 민주주의가 자리 잡지 못하면 사회정치적 갈등의 비용이 커져서 더 이상 경제발전도 어렵게 된다. 삼성경제연구소의 〈한국의 사회갈등과 경제적 비용〉이라는 보고서에 의하면, 우리나라는 매년 사회갈등으로 인한 비용이 국내 총생산의 27%에 이르고 있는 것으로 추산했다.[1]

정치는 정치인, 행정가, 또는 정치문제에 관심을 가지는 사람들에게만 관련되는 것이며 보통 사람은 상관할 바가 아니라는 생각을 하는 사람들이 적지 않지만 민주정치는 국민의 참여로 이루어지기 때문에 성숙한 시민의식은 민주정치의 필수적 요소이다. 그래서 고대 그리스 철학자 플라톤과 아리스토텔레스는 한 사회의 정치질서의 안정과 발전은 정치교육에 달렸다고 주장한 바 있다. 국민 대다수가 민주시민으로서의 교육과 훈련을 제대로 받지 못한 나라에서 성숙한 민주정치를 기대하는 것은 '산에 가서 고기를 잡으려는 것(緣木求魚, 연목구어)'과 마찬가지다. 민주정치는 정치인들에 의해서만 이루어지는 것이 아니라 나라의 주인인 국민 모두의 합작품이다. 오늘날 우리 정부가 갖가지 저항과 갈

---

1) "한국 사회갈등으로 GDP 27% 손실," 『한국경제』, 2009년 6월 24일.

등에 직면하여 주요 정책을 추진하기 어렵고 국회도 교착상태에 빠져 있어 대통령이나 정치인들이 비난받고 있지만 이것은 결코 그들만의 책임이라 할 수 없다. 그들을 선출한 유권자들의 책임도 있고 정부 정책에 무조건 반대하는 세력들의 책임도 크며 무관심한 일반 국민의 책임도 없지 않다. 함석헌은 국민이 바뀌어야 정치도 바뀐다고 했다. 국민들의 시민의식을 배양하는 것이 성숙된 민주주의를 정착시킬 뿐 아니라 일류 선진국에 이르는 지름길이다.

민주시민교육의 필요성 증대

오늘날과 같이 복잡한 사회에서 민주시민교육은 과거보다 더욱 절실하다. 기술의 발달로 도덕이 실종되고 인간성 상실 현상이 일어나 기계적 인간, 원자화된 인간으로 전락되고 있기 때문이다. 감정이 없고 윤리도덕을 경시하는 인간이 많은 사회는 아무리 물질적으로 풍부하고 기술수준이 높다 하더라도 행복한 사회, 성숙한 민주사회가 될 수 없다. 조선왕조 시대의 농촌 부락에서는 일가친척이 모여 사는 경우가 많았고 또한 상부상조로 마을 공동의 문제를 해결할 수 있었고 어느 누구도 함부로 행동할 수 없었기 때문에 별 어려움 없이 사회질서가 유지될 수 있었다. 그러나 오늘날 개인의 사회적 책임은 과거에 비해 매우 커졌다. 예를 들면, 버스 운전사나 비행기 조종사가 잘못하게 되면 수많은 사람들의 목숨이 위태롭게 된다. 수백만 또는 그 이상의 사람들이 모여 사는 대도시에서 교통질서가 문란하게 되면 엄청난 교통 혼잡을 일으켜 상상하기조차 힘든 피해를 초래할 수 있다.

오늘날 수도권은 1천 5백만 명이 살고 있어 식량, 연료, 식수 공급 등이 엄청난 문제이다. 특히 깨끗한 식수공급은 심각한 현안으로 등장한지 오래이다. 한강 상류에 사는 사람들의 부주의한 행동은 상수원을 오염시켜 하류에 사는 수많은 사람들의 건강을 위협하게 된다. 이처럼 무엇이 조금만 잘못되어도 수많은 사람들이 피해를 입게 되고 사회도 혼란에 빠지게 된다. 또한 오늘의 사회는 이해관계도 복잡하고 갈등도 많아서 단순히 다수결 투표로 문제를 해결하거나 공권력만으로 질서를 유지하기 어렵다. 시민들이 민주절차에 대한 교육과 훈련이 잘 되어 있어서 공중질서를 잘 지키고, 상호간 대화와 타협을 통해 갈등을 해소하고 공동의 과제를 해결한다면 사회는 질서가 유지되고 발전도 할 수 있는 것이다. 그래서 선진국들은 현대국가로 발전하는 과정에서 체계적인 국민정치교육을 해왔으며, 현대에 와서 사회가 복잡해지고 이해갈등이 많아졌을 뿐 아니라 세계화로 국가정체성이 도전받게 되면서 민주시민교육을 더욱 강화하고 있는 것이다.

세계 각국은 세계화로 모든 것이 개방되고 국가 간 교류와 협력이 확대되고 경쟁이 치열해지면서, 경제적 경쟁력을 높이는 데 교육의 초점을 맞추는 경향이 없지 않았다. 그러나 사회에는 경제적 고려 이외에도 사회 안정, 사회적 결속, 공통된 가치, 사회 정의 같은 중요한 가치들이 있다. 따라서 단지 경제적 경쟁력을 높이는 데 적합한 인재를 육성하는 데 초점을 맞추는 교육은 단견이라 아니할 수 없다. 왜냐하면 경제적인 세계화에도 불구하고 지정학적 불안정이 높아지고 있어서 국가중심의 가치를 중시하는 시민교육이 더욱 중시되고 있기 때문이다. 다시 말하면, 글로벌 차원의 시민의식이 아니라 국가차원의 시민의식 함양이 여전히 중요하다는 것이다. 물론 개인의 국제적 활동이 많아지고 접촉이 늘어나면서 지구차원의 문제를 이해하는 것이 중요한 것은 두 말할 필요도 없다. 요컨대, 오늘날 필요한 시민교육은 자기 나라에 충성스러우며 나라발전에 기여할 수 있어야 할 뿐 아니라 불확실한 국제질서 속에서 자기 나라의 위치와 역할에 대한 이해와 판단력을 기를 수 있어야 한다.

전통사회에서는 유교적 윤리가 있었고 일가친척이 모여 사는 촌락공동체여서 윤리도덕교육이 자연스럽게 이루어질 수 있었다. 그러나 현대사회는 복잡하고 바쁜 일상생활로 인해 부모가 자녀들의 도덕적 양육을 위해 제대로 신경쓰지 못한다. 그래서 학교는 인성교육을 비롯한 시민교육의 책임이 매우 중요해졌다. 그러나 우리의 학교는 입시학원처럼 되면서 민주시민교육을 비롯한 인성교육은 뒷전으로 밀려나고 말았다. 경기도 가평에 있는 청심국제중고교 교사로 도덕과 종교를 가르치고 있는 마틴 메이어 씨는 한국교육을 비판한 저서 『교육 전쟁』에서 "한국의 교육은 움직이는 인형을 만들어 내고 있는 시스템"이라고 비판했다. 그는 교육이란 두뇌, 감성, 의지력, 신체 등 인간을 구성하는 다양한 측면의 개발을 목표로 해야 하는데 한국은 오로지 지적 능력, 그것도 교과서 내용의 단순 암기 등, 성적 올리기에 급급하고 있을 뿐이라고 지적한다. 따지고 보면 한국 사회가 무질서하며 불신과 갈등이 많고 정치적 후진성을 보이고 있는 것은 우연이 아니다.

민주시민교육은 특히 우리나라와 같이 외부로부터 민주제도를 도입한 국가에서 더욱 필요하다. 이러한 나라에서 민주제도가 뿌리내리기 위해서는 선진 민주국가보다 더 적극적인 민주시민교육이 필요하지만 그러한 교육은 제대로 이루어지지 못했다. 왜냐하면, 신생국들은 그러한 여유조차 없었고, 신생국을 지원해 온 선진국들은 신생국의 민주발전 과정을 제대로 이해하고 지원하지 못했기 때문이다. 그 결과 신생국 국민들은 민주주의가 무엇인지 제대로 이해하지 못하고 있을 뿐 아니라 시민의 의무와 책임이 무엇인지 잘 알 수 없었다. 그러한 상황에서 민주주의가 제대로 뿌리내리기 어려웠던 것이다.

부실하기 짝이 없는 우리의 민주시민교육

한국은 민주제도를 도입한 이래 60여 년간 험난한 역사적 소용돌이 속에서 국가생존과 경제발전에 급급했기 때문에 민주시민교육을 제대로 할 수 없었다. 그러나 매우 어려운 국내외 여건과 빈약한 부존자원에도 불구하고 국가발전에 성공할 수 있었다는 것은 국가목표 달성을 뒷받침한 효과적인 국민교육이 있었기 때문이라고 본다. 그러나 우리의 민주주의는 사회경제적 발전 수준에 크게 못 미치고 있다. 민주정치가 성숙되지 않고는 경제적으로 또한 사회적으로 더 이상 발전하는 데 한계가 있다 하겠다. 민주주의를 성숙시켜 명실상부한 일류 국가로 발돋움하기 위해서는 민주시민교육을 국가적 과제로 삼아 집중적인 노력을 기울여야 할 때라고 본다.

우리나라에는 민주시민교육 또는 정치교육 전문가가 별로 없다. 역사학자들은 한국 현대사에 대해 무관심하였고, 정치학자들은 정치교육을 등한시했으며, 경제학자들은 선진국 방식의 경제분석에 치중했고, 교육학자들은 교육 일반론에 치우쳤다고 할 수 있다. 일부 전문가들은 민주시민교육을 위한 개척자적 역할을 해왔지만 외국의 민주시민교육을 소개하고 좁은 의미의 민주시민교육 문제를 다루고 있을 뿐이었다. 특히 그들은 이승만, 박정희, 전두환 등 권위주의 정권이 그들의 정권을 정당화하고 국가의 안전, 질서, 경제발전 등 국가중심 가치를 강조하면서 민주주의를 유지하고 발전시킬 수 있는 민주시민교육은 외면했다고 비판하고 있다.[2]

---

2) 전득주, 『선진한국 어떻게 만들까』(서울: 동아일보사, 2009); 한국교육개발원, 『민주 시민 교육: 민주시민 자질 함양을 위한 한국교육의 과제』(서울: 한국교육개발

일반적으로 민주주의나 민주시민교육의 문제를 다루는 학자들의 문제점은 민주주의를 국가발전 과정의 문제로 보지 않고, 처음부터 민주주의는 무조건 실시되어야 하는 것이며 민주주의가 잘못된 것은 오로지 정치지도자들의 책임만으로 돌리는 경향이다. 일반적으로 개도국들에 대한 연구는 국가의 제도적 장치들이 자리 잡기도 전에 민주화가 당연히 수반되어야 하는 것으로 보는 경향이 있지만, 민주화란 국가체제가 확고히 자리 잡고 있다는 전제 위에 가능한 것이므로 민주화를 건국의 필수과정으로 보는 것은 잘못된 견해라 본다. 오늘날 다수의 신생국에서 경험하고 있듯이 국가건설 초기단계에서 민주주의는 취약한 국가역량에 부담을 주어 사회정치적 위기를 초래하는 경우가 빈번하다.

발전단계에 상응하는 국민교육

　미국 건국 지도자의 한 사람인 제임스 메디슨(James Madison)은 "정부가 국민을 통제할 수 있게 되고 나서 국민이 정부를 통제할 수 있게 해야 한다"고 했다. 요컨대, 민주주의를 오늘의 기준에서 일률적으로 적용할 것이 아니라 국가발전 단계를 감안해야 한다는 것이다. 대한민국 건국 이후의 역사발전에 대해 민주주의적 시각에서만 본다면 80년대까지 민주주의가 실패했다고 볼 수 있을지 모르지만 국가발전 측면에서 본다면 크게 성공했으며, 특히 민주주의를 위한 사회경제적 기반을 구축했다는 것이 분명한 사실이다. 따라서 우리가 경제발전에는 성공했지만 민주발전에는 실패했다고 하는 것이 과연 올바른 역사해석인가? 국가발전의 초기 단계에서는 개인중심적 가치보다는 국가중심적 가치가 중요하다. 전통적으로 민주시민의식은 개인의 권리에 초점을 둔 '개인주

원, 1994); 허영식, 『현대사회의 변동과 시민교육』(서울: 원미사, 2001) 참조.

의적 시민' 개념(liberal individualist conception of citizenship)에서 비롯된 것이다. 그러나 최근에 이르러 이에 대조적인 개념으로 '공화주의적 시민' 개념(civic republican model of citizenship)이 있다. 여기서는 공동체 안에서 시민으로서의 책임에 초점을 두며 시민의 권리보다는 공동체의 목표를 위해 참여하고 기여하는 데 더 큰 가치를 부여하고 있다.3)

독일이나 일본 같은 나라도 신속한 국가발전을 위해 "위로부터의 개혁"을 추구했다. 한국도 열악한 여건과 국민들의 미숙한 민주적 자질을 고려했을 때 민주적 방식보다는 정부가 이끌어가는 "위로부터의 발전" 전략이 적절했다고 본다. 독일이나 일본은 물론, 다른 선진국들도 국가에 대한 애착심과 충성심을 느끼고 국가발전에 적극 참여할 수 있는 국민을 육성하기 위해 교육을 중요한 수단으로 활용했다. 한국은 전근대적 봉건질서와 분단된 현실에서 건국을 하고 공산침략에 직면하여 나라를 지키고 또한 매우 어려운 여건에서 산업화와 민주화를 해야 했기에 이상적인 민주주의를 실시할 여건이 못 되었다. 국가발전을 촉진하려면 시대적 과제에 대해 정부와 국민의 뜻이 일치하지 않으면 안 된다.

즉, 국가발전 단계에 맞는 국민의식이 있을 때 국민은 정부의 정책을 지지하고 참여하게 되는 것이며 그 결과로 국가발전에 성공할 수 있는 것이다. 일부 학자들이 해방 이래 우리의 어려웠던 현실을 고려하지 않고 이승만, 박정희, 전두환 정권 등이 국가우선의 논리로 민주주의를 희생시켰다고 보는 것은 지나친 것이라 본다. 바람직한 국민의식과 민주시민의식은 구별되어야 한다고 본다. 즉, 국가발전 초기단계에서는

---

3) Adrian Oldfield, *Citizenship and Community: Civic Republicanism and the Modern World* (London: Routledge, 1990); and Michael Hill and Lian Kwen Fee, *The Politics of Nation Building and Citizenship in Singapore* (London: Routledge, 1995), p.30 참조.

국가발전에 기여할 수 있는 국민의식을 함양하는 것이 필요하며, 그런 점에서 우리나라에서 민주화 이전에도 효과적인 국민교육이 있었고 그 것이 건국과 호국, 그리고 산업화에 크게 기여했다고 본다.

1948년에 채택된 민주적 헌법은 미래에 실현하고자 하는 하나의 이상으로서 당장 우리의 척박한 사회경제적 토양에 뿌리내리기 어려웠다. 국민은 문맹, 빈곤, 봉건적 전통 등으로 민주시민으로서 요구되는 자질을 갖지 못했고 국가적으로는 남북대결과 전쟁 등, 심각한 국가생존 문제에 직면하고 있어서 국민이 단합하여 정부를 적극 지지하는 것이 절실한 문제였다. 이를 위해 이승만 대통령은 반공주의와 반일 민족주의를 강조했다. 따라서 민주주의에 적대적인 공산주의를 반대한다는 반공 이념과 민족국가로 발전해야 한다는 측면에서 반일주의에 바탕을 둔 민족주의는 당시로서는 매우 적절한 국민교육 이념이 되었으며 이로써 대한민국이라는 나라의 정체성이 뚜렷이 형성될 수 있었다고 본다.

박정희와 전두환 정권하에서 경제발전은 북한의 안보위협에 대처하는 유효한 수단이었을 뿐 아니라 현대국가의 경제적 기반을 구축한다는 매우 중요한 의미가 있었다. 따라서 개인의 인권이나 정치적 자유가 다소 제한되더라도 신속한 경제발전을 위해 정치사회적 안정과 질서를 중시했던 것이다. 이러한 발전전략은 부작용과 희생이 없지 않았지만 대다수 신생국이 경제발전에서 실패한 것과는 대조적으로 우리는 놀라운 성공을 거두게 되었으며, 그러한 건실한 경제적 바탕이 있었기에 민주화도 순조롭게 이루어질 수 있었던 것이다. 인도는 시종일관 민주주의를 실천한 나라로 알려져 있지만 경제적 기반이 약했기 때문에 오늘날 인도의 민주주의는 한국보다 훨씬 낮게 평가되고 있다. 모든 면에서 완벽한 국가발전 전략이란 있을 수 없다고 볼 때 박정희 정부의 국가발전 전략과 이를 위한 국민교육 이념은 부정적인 면보다는 긍정적인 면이 훨씬 컸다고 본다. 당시 대다수 국민은 우리 역사상 처음 있었던 높은 경제성장, 지속적인 소득증가, 폭발적인 수출확대로 인해 나라에 대해 상당한 자부심을 느끼고 있었고, 일자리도 생기고 가정형편도 좋아지고 있었기 때문에 경제발전 정책에 적극 호응했던 것이다. 이 시기에 추진된 새마을운동이 관주도운동이었음에도 근면, 자조, 협동이라는 근대적 국민정신을 함양하는 데 기여했으며 또한 지역 주민들이 공동체의식을 가지고 자발적으로 참여했던 것이다. 또한 86년 아시안게임과 88년 올림픽 게임을 앞두고 친절, 청결, 질서, 봉사를 실천하기 위한 국민운동에 많은 국민들이 참여하여 국민의식을 한 단계 높였다고 본다.

근본적으로 강화되어야 할 민주시민교육

1988년 이후 민주발전이 국가의 우선목표가 되었기 때문에 민주시민교육이 체계적으로 실시되어 지금쯤 민주주의가 정착단계에 이르러야 마땅하지만 20년이 지난 지금까지 이렇다 할 진전이 없다. 아직도 정치적으로 권위주의가 청산되지 못하고 있고 사회적으로 가치관의 혼란과 무질서 현상이 팽배하고 있으며, 교육도 민주시민교육과는 거리가 먼 암기식, 입시위주의 교육에서 벗어나지 못하고 있다. 특히, 김대중·노무현 정부하에서 전교조가 합법화되어 그들에 의한 친북좌파이념의 확산이라는, 민주시민교육에 역행되는 현상이 벌어지고 있었던 것이다. 특히 감상적인 대북정책의 부작용으로 대한민국의 국가적 정통성이 훼손되고 나라에 대한 자부심과 충성심은 물론 우리의 국가이념인 민주주의와 시장경제에 대한 확신도 약화되었다고 본다.

남북 간 첨예한 체제경쟁을 고려할 때 우리의 체제이념교육은 북한에 비해 상대적으로 취약했다. 대한민국 건국 이래 민주주의 교육, 반공교육 등, 대한민국 체제 유지를 위한 교육을 실시해 왔지만 피상적이었고 일관성도 없었다. 더구나 북한에서는 김일성 중심의 조작된 역사를 주민들에게 철저히 세뇌시켜 왔지만, 우리의 역사교육은 대한민국의 건국과 그 이후의 성공적 발전과정을 포함한 현대사 교육을 외면하다시피 했다. 6·25전쟁 이후에 태어나 공산주의 실체를 경험하지 못한 사람들이 인구의 80%를 차지하고 있으며, 그들은 냉전시대와 6·25전쟁의 역사적 의미를 모르고 있고, 특히 햇볕정책 이후에는 반공교육은 사라지고 오히려 북한을 긍정적으로 보는 교육이 실시되면서 대한민국의 국가정체성에 대한 인식이 더욱 희미해졌다. 과거의 반공교육도 문제가 없지 않았다. 공산주의를 반대하면 대한민국에 자동적으로 충성하는 국민이 될 것으로 생각했으나 공산주의 위협이 클 때는 그러한 교육이 효과가 있었을지 모르지만, 공산세력이 평화공세로 나올 때는 한계가 있을 수밖에 없다. 또한 우리나라는 세계가 경탄할 만한 국가발전을 이룩했지만 이에 대한 교육은 매우 미흡했다.

다시 말하면, 대한민국 자유민주체제의 장점을 알지 못하고 대한민국의 성취를 자랑스럽게 생각하지 않으며 대한민국에 대해 충성심을 느끼지 않는 민주시민교육은 결코 성공적이라 할 수 없다. 우리의 헌법 이념인 민주주의와 시장경제 체제가 왜 공산주의 체제보다 우월한지, 그러한 체제하에서 우리나라가 성취한 것이 얼마나 성공적이며 자랑스러운 것인지 분명히 인식할 수 있어야 나라의 정책을 지지할 수 있게 되고 나라가 위험에 처했을 때 수호할 수 있는 것이다.

현재 실시되고 있는 제7차 교육과정에서는 민주시민교육을 위한 독립된 과목이 없고 도덕과 사회 과목에 포함되어 있다. 중학교 도덕은 주당 1시간에 불과하여 그것도 학교행사와 학급활동으로 대체하는 경우가 많다. 중학교 사회과 교과과정에는 중학교 1학년 10개 단원, 중학교 2학년 7개 단원, 중학교 3학년 10개 단원 등, 총 27개 단원 중 민주시민교육과 관련된 것은 한 단원뿐이다. 고등학교 1학년 사회과목에서도 10개 단원 중 민주시민교육과 관련된 것은 1개 단원에 불과하다. 고등학교 심화선택과목인 '정치'와 고등학교 2~3학년 선택과목으로 '국민윤리'가 있으나 대부분의 고등학생들은 이 과목을 선택하지 않고 있다. 한 마디로 말해 학교의 민주시민교육은 교육시간이 절대 부족하고 내용도 매우 적기 때문에 압축적이고 추상적인 것이 대부분이어서 빈약하기 짝이 없다. 더구나 입시위주 교육환경에서 학교당국이나 학부모는 성적에만 관심을 기울일 뿐 공중도덕이나 민주적 자질 함양에는 관심도 없다. 교육방법도 실습이나 토론이 아니라 교사의 일방적인 강의 일변도이다.

학교도 권위주의 풍토에 젖어 있어 학생의 권리와 의무를 무시하는 경향이 많으며 학생들의 자치활동도 형식적인 경우가 많다.[4] 학생들이 학교에서 민주적 일처리 방식과 민주적 결정 방식에 익숙해야 사회에 나와서도 그렇게 행동할 수 있는 것이다. 그런데 지금 학교에서는 학생들의 민주주의 훈련장인 학급회의가 사라지고 있다. 학생들이 학급회의에서 토론을 하다가 서로 멱살을 잡을 수도 있고 자신의 의견을 관철하기 위해 주먹다짐도 하고 욕설을 할 수도 있다. 하지만 이런 모습이 학교 현장에서는 모두 교육의 한 방편이 될 수 있다. 이런 시행착오를 겪고 궤도수정을 해 가면서 다양한 의견을 수렴하는 방법뿐만 아니라 자신의 주장을 포기하는 방법도 배워야 사회에 나가서 남의 의견을 들을 줄 알고 비판적 사고도 할 수 있게 되는 것이다.

더구나 민주적인 행동으로 모범을 보여야 할 교사들의 세계도 민주주의와는 거리가 멀다. 교무회의는 구태의연하게 지시와 전달 일변도다. 학교의 당면문제를 논의하지도 않고 교사들에게 의견을 말할 기회도 좀

---

4) 전득주, 『선진한국 어떻게 만들까』, 183-217면 참조.

처럼 허용되지 않는다. 교사들 역시 민주적인 회의나 토의에 대해 훈련 받은 적이 없으니 그럴 수밖에 없을지도 모른다. 이런 교육풍토에서 자란 다음 세대들이 성숙한 민주시민이 되기를 기대하기는 어려운 것이다. 스웨덴에서는 학교의 임무를 "학생들에게 민주주의 가치관을 길러주는 것"이라고 규정하고 있지만, 이것은 모든 선진 민주국가에서 공통된 현상이다.5) 그러나 우리 학교의 현실은 이와는 거리가 멀다.

청년 이승만은 1904년 한성감옥에서 쓴 『독립정신』에서 "우리가 마음을 다스리지 못하고 재주만 키운다면 그것은 세상을 해롭게 할 뿐이다"라고 했다.6) 잘못된 사회풍토와 교육풍토를 이대로 방치한다면 우리 민주주의의 장래도 불투명할 뿐 아니라 일류 선진국이 되려는 우리 모두의 꿈도 허사가 될지도 모른다. 요컨대 민주시민교육에 대한 국민적 관심이 절실히 요청되고 있는 것이다.

역사관과 국가관이 불분명한 젊은 세대

우리의 민주시민교육이 실패하고 있다는 사실이 젊은 세대의 가치관을 통해 증명되고 있다. 젊은 세대를 보면 그 나라의 장래를 알 수 있다고 하지만 우리 젊은 세대의 역사관과 국가관, 그리고 가치관을 보면 우려를 금하지 않을 수 없다. 조선일보가 2005년 광복절을 전후하여 16~25세 젊은이들을 대상으로 실시한 설문조사를 보면 그들의 가치관이 한심하다는 것을 알 수 있다. 즉, "북한과 미국이 싸운다면 어느 편을

---

5) "스웨덴의 시민교육," www.civicedu.go.kr
6) 이승만 저, 『풀어쓴 독립정신』(서울: 청미디어, 2008), 409면.

들겠는가?'라는 질문에 "북한 편을 들겠다"고 답변한 젊은이가 놀랍게
도 65.9%에 달했다. 또한 63.9%가 북한을 '좋아한다'고 했고 80.7%가
북한을 '협력과 지원의 대상'이라 했다. 대조적으로 북한을 '위험한 대
상'이라고 보는 젊은이는 14%에 불과했다. 물론 당시 노무현 정부가
앞장서서 남북관계 개선에 열을 올리고 있었기 때문에 그 영향이 컸다
하더라도 근본적으로 심각한 현상이라는 것은 부인할 수 없다.

　월간중앙이 2007년 7월 서울의 초등학생 3천 6백여 명을 대상으로
실시한 설문조사에서 "6·25가 일어난 시대를 삼국시대, 고려시대, 조
선시대, 현대 중에서 고르라"고 했더니 조선시대를 선택한 어린이가
37.8%, 삼국시대 5.5%, 고려시대 7.4%라고 하여 절반 이상이 6·25전
쟁이 일어난 시기조차 모르고 있었다. 한국갤럽이 실시한 최근 여론조사
에 의하면, 6·25전쟁이 언제 일어났는지 모르는 사람이 13~19세에선
63%, 20대에서는 58%에 달했다. 6·25전쟁 이후 세대가 인구의 90%를
차지하는 현실에서 성인들이라고 별로 다를 것도 없었다. 2002년 한국
갤럽이 일반인들을 대상으로 한 설문조사에서 6·25전쟁을 북한의 남침
으로 일어난 전쟁이라고 답한 사람은 31%에 불과했다.

　행정안전부가 2008년 6월 중고등학생들을 대상으로 한 설문조사에서 '6·
25전쟁은 북한에 의해 일어났다'는 주장에 동의한 학생은 48.7%에 불
과했고 일본에 의해 일어난 전쟁(13.5%), 미국에 의한 전쟁(13.4%)이라
고 각각 대답했다. 또한 한국안보에 위협적인 나라로 미국 28.4%, 일본
27.7%, 북한 24.5%, 중국 13.1%라고 응답하고 있어 60년 가까이 한국
안보의 든든한 동반자였던 미국을 지금까지 적대행위를 계속해 온 북한
보다 더 위험하다고 보았고, 우방인 일본에 대해서도 북한보다 더 위험
하다고 보고 있다. 중국은 6·25전쟁 당시 100만 가까운 병력을 보내
우리와 싸웠던 나라이며 지금도 고구려를 그들 역사의 일부라고 하는

등 불확실성이 없지 않음에도 아무런 문제의식이 없다.[7]

6·25전쟁도 잘 모르는 젊은 세대

더욱이 장차 국가와 국민을 지키기 위해 육군사관학교에 입교한 2004년도 신입생을 대상으로 한 설문조사에서 한국의 주적(主敵)이 어느 나라인가라는 질문에 미국이라고 응답한 생도가 34%로서 북한이라고 대답한 생도(33%)보다 많았다. 이들 신입생들은 주로 전교조 교사들로부터 그렇게 배웠다고 한다. 2006년 사법시험 면접에서 '우리 주적은 미국', '북한 핵무기는 우리에게 위협이 아니다', '북한의 남침 가능성이 없으니 남한 군대는 필요없다' 와 같은 대답들이 나왔다고 한다. 같은 해 국방부가 입대한 신병들을 대상으로 한 의식조사에서 그들의 75%가 반미감정을 노출했고 자유민주주의 체제가 우월하다고 생각하는 신병은 36%에 불과한 것으로 나타났다.[8] 이처럼 젊은 세대의 역사관, 국가관, 안보관이 정말 위험한 상태에 있는 것이다. 이것은 청소년만의 문제가 아니다. 2004년 일반인들을 대상으로 한 의식조사에서 '우리 안보에 가장 위협적인 나라' 를 묻는 질문에 '미국' 이라고 답한 사람(39%)이 '북한' 이라고 답한 사람들(33%)보다 많았다.

한국청소년정책연구원이 2008년 3월 전국 중·고등학교 학생(1,640명)들을 대상으로 실시한 국가관과 안보의식에 대한 설문조사에 의하면, 6·25전쟁에 대해 '통일전쟁' 20.5%, '모른다' 7.5%, '북침전쟁' 4.7% 등, 좌편향성이 적지 않았다. 북한의 핵무기에 대해 '폐기되어야 한다(44%)' 는 응답도 많았지만 '북한 입장에서 불가피' 21.2%, '통일 후

---

7) 『동아일보』, 2008년 6월 23일.
8) "사설: 육사생도까지 오염시킨 좌파 선전선동," 『조선일보』, 2008년 4월 4일.

우리가 보유' 23%, '우리에게는 쓰지 않을 것' 4.6% 등 지극히 해이한 안보관을 보이고 있다. 또한 응답자의 68.3%가 '북한을 신뢰할 수 있다'고 생각하는 등 친북적 성향을 보여주고 있고, 통일에 가장 큰 장애가 되는 나라로서 미국을 지목한 학생이 42.7%로서 반미(反美) 성향도 상당히 높았다. 청소년들은 전교조에 의한 좌파적 민족주의 교육으로 이념의 색맹(色盲)이 되어 북한의 위협을 전혀 위협으로 인식하지 못하고 있는 것이다.

민주시민교육 차원에서 보면 학교는 국가체제와 관련된 이념과 가치를 가르칠 책임이 있다. 그런데 전교조는 대한민국의 정체성을 부정하는 동시에 이념적으로 백지상태인 어린 학생들에게 친북적 가치관을 주입시켜 왔다. 이것은 국가의 기본을 흔드는 중대한 도전행위라 아니할 수 없다. 전교조 교사들은 교사로서의 직분을 망각했을 뿐 아니라 반사회적이며 반국가적인 행동을 공공연히 하고 있는 것이다. 어린 학생들이 반국가적인 세력에 의해 잘못된 세뇌교육을 받고 있었지만 학부모들은 자녀들의 성적에만 신경을 썼을 뿐이며 자녀들이 잘못된 이념에 오염되고 있는 현실에 대해 관심을 기울이지 않았고 정부도 이를 방치했던 것이다.

이같이 된 데는 위정자들의 책임이 크다. 세계적인 냉전종식과 한국의 민주화가 동시에 진행되면서 그들은 과거의 안보정책을 독재정권의 수단으로 악용했다고 비난하는 동시에, 안보체제를 약화시키고 안보의식을 해이하게 만들었다. 특히 2000년 6월 남북정상회담 이래 10년 가까이 북한을 안보 면에서 경계해야 할 대상이 아니라 통일을 위해 협력해야 할 대상으로 인식하게 했다. 여기에다 친북노선을 걸고 있는 전교조 교사들이 통일과 평화를 부르짖으며 안보니 한미동맹이니 하는 것은 평화와 통일의 장애요소라고 세뇌시켰으며, 또한 친북좌파세력이 정치,

사회, 문화 등 모든 면을 좌우했기 때문이기도 하다. 이처럼 우려되는 현상이 나타나고 있었음에도 정부는 김정일 정권의 눈치를 보느라고 친북단체들의 국가에 대한 적대적인 행동을 묵인했던 것이다. 그러한 분위기하에서 평화, 민족자주, 통일 등을 내세우는 동시에 국가안보에 관련된 모든 것은 배척했기 때문에 안보의식이 전반적으로 해이해진 것이다. 이번 천안함 격침으로 여실히 드러났듯이 북한의 적대적인 대남정책은 근본적인 변화가 없음에도, 우리는 통일이니 평화니 하면서 이념적인 면에서 일방적으로 무장해제를 했던 것이다.

흔들리는 국가관

청소년들의 국가관은 나라의 미래를 좌우하기 때문에 모든 나라에서 지대한 관심사가 되고 있다. 과연 우리 청소년들의 국가관은 어떠한가? 한국청소년개발원이 2006년 한국, 중국, 일본 등 세 나라의 대학생과 중고교학생 3,000명을 대상으로 '전쟁 및 국가위기 시 행동에 대한 청소년 의식'을 조사한 결과를 보면 너무나 충격적이다.

먼저 "전쟁이 나면 어떻게 행동할 것인가"라는 질문에 일본 청소년은 44%가 앞장서 싸우겠다고 답변한데 비해 우리 청소년은 중국 청소년의 14.4%보다도 낮은 10.2%만이 나가 싸우겠다고 했다. "상황을 봐가며 결정하겠다"는 기회주의적 태도를 가진 청소년도 34.4%나 되어 중국 24.6%, 일본 11%에 비해 훨씬 높았다. 특히 "외국으로 도피하겠다"는 응답자가 우리의 경우 10.4%로 일본 1.7%, 중국 2.3%에 비해 5배가 넘는다. 우리의 안보여건이 일본이나 중국보다 훨씬 더 위험한 상황에 처해 있다는 사실을 고려할 때 심각한 문제가 아닐 수 없다. 같은 또래의 북한 청소년들에게 이런 질문을 한다면 어떤 답이 나올지 분명하다. 그들은 남한을 파멸시키기 위해 목숨을 바칠 각오가 되어 있는 데 우리 청소년들은 대부분 싸울 생각조차 하지 않고 있다.

2001년 한 대학신문이 17개국 대학생을 대상으로 실시한 설문조사 결과 또한 충격적이다. 프랑스 대학생의 80%, 러시아와 캐나다 대학생의 78.6%와 75.9%가 "다시 태어나도 자기나라를 택하겠다"고 응답한 반면, 우리 대학생의 절반 이상(51.4%)이 "다시 태어난다면 우리나라를 택하지 않겠다"고 했다.9) "민족"을 절대 가치로 교육받아 온 최고 학부 젊은이 중 절반 이상이 우리나라를 "다시 태어나고 싶지 않은 나라"로 생각할 정도로 국가에 대한 소속감과 충성심이 희박하다는 것은 여간 심각한 문제가 아니다. 젊은 세대를 대상으로 한 또 다른 설문조사에서 "기회가 주어진다면 이민갈 의향이 있느냐"는 질문에 동의한 사람이 45.8%에 이르렀으며, 특히 20대 여성은 71.4%에 이르러 젊은 세대의 국가관이 얼마나 심각한가를 엿볼 수 있겠다. 운동경기장에서 외국팀과 경기를 할 때면 태극기를 열렬히 흔드는 등, 애국심이 무척 강한 것 같지만 실제로 나라가 위기에 처했을 때 이를 외면하려는 사람들이 다수라면, 그것은 피상적인 애국심에 불과하다고 볼 수도 있겠다.

지금까지 살펴본 바와 같이 우리 청소년들은 역사에 대한 지식이 부족하고 그들의 역사관과 국가관이 기대에 크게 못 미치고 있다. 학교에서 현대사와 민주시민의식을 제대로 가르치지 않고 있을 뿐 아니라 입시위주 교육풍토로 그러한 과목들이 외면당하고 있기 때문이다. 또한 반미친북 반정부 투쟁을 하는 단체들이 공공연히 활개치는 상황에서 청소년들이 올바른 역사관이나 국가관을 갖기도 어려운 형편이다. 따라서 민주시민교육을 획기적으로 강화해야 함은 물론 국민 모두가 올바른 역사관과 국가관을 가질 수 있도록 국민적 노력을 기울이는 것이 시급하

---

9) 『중앙일보』, 2003년 8월 8일.

다고 본다.

  필자는 민주시민교육의 범위를 좀 더 포괄적으로 확대하여 민주주의에 대한 개인의 책임과 역할에 대한 것뿐만 아니라 한국 현대사 교육, 자본주의 체제에 대한 교육, 통일에 관련된 교육, 그리고 세계화와 관련된 교육 등이 망라된 종합적인 것이어야 한다고 보고 각 분야별로 그 방향을 논하고자 한다.

강화되어야 할 현대사 교육

올바른 역사관은 국민정신의 뿌리

  우리는 역사의식, 특히 현대사에 대한 올바른 인식이 매우 부족한 편이다. 질풍노도와 같은 험난한 시대를 살아오면서 현실에 급급하고 또한 지나친 생존경쟁에 매달렸기 때문인지도 모른다. 더구나 민주시민교육이나 정치교육을 중시하는 전문가들도 대부분 역사교육의 중요성을 간과하고 있다. 그러나 민주시민교육은 지역사회, 국가, 세계 등 다양한 차원의 공동체와 개인 간의 관계에 관련된 복잡한 문제를 다루고 있기 때문에 역사적 뿌리를 중시하지 않을 수 없다. 다시 말하면, 역사적 이해 없는 민주시민교육은 뿌리 없는 나무를 심는 것과 같으며 모래 위에 건물을 짓는 것과 같다. 역사교육을 통해서 한국인이 된 것을 자랑스럽게 느끼고 국가에 대한 소속감과 충성심을 가지고 나라에 헌신하고자 하는 마음을 가지게 된다. 우리나라는 분단된 나라이기 때문에 국가정통성에 대한 논란이 있어 왔고 이로 인해 이념과 가치관의 혼란이 극심했다. 특히 우리 사회 일각에서 통일을 앞세우고 민족을 중시한 나머지 대한민국의 정통성을 부정하는 현상까지 나타나고 있어 어느 나라보다 현대사 교육이 중요하다고 본다.

우리의 국사학은 우리 역사에만 몰두한 나머지 비교역사학적 관점을 등한시하고 강한 민족주의 경향을 가지고 있을 뿐 아니라 학문적으로 폐쇄성을 띠고 있어 결과적으로 감상적 민족주의, 반외세, 반대한민국적 역사관의 온상이 되어 왔다.[10] 국사(國史)는 두말할 필요도 없이 나라의 역사이지만 민족의 역사에 치우치게 되면 분단국이기 때문에 대한민국의 역사보다는 북한을 포함한 민족의 역사에 초점을 맞추게 되어 적지 않은 부작용이 나타난다. 일부에서는 대한민국을 민족분단의 결과로 초래된 것으로 보면서 그 정체성에 의문을 제기하고 있으며, 북한에 대해서는 적대적인 국가로 보기보다는 민족의 일부로 보게 되며, 남북관계나 통일문제를 감상적으로 접근할 가능성이 크다. 그 결과로 대한민국의 역사는 초점을 잃어버리게 되어 건국과 호국, 산업화와 민주화 등 우리 현대사의 주된 흐름이 제대로 다루어지지 않게 된다. 이처럼 건국 이래의 역사해석에 대한 논란이 많아 현대사에 대한 합의도 이루어지지 못하고 있고 그 결과로 제대로 된 현대사 교육도 이루어지기 어려운 형편이다.

역사교육은 역사적 사고를 하게 하고 역사적 감정이입(historical empathy) 현상이 일어나게 한다. 즉, 조상들이 과거에 무엇을 왜 그렇게 했는지 그리고 현재의 제반 상황은 어떻게 이루어진 것이며 과거와 어

---

10) 전상인, "해방과 근대국가의 건설: 1945~1960년 시기 교과서 집필의 방향과 내용," 『시대정신』 재창간호(2006년 1월).

떻게 연관되는지 등, 국가와 사회의 연속성과 변화를 이해하게 한다. 역사적 감정이입으로 현상을 바라보면 역사적 사건이나 인물들에 대해 훨씬 관용적이고 성숙된 태도를 가지게 된다. 다시 말하면, 역사교육은 과거를 재구성하게 하고 현재의 의미를 파악하게 하며 미래를 예측할 수 있게 한다. 따라서 역사는 현재와 미래의 길잡이이다. 다음 세대는 역사를 제대로 알아야 앞선 세대들이 무엇을 위해 피와 땀과 눈물을 흘렸는지 어떤 가치가 중요했는지 그리고 보존하고 추구해야 할 가치가 무엇인지 알 수 있으며, 그 결과로 나라를 제대로 계승하고 발전시킬 수 있는 것이다. 그래서 모든 나라는 역사교육을 통해 자기 나라 역사의 긍정적 측면을 부각시킴으로써 나라에 대한 충성심과 소속감을 높여 나라 발전에 기여하도록 하고 있으며, 특히 대다수 선진국은 역사를 민주시민교육의 가장 중요한 과목으로 간주하고 있는 것이다. 미국의 경우 초등학교에서부터 대학에 이르기까지 미국역사는 가장 중요한 필수과목이며, 영국은 물론 영연방 국가들도 역사교육은 민주시민교육의 필수과목으로 삼고 있다.

현대사 교육의 중요성

민주시민교육의 일부로서의 역사교육은 수천 년에 걸친 민족역사보다도 민주공화국 건국 이래의 현대사에 초점을 맞추어야 한다. 전제군주체제였던 과거와는 달리 1948년에 국민주권의 민주공화국을 수립했으며, 그것은 지난 60여 년간 우리 삶을 이끌어온 기준이 되었고 또한 현재와 미래를 좌우하기 때문이다. 그것은 또한 이 기간 중에 과거 수백 년간에 이루어진 것보다 더 많은 변화와 발전을 했기 때문이다. 문제는 우리가 국가발전에는 성공했지만 대한민국의 역사는 잘못되었다는 모순된 주장이 사회 저변에 깔려 있다는 점이다. 성공적인 국가발전을 했다면 그 역사는 결코 잘못된 역사라 할 수 없다. 단지 잘못된 이념이나 가치기준으로 평가하기 때문에 잘못된 역사로 보이는 것이다. 대한민국 국민이라면 우리나라가 지극히 어려운 여건하에서도 어떻게 건국을 했고 공산침략을 물리쳤으며, 나아가 산업화와 민주화에 성공할 수 있었으며, 그리고 그것이 왜 자랑스러운 것인지 알아야 한다.

우리 사회는 지금 심각한 역사인식의 혼동과 갈등 속에 있다. 일제 강점기 친일문제, 이승만과 김구, 박정희와 김일성 등 오랜 옛날의 문제들이 오늘의 정치사회적 논란과 갈등의 근원이 되고 있다. 한마디로 말해서, 현대사에 대한 국민적 합의가 없다는 것이다. 그것은 과거 사실에 대한 관점 차이에 머물러 있지 않고 정치, 경제, 안보, 사회, 문화 등 모든 면에서 대립과 분열을 초래하는 원인이 되고 있다. 어떤 색깔의 안경을 끼고 해방정국과 대한민국의 건국을 바라보느냐, 즉, '대한민국은 태어나지 말았어야 할 나라, 기회주의가 득세하고 정의가 패배한 나라'라고 보느냐 아니면 '빈곤과 좌익의 도전 속에서 자유민주주의 국가를 건설한 위대한 창조의 시기'라고 보느냐로 대립되고 있다.

또한 어떤 색깔의 안경을 끼고 이승만과 박정희를 평가하느냐, 즉, '이승만과 박정희는 독재자'라는 시각과 '이승만과 박정희는 오늘의 대한민국을 있게 한 위인'이라고 보는 시각이 근본적으로 대립되고 있다. 유감스럽게도 우리 사회에는 대한민국의 존재를 부정하거나 비판적으로 보는 역사인식이 상당히 넓게 퍼져 있다. 북한과 우리 사회 내 친북 좌익세력들은 대한민국을 무너뜨리기 위해 이 같은 잘못된 역사인식을 확산시키려고 집요하게 노력해왔다. 북한이 정통성이 있고 대한민국은 정통성이 없다는 논리를 주입시키는 데 역사를 왜곡하여 활용하고 있는 것이다.[11]

이 같은 역사인식의 혼란은 올바른 역사교육을 하지 않았기 때문이다. 애국심은 나라의 역사에 대한 자부심에서 생겨나고 이것은 올바른 역사교육을 통해서 형성된다. 그런데 학교에서는 대한민국의 역사를 비하하고 공격하는 좌파적 역사교육이 공공연히 이루어지고 있다. 대한민국의 역사는 외세(外勢) 지배와 반(反)민족의 역사라고, 정의가 패배하고 기회주의가 득세(得勢)한 역사라고 가르치면서 어떻게 다음 세대가 자부심과 긍정적 자세로 이 나라를 이끌어가기를 기대할 수 있겠는가?

따라서 민주시민교육에 있어 무엇보다 중요한 과제는 대한민국의 역사적 정통성과 이념적 정체성을 바로 세우고 다음 세대로 하여금 올바른 역사관과 국가관을 갖도록 하는 것이다. 아울러 이를 부정하고 김일성체제를 찬양하거나 친북적 교육을 하는 세력(전교조, 민예총, 민노총)이 교육 현장이나 언론 등을 통해 국민정신에 영향을 미치는 것을 차단해야 한다. 모두가 나라를 자랑스럽게 생각할 때 나라를 더욱 사랑하게 되고 더욱 훌륭한 나라를 만드는 데 기여할 수 있는 것이다.

대한민국 건립은 건국혁명

이승만을 비롯한 건국 지도자들은 민주헌법을 만들어 현대적인 민주공화국을 건설했다. 오랜 전제군주국가로부터 국민이 나라의 주인이며 법 앞에 누구나 평등한 국가로 탈바꿈했다는 것은 혁명적인 일이다. 그래서 대한민국의 건국은 "건국혁명"으로 인식되기도 한다. 건국으로 인해 정치뿐 아니라 모든 면에서 혁명적 변화가 일어났다. 그 같은 건국이 있었기에 지난 60여 년간 발전을 거듭하여 신생국 중에서 가장 성공

---

11) 현대사상연구회 저, 『반대세의 비밀』(인영사, 2009).

적인 국가발전을 할 수 있었다. 대조적으로 북한은 잘못된 건국을 했기 때문에 파멸에 이르고 말았다. 대한민국의 건국이 없었다면 지금 우리는 어떻게 살고 있을까? 세계 최악의 인권유린국가인 북한과 같은 체제 하에 우리가 산다는 것은 상상조차 할 수 없는 일이다. 젊은 세대들은 자유와 행복을 물려받았기에 그것을 당연한 것으로 여기며 그것이 얼마나 피땀 어린 투쟁의 결과인지 모른다. 다시 말하면, 대한민국의 건국은 건국 지도자들의 선견지명으로 이룩한 '건국혁명'으로 우리들에게 위대한 역사를 개척할 수 있게 했던 것이다.

건국 자체를 부정하는 좌파세력

건국 지도자들은 1945년 8월 15일 해방된 날로부터 3년 뒤 같은 날에 대한민국 건국을 선언했다. 그들이 광복절인 8월 15일을 건국일로 택했던 것은 우리에게 '광복'이 곧 '건국'이고, '건국'이 곧 '광복'일 수밖에 없었기 때문이다. 우리 사회 일각에서 벌이고 있는 광복이 먼저냐 건국이 먼저냐는 식의 논쟁은 무의미한 일이다. 광복이 없었다면 건국은 불가능했을 것이고, 건국이 없었다면 광복도 별 의미가 없었을 것이다. 그동안 우리는 해방의 기쁨을 기념하는 데 급급하여 같은 날에 대한민국이 세워졌다는 건국의 의미를 제대로 조명하지 못했다.

건국에 대해 부정적 인식을 가졌던 노무현 대통령은 취임 직후의 3·1절 기념사에서 "대한민국 역사는 정의가 패배하고 기회주의가 득세한 역사"라 했고 그 후 연세대 특강에서는 "분열의 역사"라 했다. 그러한 역사관을 전파하기 위해 공영방송인 KBS와 MBC는 시사 프로그램에 드라마까지 덧씌워가며 대한민국 건국사를 짓밟고 조롱했다. 2008년 8월 15일 건국 60주년에 즈음하여 노무현은 "1948년 정부 수립의 정통성을 강조하고 싶어 하는 사람들이 있으나 그 세력들의 평가일 뿐이다.

실제로 정부를 수립할 때 우리 국민 상당수는 정부 수립에 반대했다"고 했다. 같은 날 노 대통령이 소속되었던 민주당도 정부 주최 "광복 63주년 및 건국 60주년 기념행사"를 외면하고 효창공원에 있는 김구기념관에서 별도의 기념행사를 했다. 국회의원도 헌법에 의해 선출되었는데 민주당 소속 의원들도 노무현 전 대통령처럼 대한민국의 정통성을 사실상 부정하고 있었던 것이다. 이처럼 나라의 역사와 정통성에 대해 근본적으로 부정하고 있는 세력이 건재하고 있는 나라라면 제대로 된 나라라고 하기 어렵다. 정통성 없는 정부인데 왜 대통령이 되었고 국회의원이 되었는가?

물론 건국 당시 공산좌익세력은 총파업과 제주4·3사건 등, 폭력 수단을 동원해 건국을 적극 저지하려 했으며 김구, 김규식 등 일부 민족주의 세력이 반대했던 것도 사실이다. 그러나 건국을 위한 5·10총선거는 21세 이상 유권자 80%가 등록하고 등록 유권자의 93%가 투표했다. 당시 우리 국민은 선거경험이 전혀 없었고 문맹률이 높았던 점을 감안한다면 놀랄 만큼 높은 참여율이었다. 좌익세력의 조직적인 선거방해에도 불구하고 국민들이 전폭적으로 선거에 참여했다는 것은 대한민국 건국의 정당성을 입증하는 것이다. 그래서 선거과정을 감시했던 유엔은 대한민국 정부를 한반도의 유일한 합법정부로 승인했던 것이다.

대한민국의 역사발전 과정에서 힘든 고비도 많았고 시행착오도 없지 않았다. 해방된 한반도는 냉전의 전초기지라는 불가항력의 운명에 휘둘렸다. 분단과 전쟁은 우리만의 힘으로 막아낼 수 없었다. 압축성장 과정에서 무리한 일도 있었고 부작용도 많았다. 참으로 대한민국의 역사는 파란만장이라는 말 이외에는 표현하기 어렵다. 그렇지만 우리는 60년 전 건국의 정신이 옳았고, 시행착오에도 불구하고 당당한 현대국가 건설에도 성공했다. 현대국가의 기본요소인 안보화, 산업화, 민주화를 위해 대한민국은 안보우선(1948~1960), 경제발전 우선(1961~1987), 민주주의 우선(1988~2007)의 세 단계를 거쳐 발전했다. 다시 말하면, 1950년대에는 공산침략으로부터 나라를 지키기는 것이 절체절명의 과제였기 때문에 경제와 민주주의를 제대로 챙길 수 없었고, 1960년대 이래 경제발전 과정에서는 급속한 국가발전을 위해 민주주의 원칙이 부분적으로 제약받게 되었으며, 1988년 이래 민주주의 정착을 위해 안보와 경제 문제가 뒷전으로 밀리게 되었던 것이다.

토인비는 위대한 역사는 도전에 대해 얼마나 성공적으로 대응하느냐에 달려 있다고 했다. 그렇다면 파란만장했던 대한민국의 역사를 제대로 이해하기 위해서는 우리나라가 당면했던 도전, 즉, 당시의 국제적 환경과 국내 여건은 물론 국가의 생존과 번영을 위한 줄기찬 노력 등을 종합적으로 살펴보아야 한다. 우리 민족의 역사는 수천 년이 되지만 대한민국 건국 이후 60여 년의 역사는 그 이전의 역사와는 근본적으로 다르게 접근해야 할 필요가 있다.

왜냐하면, 이 기간 중에 전례 없는 역사적 소용돌이 속에서도 근본적이고도 구조적인 국가발전이 일어났기 때문이다. 특히 주권재민(主權在民)의 자유민주주의 체제와 자유경쟁의 시장경제 제도를 채택했을 뿐 아니라 선진국들이 주도하고 있던 해양국가 질서로 편입되었으며 이로 인해 비약적인 발전을 이룩할 수 있었기 때문이다. 동남아 역사학자들은 2차 대전 이후의 동남아 각국의 역사를 과거 역사의 연장선상에서 다룰 것이 아니라 국가건설(nation building) 차원에서 기술하려고 노력하고 있다는 것은 우리에게 시사하는 바가 크다.12)

---

12) Wang Gungwu, ed., *Nation Building: Five Southeast Asian Histories* (Singapore: Institute of Southeast Asian Studies, 2005) 참조.

역사창조 못지않게 중요한 역사해석

2008년 8월 건국 60주년 기념강연에서 노재봉 전 총리는 '대한민국 건국 60년의 세계사적 의의'를 주제로 연설하면서 대한민국 60년 역사를 '혁명의 과정'으로 규정했다. 그는 "1919년 3·1운동의 독립선언서에 담긴 국민국가 이념, 그것을 토대로 만들어진 상해 임시정부, 그 법통을 이어받아 1948년 대한민국이 건국됐으며 건국 당시 그 이전에 역사적으로 존재하지 않았던, 국민이 주권을 가지는 민주공화국이 성립됐다"고 높이 평가했다.13) 그는 이어 "대한민국 건국은 3가지 혁명의 단계를 내포하고 있다"면서, "첫 번째가 대한민국이라는 국가를 건설한 그 자체이고, 두 번째가 그 국가가 움직일 수 있는 국가기반능력을 구축한 것이며, 그리고 마지막 단계가 통일"이라고 주장했다.

노재봉은 이승만 대통령을 혁명의 1단계인 건국의 지도자로, 박정희 대통령을 농경사회에서 산업사회로의 전환을 통해 국가기반능력을 구축한 2단계 혁명과업을 이끈 지도자로 각각 높이 평가했다. 즉, "이승만 대통령은 국제정치적으로는 냉전이라는 상황과 국내 정치적으로는 좌우 대립과 한국전쟁이라는 상황 속에서 자유민주주의에 입각한 민주공화국을 건설했다"고 평가하고, 박정희 대통령에 대해서는 "서방에 속하지 않은 국가 가운데 민주주의적 방식으로 농경사회를 산업사회로 바꾸는 산업화에 성공한 사례는 없다. 한국은 강한 국가권력의 주도로 산업화를 추진하면서도 건국의 기본이 된 자유민주주의 이념만은 훼손하지 않았다"고 말했다. 이어서 그는 "대한민국이 산업화를 완성한 1987년 이후의 김영삼, 김대중, 노무현 세 대통령들은 이승만 또는 박정희 대통령에 대한 열등감으로 그분들에 못지않은 업적을 남기려다 오히려

---

13) 노재봉, "대한민국 건국, 아직 끝나지 않은 혁명," 『연합뉴스』, 2008년 8월 6일.

국가발전이 정체되는 결과를 초래했다"고 했다.

대한민국 역사를 비판하는 세력들의 주된 공격대상은 건국 대통령 이승만과 근대화 대통령 박정희이다. 이 두 지도자의 재임 기간이 30년으로 대한민국 역사의 절반을 차지할 뿐 아니라 오늘의 자랑스러운 대한민국의 기초를 세운 분들이다. 그들의 역사적 위상이 흔들리면 대한민국은 뿌리부터 흔들리게 된다. 더구나 대통령은 국가의 상징이고 국민통합을 위해 가장 중요한 역할을 하는데 이승만, 박정희 등 역대 대통령들을 부정적으로 평가한다면 대한민국의 역사도 긍정적으로 인식되기 어려운 것이다. 터키 건국의 아버지로 널리 추앙받고 있는 케말 파샤는 역사의 창조도 중요하지만 역사의 해석은 더욱 중요하다고 말한 바 있다. 매우 의미 있는 말이라고 생각된다. 우리는 성공한 역사를 이룩했지만 역사해석이나 역사교육은 제대로 이루어지지도 못했고 일부 세력에 의해 그 반대로 해석되거나 고의적으로 왜곡되고 있는 실정이다. 어떤 지도자도 완벽할 수는 없다. 덩샤오핑(鄧小平)은 자신을 탄압했던 마오쩌둥(毛澤東)에 대해 그의 공로는 7이고 과오는 3이라 했다. 이승만과 박정희는 과오보다는 공로가 훨씬 더 많은, 한국 역사상 가장 위대한 지도자인 것만은 부정할 수 없는 사실이다. 그럼에도 그 같은 역사적 영웅들을 말살하지 못해 안간힘을 쓰는 사람들이 적지 않다. 일본이 역사를 왜곡하고 있다고 규탄하고 있지만 우리 스스로 우리 역사를 얼마나 왜곡하고 있는지 되돌아 볼 일이다.

국가발전에 성공한 우리나라의 60년의 발자취는 우리 모두가 자부심을 갖기에 충분하다. 그 기틀을 마련한 것이 건국이며 건국의 정신은 제헌헌법에 명시된 자유민주주의와 시장경제질서다. 국민이 나라의 주인이라는 주권재민(主權在民)의 현대국가를 세웠기에 대한민국은 이처럼 빛나는 성취를 이룩할 수 있게 된 것이다. 전쟁과 혁명 등 격동의 세월 속에서 아홉 번의 개헌을 거치면서도 그 기본이념은 지켜졌다. 60년 전 미국과 소련에 의해 분단된 한반도에서 남쪽 지도자들은 자유민주주의와 자본주의 이념과 제도를 바탕으로 대한민국을 건국했고 북쪽은 공산주의 일당독재의 길을 선택했다. 오늘날 북한에서는 대다수 국민이 굶주림에 시달리고 있으며 참다못한 수많은 사람들이 목숨을 걸고 국경선을 넘어 남의 나라를 방황하고 있다. 김정일 정권은 그들을 붙잡아다 강제수용소에 수용하거나 공개 처형하고 핵무기를 만들어 우리나라와 이웃 나라를 위협하면서도 다른 나라에 식량과 에너지를 구걸하고 있다. 자유와 풍요가 넘치는 역동적인 우리나라와 북한의 비참한 현실을 비교한다면 우리 건국 지도자들의 선택이 지혜롭고 현명했다는 사실을 새삼 절감하게 된다.

시대착오적인 과거사 청산

동양 전통에서 역사는 거울이었다. 역사 앞에 겸허하게 교훈을 배우며 잘못을 되풀이하지 말아야 한다는 것이다. 그런데 우리는 언제부터인가 우리 역사를 소홀히 했고 어떤 사람들은 아예 내동댕이쳤다. 조선시대부터 중국역사 등 외국 역사에 대해서는 지나친 관심을 가지면서 우리 역사는 등한시하기 일쑤였다. 지도층에게 있어서 자기나라 역사에 대한 인식만큼 중요한 것은 없다. 특히 파란만장했던 근세 100여 년간의 우리 역사의 성공과 실패, 시행착오, 교훈 등을 알아야 시행착오를 되풀이하지 않을 수 있고 나라가 나가야 할 방향을 제대로 잡을 수 있다. 다른 나라 지도자들의 훌륭한 점을 배우고 존경하기 전에 온갖 역경을 극복하고 나라를 반석 위에 올려놓은 과거 우리 지도자들을 잘 알고 본받으려 하는 것이 마땅하다. 그런데 최근 일부 지도자들은 과거 지도자들을 깎아 내리는 데 혈안이 되면서도 우리와 전혀 다른 환경에서 나라를 이끌었던 외국 지도자들을 존경한다고 했다는 것은 아이러니가 아닐 수 없다.

역사는 결코 비판과 청산의 대상이 아니라 성찰과 교훈의 대상이다. 우리는 역사 앞에 겸허해야 하고 역사를 긍정적으로 평가해야 할 필요가 있다. 일본은 식민지배와 침략전쟁 등 역사적 과오가 많았지만 그들의 역사를 85% 정도 긍정적으로 해석하고 가르친다고 한다. 그런데 우리는 역사를 자학적으로 해석하는 경향이 있다. 특히 민주화 세력은 투쟁의지는 강했지만 역사관과 국가관이 확고하지 못했고 민주화 이후를 이끌어 갈 비전도 능력도 부족했다. 실제로 역사청산 시도는 김영삼 정부의 '역사바로세우기,' 김대중 정부의 '제2 건국,' 노무현 정부의 '과거사 청산'으로 지속적으로 이루어졌다. 과거 정권의 잘못에 초점을 맞춤으로써 자기 정권의 정당성을 높이려는 의도가 없지 않았다고 본다. '과거를 바로 세워야 미래가 바로 설 수 있다'는 명분론은 그럴 듯하지만 그 결과로 과거에 대한 불신과 국가에 대한 불만만 키워왔을 뿐이다. 세계 역사 어디에도 과거를 바로 세워 현재와 미래를 일으켰던 나라는 없다.

대한민국을 부정하는 민중주의 세력

과거의 반정부세력에는 순수한 민주화운동을 한 사람도 많았지만 대한민국 자체를 부정하는 반체제세력 또는 친북세력이 상당수 편승하고 있었다. 일부 급진 반체제세력은 라틴 아메리카의 좌파이념인 종속이론은 물론 심지어 북한의 주체사상까지 받아들여 반자본주의, 반제국주의의 논리 아래 미국이라는 '제국주의세력'에 의해 종속상태 또는 '식민지상태'에 있는 남한을 해방시키고 민중혁명을 통해 체제변화를 도모하고자 한다. 소위 민중운동이라 불리는 반체제운동은 '민중주의(民衆主義) 이념'을 신봉하고 있었는데, 그것은 민족주의, 마르크스주의, 종속이론, 주체사상, 해방신학 등 다양한 좌파이념이 혼합된 것이다.

민중주의 이념은 민족해방(national liberation)과 인민민주주의(people's democracy)라는 두 가지 논리를 기반으로 하고 있다. 민족해방 논리는 한국사회의 모든 문제는 미국의 한반도 분단에서 비롯되었다고 본다. 분단으로 인해 한국은 정치·군사·경제적으로 미국에 종속적인 존재가 되었을 뿐 아니라 미국은 한국의 권위주의 정권을 지지했고 나아가 통일의 걸림돌이 되어 왔다고 보고 있다. 그들은 분단체제가 유지되고 있는 한 우리나라는 정상국가가 될 수 없으며 따라서 통일을 이룩하는 것이 무엇보다 선행되어야 한다는 통일지상주의에 빠지게 되었다. 따라서 한국을 미국의 영향력에서 벗어나 자주적인 나라로 만들어야 통일도 이루어진다고 보기 때문에 그들은 미군 철수를 주장하는 등, 적극적인 반미투쟁을 전개했다.

민중이념의 두 번째 논리인 인민민주주의는 역대 우리 정부를 국가와 국민, 그리고 민주주의에 역행하는 정권이었다고 보고 있다. 그들은 정부를 민중의 적으로 규정하고 어떤 수단을 써서라도 타도해야 한다고 확신했다. 이를 위해 노동자, 농민, 진보적 지식인 등이 연대한 민중투쟁을 통해 지배체제를 타도하고 민중세력이 주도하는 통일국가를 세워야 한다고 믿었다. 민중이념에 의한 민주주의는 일반적으로 말하는 자유민주주의와는 근본적으로 다른 것으로서 북한체제와 유사한 것이라 볼 수 있다. 그들의 목표는 과거 야당이 추구해 온 민주화가 아니라 정치와 사회 체제를 근본적으로 바꾸는 혁명이다.

민중주의 반체제세력은 소위 수정주의(修正主義) 역사관에 입각하여 우리나라가 일제의 강점으로부터 해방된 후 분단된 상황을 '갈등이론'으로 설명하면서 그 해결 방안도 갈등이론의 틀 속에서 찾고 있다. 즉, 제국주의 세력과 반제국주의 세력, 친일세력과 반일세력, 친미와 반미 세력, 자본가와 근로자 계급, 가진 자와 못 가진 자, 그리고 민족자주 세력과 외세의존세력 간의 갈등 등, 모든 것을 갈등적 시각에서 국내문제는 물론 남북문제와 대외관계에 접근하고 있다. 그들은 갈등이론이 제기하는 명제인 반제국주의(반미), 민족해방(미군 철수), 인민민주주의 혁명(공산혁명)을 주장하고 있다. 북한에는 이미 반제국주의, 민족해방, 인민민주주의 혁명이 완수되었으나 미국의 식민지가 된 남한에서는 미국 제국주의자들과 그 앞잡이들의 방해로 그 같은 혁명이 좌절되었다는 것이다. 따라서 한반도 통일의 1단계로서 남한에서 반제국주의, 민족해방, 인민민주주의 혁명이 이루어져야 한다는 것이다. 이 같은 노선은 국가보안법 철폐, 미군 철수, 연방제 통일을 주장해온 북한의 대남적화 노선과 크게 다를 바 없다.

386주사파로 알려진 반체제세력은 1970~80년대 대학운동권 출신들로 노무현 정권의 핵심세력이었다. 그들은 2002년 대통령선거 당시 노무현 후보의 당선에 결정적으로 기여했고 이에 대한 보답으로 청와대 등 정부 요직에 대거 기용되었다. 그들은 2004년 총선거에서 열린우리당 후보로서 대거 당선되어 다수당으로서 국회를 장악했다. 행정부와 국회를 동시에 장악한 그들은 좌파이념에 따라 국정을 농단했다. 그들은 대한민국의 건국으로부터 근래에 이르기까지 우리 사회의 주류세력은 반민족적, 친일친미적, 반민주적 세력이라는 왜곡된 역사관을 가지고 있었다. 노무현 대통령 자신이 좌파이념에 충실해왔기 때문에 대한민국 건국의 정통성과 정당성을 부정하는 언동을 여러 차례 하는 등, 이러한 세력의 구심적 역할을 했다.

친북좌파세력이 주도한 과거사 청산

좌파 반체제세력은 우리 현대사를 친일 또는 친미적인 기회주의 자들이 득세하고 그들의 권력욕으로 인해 역대 정권은 부정부패에 빠졌고 또한 인권침해 등 민주주의에 역행하여 우리 현대사를 부끄럽게 만들었다고 보고 '과거사 청산'을 핵심적인 국정 과제로 삼았다. 그들은 민족정기니 사회정의니 하면서 과거의 사건들을 자기들의 이념적 잣대로 해석하여 과거 정부와 지도자들을 친일분자, 반민족주의자, 독재자 등으로 낙인찍었다. 특히 110여 년 전에 일어난 동학농민운동까지 진상을 규명하겠다고 나섰다는 것은 정상적인 사고로는 이해하기 어려운 일이다. 대한민국의 건국과 발전을 주도한 세력에 대해 이처럼 가혹한 심판을 한 것과는 대조적으로 과거 공산세력에 동조하여 대한민국에 적대 행위를 한 사람들에 대해서는 과거 정권에 의해 억울하게 죄를 뒤집어썼다고 주장했다. 그들은 열린우리당 회의에서 "해방공간 및 6·25공간에서 억울하게 빨갱이 누명을 쓰고 피해를 당한 사람이 100만 명은 될 것이라며 절대로 간과할 수 없다."고 했던 것에서 보듯이 그들의 의도가 무엇인가를 짐작하게 한다. 노무현 정권은 '과거사 청산'이라는 미명 아래 1조 원의 국민세금을 낭비해가며 대한민국의 정통성을 훼손하고 대한민국에 기여한 인사들을 역사적 죄인으로 단죄하는 한편 대한민국에 적대적 행동을 했던 사람들에 대해 '명예'를 회복하고 보상하는 조치를 취했다. 이것은 심각한 역사왜곡이었으며 그 결과로 우리 국민의 역사인식과 국가관에 심각한 혼란을 초래했다.

예를 들면, 노무현 정부는 제주4·3사건과 같은 반국가적 폭동을 독재정권의 폭압에 맞선 민중봉기라 뒤집으며 명예회복과 보상 조치를 했다. 물론, 제주4·3사건에 대한 진상규명은 김대중 정부에서 시작되었지만 노무현 대통령은 취임 직후인 2003년 3월 제주4·3사건을 민주화운동으로 규정짓고 그 해 10월 31일 정부를 대표해서 4·3사건에 대해 '국가 권력에 의해 대규모 희생'이 이뤄졌음을 인정하고 제주도민에게 공식 사과함으로써 공산세력에 의한 무장투쟁까지도 민주화운동으로 둔갑시키는 결과를 초래했다. 그 결과로 이 사건의 평정에 참여했던 군과 경찰을 사실상 양민 학살범으로 만들고 말았다. 정부는 또한 제주4·3특별법을 만들어 4·3사건 희생자들에 대해 옥석을 가리지 않고 사과를 하고 명예회복조치까지 취했으며 12만 평의 부지에 무려 1,000억 원의 국민 세금으로 제주 평화공원을 건설했다. 그러나 제주4·3사건의 발단은 남한노동당(즉 공산당) 제주도당이 주동이 되어 대한민국 건국을 위한 5·10선거를 저지하려는 무장폭동이었다.

노무현 정권에서 국가정체성을 손상시킨 대표적인 것은 민주화보상심의위원회를 통한 민주화보상 조치이다. 이 위원회는 대한민국에 적대행위를 했던 자들에 대해서도 민주화운동 유공자로 인정하여 명예회복조치와 함께 수백억 원의 보상금을 지급했다. 명예회복과 보상의 대상에 포함된 자들은 놀랍게도 간첩 전력자를 위시하여 대법원으로부터 확정판결을 받은 각종 반국가단체, 이적(利敵)단체, 김일성주의자(소위 主思派), 공산주의혁명 연루자 등이다.[14] 이 위원회는 '국가보안법 위반은 악법에 의해 국민을 탄압하는 권위주의적 통치에 항거한 것'이라며 공산주의 지하조직으로서 대법원으로부터 이적단체로 판결이 났던 남민전(南民戰) 관련자 42명도 민주화운동 유공자로 인정했다.[15] 이렇게

---

14) 김성욱, 『대한민국의 블랙리스트』(서울: 조갑제 닷 컴, 2008), 138-141면 참조.
15) 남민전(南民戰)으로 알려진 '남조선 민족해방전선 준비위원회'는 김일성·김정일에 대한 충성맹세를 하고 공산폭력혁명을 기도하다 대법원에서 반국가단체로 확정된 공산주의 지하조직이다. 남민전은 1976년 2월 조직된 뒤 재벌그룹 회장, 고위공직자 등의 집을 골라 강도 및 절도를 하고 예비군 훈련장의 총기를 탈취

된 이유는 민주화보상심의위원회 위원 다수가 친북단체에서 활동해온 반체제인사들이었기 때문이다. 예를 들면, 이 위원회 위원 중 7명은 소위 민주주의 민족통일 전국연합(전국연합) 출신이다. 전국연합은 북한의 대남적화노선에 따라 국가보안법 폐지, 주한미군 철수, 연방제 통일 실현 등을 주장해온 골수 친북단체이다.

이 보상심의위원회가 간첩활동을 했던 황인욱을 '민주화 유공자'로 인정했다는 점을 고려할 때 이 위원회가 과연 대한민국의 국가기관인가 의심이 들 정도이다. 황인욱은 1987년 서울대 재학시절 '구국학생연맹'에서 활동하다가 국가보안법 위반 혐의 등으로 징역 3년 및 자격정지 3년을 선고받은 사람이다. 구국학생연맹이란 주사파들이 만든 지하조직으로 이들은 "위수김동(위대한 수령 김일성 동지)" "친지김동(친애하는 지도자 김정일 동지)"을 외치면서 극단적인 반미 투쟁을 했을 뿐 아니라 '반미구국투쟁을 통한 반미자주화, 반파쇼 민주화, 조국통일촉진' 등을 목표로 삼았던 단체로 대법원에 의해 '국가보안법상 이적단체'로 판결된 바 있다. 황인욱은 또한 1992년, '남한조선노동당 중부지역당' 사건에 연루되어 간첩 혐의 등으로 징역 13년을 선고 받은 바 있다. 그럼에도 보상심의위원회는 간첩이나 불법적인 친북활동을 한 자들에 대해 "불법으로 정권을 장악한 전두환 정권에 항거함으로써 민주헌정질서 회복에 기여한 인사"라고 평가했던 것이다. 대한민국에 적대행위를 했거나 민주주의를 위태롭게 했던 사람들은 결코 민주화운동 유공

하는 충격적인 범죄를 저질렀다. 1979년 10월 남민전 관련자 84명이 검거되었으며 그들은 대부분은 국가보안법 및 반공법 위반으로 사형, 무기징역, 징역 15년 등 중형을 선고 받은 바 있다. 민주화보상심의위원회는 남민전의 강도행위를 "심각한 자금난에 직면한 상황에서 항거 활동을 지속하기 위한 고육지책"으로 해석했다.

자가 될 수 없는 것이다.

대한민국 정통성 훼손을 목적으로 한 친일 진상규명

과거사 청산 노력의 하나로서 가장 심각한 문제였던 것은 대한민국을 건국하고 이끌어 온 과거 지도자들을 친일인사로 낙인찍었다는 것이다. 친일진상규명위원회는 관련 법안 제정부터 위원회 출범과 활동에 이르기까지 특정이념과 편향적 역사관을 지닌 노무현 정권의 정치적 의도에 따라 무리하게 추진되었다는 비판을 받아왔다. 2005년 여름에 발족된 이 위원회는 4년 반 동안 국민세금 377억 원을 사용하여 2009년 11월 말 일본 강점 기간(1905~1945) 중 친일 반민족 행위를 한 사람들의 명단 1,005명에 대한 보고서를 작성하여 대통령에게 제출했다. 이 보고서는 나라를 팔아먹는 데 앞장섰거나 일제의 손발이 되어 동포를 수탈하고 독립운동을 탄압했던 기존의 악질 친일인사 명단에 더하여 일제 말 전시 동원 체제하에서 일제의 강압으로 학병 권유에 강제 동원되었거나 관변단체에 이름을 올렸다는 이유로 대한민국을 건국하고 지키고 이끌어 온 지도자들을 대거 친일인사로 낙인찍고 말았다.

이 명단에는 장면 총리, 김성수 부통령, 대한민국 헌법을 기초한 유진오, 조선일보 창립자 방응모, 을사늑약 당시 '시일야방성대곡(是日也放聲大哭, 오늘 목 놓아 통곡하노라)' 이란 항일 시론을 남긴 언론인 장지영, 애국가를 작곡한 안익태, 한국인 첫 천주교 서울대교구장 노기남, 고려대, 연세대, 이화여대의 설립자나 총장을 지낸 현상윤과 백낙준, 그리고 김활란, 6·25전쟁 당시 혁혁한 공로를 세웠던 백선엽 장군과 정일권 장군 등이 망라되었다. 이들은 대부분 1949년 반민족행위특별위원회의 친일 조사 피의자 명단에도 없던 사람들이다. 이 위원회는 친일명단에 포함될 인사 한 사람씩을 놓고 최종 결정하는 자리에서 위원 11명이

다수결로 판정했다. 노무현 정권이 구성한 좌파중심의 위원회가 좌파적 시각에서 친일 여부를 판정했다니 어처구니없는 일이다. 그래서 그들은 친일행적이 뚜렷한 여운형 같은 좌파인사는 명단에서 제외했던 것이다. 과연 국가기관이 나라의 역사에 대해 이처럼 무책임한 조치를 할 수 있는 것인가?

이와 동시에 노무현 정부의 관변단체라 할 수 있는 민족문제연구소 (소장 임헌영)와 친일인명사전편찬위원회(위원장 윤경로)는 정부로부터 8억 원의 지원을 받아 건국과 나라발전에 공로가 많은 인사들을 포함하여 4,389명의 인사들에 대해 친일인사로 낙인찍어 이른바 '친일인명사전'이라는 것을 2009년 11월 발간했다.[16] 여기에는 박정희 대통령도 포함되었다. 박 대통령은 친일의 책임을 묻기 어려운 계급인 만주국 중위인데도 명단에 올렸다. 조국근대화에 공로가 많은 전직 대통령을 친일인사로 매도한 것은 이승만 대통령에 대한 집요한 비난에 이어 대한민국의 정통성을 뿌리부터 허물어 보려는 시도라 할 수 있다.

일제 식민지배가 끝난 지 65년이 흐른 지금 오로지 반일 민족주의라는 잣대로 역사적 인물들을 마음대로 단죄할 수 있는 것인가? 광복 직후 친일파 청산 의지가 강렬했던 반민특위가 가려낸 친일인사가 688명, 항일독립운동 원로들의 모임인 광복회가 내놓은 친일인사 명단이 692명에 불과했다. 좌파사관에 기울어진 사람들이 주도하는 조직이 친일 여부를 심판하는 재판관처럼 행세한 것부터 근본적으로 잘못된 것이다.

---

16) 친일인명사전 발간을 주도한 민족문제연구소 임헌영 소장은 1974년 문인간첩단 사건과 1979년 남조선 민족해방전선 준비위원회(남민전) 사건으로 투옥되었던 반체제인사이다. 그는 문인간첩단사건에 연루돼 반공법 위반으로 1976년 대법원으로부터 징역 1년 집행유예 2년을 선고받았고, 이후 남민전 활동으로 대법원으로부터 5년 징역을 선고받았다.

결국 이 같은 일을 한 사람들은 친일인사들을 가려내겠다는 것이 목적이 아니라 대한민국은 친일 인사들이 주도한 나라로 낙인찍어 정통성면에서 북한보다 못하다는 좌파역사관의 확산을 노린 것이다.

현재와 미래를 위해 각국이 치열한 경쟁을 벌이고 있는 이때 과거를 뒤집어 논란을 일으켜 국력을 소진함으로써 나라 발전에 장애요인이 되었을 뿐이다. 20여 년 전 중국의 덩샤오핑은 "한국에서 배우라"고 했지만 그들이 앞으로만 달리는 동안 우리는 우왕좌왕하며 때로는 뒷걸음질쳐 이제 중국의 눈에 한국은 보이지 않을 지경이 되었다. 우리는 더 이상 대한민국의 60년을 분단과 신(新)식민지, 독재와 종속 같은 부정적 개념으로 해석하는 자학적(自虐的) 역사관에 현혹되지 않아야 한다. 우리 스스로 성공한 역사를 가꿔온 주인공이라는 자부심, 그렇기에 앞으로 더욱 성공적인 나라를 만들어갈 수 있다는 자신감을 가져야 한다.

분단의 원흉은 스탈린과 김일성

대한민국의 국가적 정통성을 부정하는 사람들이 가장 문제삼는 것은 이승만을 중심으로 한 건국 지도자들이 남북분단에 책임이 있다는 것이다. 특히 좌파 통일지상주의자들은 "남한이 미(美) 군정의 비호 아래 먼저 단독정부를 수립해 분단을 고착시켰다"는 논리로 대한민국의 건국세력에게 민족분단의 원죄가 있다며 반민족주의자로 낙인찍는다. 그러나 소련의 붕괴 이후 공개된 비밀문서들을 보면 스탈린이 먼저 북한에 단독정권을 수립할 계획을 가지고 치밀하게 추진했으며 김일성은 스탈린의 각본대로 움직였음을 알 수 있다.

실제로 북한의 정권수립 움직임은 남한보다 2년 반 정도 앞선 해방 직후부터 시작되었다.17) 스탈린은 해방 직후인 1945년 9월 20일 점령 지역에 소련에 우호적인 정권을 수립하라는 비밀지령을 내렸고 그 해 12월 25일자 소련의 비밀문서 「슈킨 보고서」는 '한반도 이북 지역에 소련의 이익을 지킬 인물들로 구성된 정권을 설립해야 한다'고 명시하고 있다. 다시 말하면, 한반도 분단은 해방 직후부터 공산세력 주도로 이루어졌다는 것이다. 스탈린의 그 같은 지령이 있기 하루 전 김일성(본명 김성주)은 북한에 입국했고 소련군은 10월 14일 평양 군중대회에서 그를 전설적인 김일성 장군으로 소개했다. 그 하루 전날 열렸던 조선공산당 북조선 분국 비밀회의에서는 김일성을 최고지도자로 내정했고 12월 17일에는 북한지역 공산당 최고지도자로 공식 발표되었다. 소련의 전신인 러시아는 만주와 한반도를 장악하기 위해 일본과 전쟁(러일전쟁, 1904~1905)을 벌였으나 패하고 말았다. 세계 강대국이었던 러시아가 동양의 이름 없는 일본이라는 나라에 패한 것은 큰 수치였기 때문에 소련은 그것을 만회할 기회를 노리고 있었다. 일본의 항복 직후인 1945년 9월 2일 스탈린은 다음과 같이 선언했다: "러일전쟁의 패배로 우리 러시아인들의 얼굴에는 패배라는 치욕의 '검은 상처'를 남겼다. 우리는 일본이 패망하여 그 상처를 치유할 날을 고대해왔다. 40년 동안 우리는 이 날을 기다렸다."18)

비밀해제된 문서에 나타난 소련의 흉계

구 소련의 비밀해제된 문서들과 북한의 단독정권 수립을 주도했

---

17) 이지수, "2차 대전과 소련의 한반도 정책," 이인호 외, 『대한민국 건국의 재인식』(서울: 기파랑, 2009), pp.55-92.

18) Juergen Kleiner, *Korea: A Century of Change* (Singapore: World Scientific, 2001), pp.53-54에서 재인용.

던 소련의 스티코프 상장(上將)의 비망록을 통해 한반도를 공산화하려던 소련의 음모가 명백히 드러나고 있다.[19] 삼팔선은 일본군 무장해제를 위한 일시적 조치였지만 소련은 북쪽에 친소정권을 세우기 위해 한반도 분단을 본격화했던 것이다. 소련은 동유럽이든, 중앙아시아든 점령지역을 공산국가로 만들지 않은 곳이 없다. 소련은 점령지역 중 15개 국가를 소련에 병합시켰고, 또한 20여 개 국을 위성국가로 만들었다. 소련군이 북한을 점령했을 당시인 1945년 8월 24일 김일성이 속했던 88여단장 중국인 저우바오중(周保中) 대좌가 소련 극동군 사령관에게 보낸 보고서에 의하면 "88정찰여단은 1942년 6월 스탈린 동지의 직접 지시에 따라 창설되었습니다. …동지들 대부분은 만주에서 빨치산운동에 참가한 지도자들입니다. (여단은) 이 지역의 군사정치 전문가들을 양성하고 있습니다." 이 문서로 판단할 때 소련은 1942년부터 극동지역에서 공산주의 위성국가를 세우기 위해 지도자를 양성했으며 김일성은 그 중의 하나였다고 본다.[20]

1945년 6월에 작성된 소련군의 대일(對日) 작전계획은 만주점령을 위한 전략지역으로 한반도 북부를 장악해야 한다고 했고 그 해 6월 29일에 작성된 소련 외무부 보고서는 한반도에 친소적인 정부를 세워야 한다고 했다. 8월 1일 작성된 소련공산당 정보국 보고서는 미국, 중국 등이 한

---

19) 『스티코프 비망록』은 중앙일보 현대사연구소가 발굴하였다. 스티코프는 1945년 4월 연해주 군관구 군사평의회 위원으로 부임하면서 김일성을 발탁한 인물이며, 미소공동위원회 소련 측 수석대표(46~47년)였다. 연해주군관구 정치담당 부사령관(47~48년)을 거쳐 북한주재 초대 소련 대사(48~51년)를 역임한 당대 최고의 북한 실권자였다. 스티코프 비망록은 1946년 8월부터 11월까지 4개월간의 일기 형식 기록으로서 박헌영을 비롯한 남북의 좌익들을 그의 뜻대로 움직였다는 것을 알 수 있다.

20) 김국후, 『평양의 소련군정』(서울: 한울아카데미, 2008), 3장 참조.

반도에 관심을 기울이고 있으므로 소련도 적극 참여해야 한다고 건의하는 등, 분명한 한반도 장악의도를 가지고 있었다. 그 해 8월 15일 발간된 소련 국제전문지 「노보예 브레미야(새로운 시대)」는 "조선은 소련의 원조를 받아야 독립국가를 세울 수 있으며 북한만은 결코 반소친미의 길로 나가서는 안 된다"고 주장하고 있다. 뒤이어 8월 23일 작성된 소련 외무부 보고서 또한 조선에서 반소적인 정치인들이 영향력을 가져서는 절대 안 되며, 조선에 반드시 친소적인 정권을 세워야 한다고 했다.[21]

소련군은 북한 점령과 동시에 일방적으로 38선을 봉쇄하는 등 처음부터 분단정책을 노골화했다. 8월 24일에 경원선을 끊었고 그 다음날 경의선마저 차단하여 남북 간 사람과 물자의 왕래를 막았다. 9월 6일에는 남북 간 전화선과 통신선마저 끊었다. 소련군은 남북 간 경제문제를 협의하자는 미군 측 제안을 번번이 묵살했다. 그 해 9월 12일 런던에서 열린 미국, 소련, 영국의 3국 외무장관 회담을 계기로 소련의 음흉한 의도는 노골화됐다. 소련 외무부가 작성한 문서를 보면 미소의 한반도 분할점령이 끝난 뒤 부산과 진해, 제주도, 인천 등 세 지역을 소련군 관할하에 둘 것과 대마도를 조선에 넘겨 줄 것을 미국에 요구하라고 했다. 그렇게 되었다면 소련은 동해는 물론 서해까지 지배하게 되어 극동 지역의 세력판도가 완전히 달라졌을지도 모른다.[22]

소련의 대일전 참전을 앞두고 미국은 소련이 한반도를 완전히 장악할까 우려했다. 모스크바 주재 미국대사 해리먼(Averell Harriman)은 트루먼 대통령에게 보낸 보고서에서 스탈린과 회담했던 중국 외교부장 송자문(宋子文)의 견해를 인용하면서 다음과 같이 언급했다. "송자문은 소련

---

21) "[광복 5년사 쟁점 재조명] 〈1부〉 ④ 소련은 야심이 없었는가," 『동아일보』, 2004년 9월 6일.
22) 같은 자료.

이 시베리아에 훈련된 한국인으로 구성된 2개 사단을 가지고 있는 것으로 알고 있습니다. 그는 소련이 이 부대들을 한반도에 남겨놓을 것이며 소련에서 훈련된 정치인들도 한반도로 데려올 것으로 믿고 있습니다. 이러한 상황에서 4개국이 신탁통치를 한다면 소련이 한반도를 좌우할 가능성이 있다고 봅니다." 트루먼이 스탈린과 회담을 위해 포츠담에 도착한 다음날인 7월 16일 미 육군 장관 스팀슨(Henry L. Stimson)은 트루먼에게 한국의 신탁통치에 관해 다음과 같이 보고했다. "본인이 가진 정보로 판단할 때 소련은 이미 1~2개의 한국인 사단의 훈련을 완료했으며 이 군사력은 한반도에서 사용될 것으로 추정됩니다. 신탁통치가 한반도에 실시되거나 되지 않는 경우에도 이 한국인 사단은 큰 영향력을 발휘하게 되어 [신탁통치 정부는] 독립된 정부가 아니라 소련지배하의 지방정부로 전락될 것입니다. 이것은 바로 극동에 옮겨놓은 폴란드 문제입니다." [23)]

2차 대전 직후 미국은 유엔결성, 소련과 협력 등으로 전쟁 없는 세계를 이룩하려 했다. 한국문제를 해결하기 위해서도 1946년과 1947년 두 차례 미소공동위원회를 개최했으나 소련 측의 부당한 주장으로 실패하고 말았다. 소련은 미소공동위원회 1차 회의 당시 신탁통치에 찬성한 정치단체만 신탁정부 구성에 참여할 수 있도록 하자고 고집했으며 그것은 곧 남한 내 우익단체를 모두 배제하겠다는 의도였다. 2차 회의 당시에는 신탁정부 구성에 참가하는 남북한 대표를 같은 숫자로 하고 남한 대표는 좌우익을 같은 비율로 하자고 주장했다. 그것은 곧 신탁통치 정부에서 공산주의자들이 4분의 3을 차지하게 하려는 것으로 사실상 공산

---

23) "[38선 획정에서 남북정상회담까지]: 통한의 38선, 소련 견제 위한 미국의 정치공작 산물," 『신동아』, 2005년 8월호, 340-353면 참조.

화를 의미하는 것이었다.

2년 반이나 앞선 북한정권의 수립

1946년 2월 발족된 북조선 임시 인민위원회는 최고의 행정권과
법령의 제정권 및 공포권 등을 가진 사실상의 정부였으며 김일성은 위원
장으로 선출되어 절대 권력자가 되었다. 그는 10개 부처로 된 정부조직
과 경찰 등 공산주의 공안기관을 설치했고 공산주의식 토지개혁 실시(3
월 5일), 20개 정강(政綱) 발표(3월 23일), 중앙은행 설립과 화폐발행(7월
1일), 주요산업 국유화(8월 10일) 등, 독립된 정부만이 할 수 있는 정책들
을 연달아 강행했다.24) 이 과정에서 토지나 사업체를 빼앗긴 사람들,
친일파로 지탄받는 사람들, 기독교인과 지식인 등 100여만 명이 살길을
찾아 남으로 내려왔다. 이를 두고 친북좌파세력은 김일성이 친일파를
청산했다고 하지만 교육수준이 높고 재산을 가진 사람들은 친일행적을
한 경우도 많았기 때문에 공산화정책에 따라 숙청된 것이며 친일파 뿐
아니라 공산주의에 걸림돌이 되는 사람은 모두 제거했던 것이다. 김일성
은 공산당 조직에도 박차를 가하여 그 해 8월 공산당과 신민당을 통합하
여 조선노동당을 창당했고 그 핵심당원만도 17만에 이르렀다.

그 해 11월에는 흑백함 선거를 통해 대의원 237명을 뽑아 인민회의
(국회에 해당)를 구성하고 다음 해 2월 1차 회의를 열어 김일성을 위원장
으로 하는 인민위원회(위원 22명)를 발족시킴으로써 북쪽의 단독정부 수
립이 사실상 완료되었다. 같은 시기에 경찰 또는 철도보안대라는 명목

---

24) Andrei Lankov, *From Stalin to Kim Il Sung: The Formation of North Korea,
1945-1960* (New Brunswick, NJ: Rutgers University Press, 2002) 그리고
Charles K. Armstrong, *The North Korean Revolution, 1945-1950* (Ithaca:
Cornell University Press, 2003), chapter 2 참조.

으로 인민군이 창설되었으며 소련에 있던 2개 사단의 한인부대를 들여와 인민군은 급속히 증강되어, 1948년 초 인민군 창설을 공식 발표했을 당시 북한의 군사력은 15만에 달했다. 이에 비해 당시 남한의 국방경비대는 3만 명도 못되었으며 민병대 수준에 불과했다. 그래서 김일성 집단은 이미 1947년에 남침계획을 세웠던 것으로 알려지고 있다.

국가건설에서 가장 중요한 절차는 헌법제정이다. 대한민국의 헌법 제정은 1948년 5월 중순에 시작되어 7월에 마쳤으나, 북한의 헌법 제정은 그보다 6개월 앞선 1947년 11월 시작되어 1948년 2월에 완성되어 김구가 남북협상을 위해 평양을 방문했을 당시인 4월 24일 스탈린의 승인을 받았으며, 그 헌법은 4월 28일 북조선 인민회의에서 공식 채택되었다. 그 날은 김구 일행이 아직도 평양에 머무르고 있을 때였다. 이처럼 소련은 처음부터 북한에 김일성 중심의 공산정권 수립이라는 각본대로 추진하여왔고 1948년 초에는 국가로서 갖추어야 할 모든 것을 완비한 상태였다.

이와 대조적으로 미국은 소련과 협의하여 한반도에 신탁통치 정부를 세우려 했으며 신탁통치를 반대하는 이승만, 김구 등을 제치고 여운형, 김규식 등 중도파를 내세우기도 했다. 또한 신탁통치 정부구성을 위한 미소공동위원회가 실패로 끝나자 미국은 1947년 9월 한국문제를 유엔에 넘기고 말았던 것이다. 김일성은 모든 자산을 국유화하고 공산주의식 철권통치로 2년 반 동안 통치기반을 튼튼히 다질 수 있었지만, 그 기간 중 미국은 우왕좌왕하며 허송세월함으로써 이승만은 아무런 정치적·행정적 기반 없이 그야말로 맨손으로 나라를 이끌어가게 되었다. 요컨대, 남북분단의 원흉은 소련과 김일성집단이며 비난받아야 할 대상은 김일성집단과 소련이지 우리의 건국 지도자들이 아니라는 점이다.

공산세력에게 이용당한 김구

　대한민국의 정통성을 부정하는 세력들은 이승만을 민족분단의 원흉으로 매도하는 동시에 김구를 분단을 막으려 한 영웅으로 떠받든다. 김구는 통일정부 수립을 위한 협상을 위해 평양을 방문함으로써 진보세력의 영웅이 되어 왔다. 김영삼, 김대중, 노무현은 물론 야당 지도자들이 자주 찾는 곳이 효창공원에 있는 백범기념관이다. 이승만은 과연 그렇게 비난받아야 하고 김구는 칭송받아야 하는가?

　건국을 위한 5·10선거를 불과 3주 앞둔 1948년 4월 19일 김구는 남북협상을 한다며 북행길에 올랐다. 그날 그가 살던 경교장 일대는 그의 북행을 저지하려는 시위 때문에 대혼란이 벌어졌다. 그는 "가야만 해. 38선을 배고 죽을망정 가야 돼!"라고 외치며 떠났다. 그러나 김규식은 공산주의자들을 믿을 수 없었는지 몇 가지 요구조건을 김구 편에 전달했고 그 조건이 받아들여진 후인 4월 21일 평양으로 떠났다. 평양에서는 김구 일행이 도착하기도 전인 4월 19일 모란봉극장에서 소위 "남북정당사회단체 연석회의"가 열렸다. 김일성, 박헌영 등은 북측의 건설업적을 자랑하며 남측의 인민탄압을 비난하고 미국이 남한을 식민지로 만들 음모를 꾸미고 있으므로 남한의 5·10선거를 저지하여 조국을 구해야 한다고 주장했다.

　김구는 4월 22일 김일성을 따라 연석회의가 열리는 모란봉극장으로 갔으나 김규식은 일체 공식행사에 참가하지 않았다. 김구가 모란봉극장에 들어섰을 때 우뢰 같은 박수가 쏟아졌으며 이에 고무된 김구는 "조국이 없으면 민족이 없고, 민족이 없으면 무슨 당, 무슨 주의, 무슨 단체가 존재할 수 있겠습니까"라며 남한에서 실시될 5·10선거를 저지해야 한다고 호소했다. 그러나 공산주의자들에게 이념이 우선이지 조국이나 민족은 결코 관심사가 아니었다. 그런데 이 '연석회의'는 토론이 허용되지 않았다. 지명된 대표자들이 나와 준비된 천편일률적인 내용, 예를 들면, "이승만은 악한이다", "단독선거에 반대하라", "미국은 남조선의 식민지화 음모를 꾸미고 있다" 등의 내용을 되풀이했다. 회의가 아니라 공산당 궐기대회였다. 이 연석회의는 남한의 정치정세를 비난하는 결의안, 한반도 인민들에게 남한 선거 저지 투쟁을 호소하는 결의안, 그리고 한반도에서 외국군 철수를 주장하는 결의안을 채택하고 4월 23일에 끝났다.

김구와 김규식은 그 후 일주일 동안 김일성, 김두봉과 회담을 했지만 진전이 있을 리 없었다. 평양으로부터의 초대에 정치생명을 걸었던 김구와 김규식은 남한의 선거를 비난하는 결의안 이상의 중요한 성과를 얻지 못했다. 김구의 지나친 민족주의 정서가 정치적 판단을 흐리게 했던 것이다. 김규식은 평양까지 갔지만 비교적 조심스럽게 처신했고 돌아와서도 5·10선거를 적극적으로 반대하지 않았지만 김구는 끝까지 반대했다.

남한정부 구성을 무력화시키려는 공산 측 계략

당시 김구 일행과 함께 평양에 갔던 조만제는 중앙일보와의 인터뷰에서 그때를 다음과 같이 회고했다. "이승만, 김구, 김규식은 모두 손해를 봤고, 김일성만 모양새가 좋아졌어. 협상을 하러 간 우리의 동기는 순수했지만 냉정하게 계산하고 임했던 북한에 우리가 이용당한 거요. …모란봉극장에서 열린 연석회의는 자기네들의 공개적인 인민위원회야. 자기네 전국 대표들을 다 모아놓고 우리는 방청객으로 가만 앉아 있었어. 한 사람씩 의안을 내놓고 김일성이 박수치면 모두 따라 박수치고 하는 식이었어. 김구와 조소앙 선생이 단상에 앉아 있었지만 아무

런 발언권도 주지 않았어." 25)

김일성이 김구 등을 평양으로 초청한 것은 스탈린의 지령에 의한 것이다. 그들은 남한의 선거를 방해하여 대한민국 건국을 무산시키려 했던 것이지 통일정부 수립을 협의하려 한 것이 아니었다. 당시 김일성집단은 그같이 유리한 조건을 누리고 있었는데 협상을 통해 통일정부를 세우려 할 이유가 없었다고 본다. 그럼에도 김구의 평양행이 구국의 결단으로 칭송되고 있으니 불가사의한 일이 아닐 수 없다. 김일성은 김구를 평양으로 초청하여 이승만과 김구를 중심으로 한 남한의 보수세력을 분열시켜 5·10선거를 저지하고 궁극적으로 남한을 공산화하려 했던 것이다. 이를 위해 김일성은 측근인 거물간첩 성시백을 김구, 김규식 등에게 접근시켜 남북회담을 제의하여 유인했던 것이다.

그런데 김구는 평양 방문에서 북한 군사력에 위압당했던 것이 틀림없다. 1948년 7월 11일 남한에서 정부 수립을 위한 헌법제정에 분주할 당시 중국의 장제스(蔣介石) 총통은 유엔한국위원회 중국대표로 서울에 있던 유어만(劉馭萬) 공사(公使)를 김구에게 보내 대한민국 정부수립을 위해 이승만과 협력할 것을 간곡히 요청했다. 이 자리에서 김구는 자신은 남한정부에 참여할 생각이 전혀 없다고 말하고, "내가 (평양) 요인회담에 갔던 동기의 하나는 북쪽의 실상을 파악하기 위한 것이지요. 공산주의자들이 향후 3년간 붉은 군대의 확장을 중지한다 해도 남한이 전력(全力)을 다해도 현재의 붉은 군대를 상대할만한 군대를 만들기는 거의 불가능할 것입니다. 소련은 쉽게 남쪽을 급습할 수 있게 할 것입니다."라고 말했다. 김일성은 김구 일행에게 인민군의 위력을 과시했던 것이 틀

---

25) "단상 위 김구·조소앙 발언권 안줘 김일성이 박수치면 다들 따라치고…," 『중앙일보』, 2008년 7월 18일.

림없다.[26)]

　공산세력은 결코 이념이 다른 세력과 공존하거나 타협하지 않는다는 것이 분명한 역사적 사실이다. 그들의 목표는 완전한 공산화뿐이다. 평양으로 간 김구의 의도는 순수했을지 모르지만 결국 공산주의자들의 음흉한 술책에 말려든 결과가 되고 말았다. 김구는 훌륭한 이상주의자였을지 모르지만 이념에는 색맹이었고 따라서 현실을 냉철히 판단할 지성이 부족했다. 김구 일행은 나쁜 상황을 피하려다가 최악의 상황을 초래하고 말았다고 본다.

생존 가능성이 희박했던 대한민국

　헌법을 제정하고 선거를 통해 정부를 구성했다고 나라가 제대로 굴러가는 것이 아니다. 건국 당시 우리나라는 안보는 말할 것도 없었고 경제적으로도 생존가능성이 희박했다. 일본의 압제에서 벗어난 반작용으로 큰 혼란이 올 수밖에 없었지만 남북분단과 좌우 이념대립까지 겹쳐 혼란의 극치였다. 미군정도 속수무책이어서 사태만 악화시키다가 조기에 철수하려고 대한민국 정부수립을 위한 선거를 서둘렀던 것이다.

　당시 경제는 완전 파탄지경이었다. 일본 강점하에서 일본은 한반도 경제를 일본에 철저히 종속시켰다. 남한지역은 일본을 위한 쌀 생산지로, 북한지역은 풍부한 지하자원을 바탕으로 일본과 만주국을 위한 공

---

26) 유엔한국위원회 중국대표인 유어만 공사는 1948년 7월 11일 오전 11시 김구를 자택으로 방문, 한 시간 넘게 이야기를 나눴다. 유어만 공사는 대화의 내용을 영문으로 요약하여 국회의장 이승만에게 전달하였다. 이 문서는 이화장에 보관되어 있다.

업지대로 만들었다. 해방과 더불어 남북분단이 되면서 남한경제는 북한 지역의 풍부한 자원과 막대한 공업시설, 그리고 에너지자원인 전력과 석탄으로부터 단절되었다. 북한은 한반도 공업시설의 75%, 전체 공업 생산의 70%, 전력생산의 96%를 차지하고 있었다. 북쪽에서 전기 공급을 중단하자 남한의 모든 생산시설이 멈춰 섰고, 북쪽에서 비료공급을 중단하자 남한의 식량생산도 크게 줄어들었으며, 북쪽에서 석탄 공급을 중단하자 기차도 움직이지 못하는 등 운송수단이 사실상 마비되었다.

남한경제는 또한 일본경제로부터 완전히 단절되면서 빈사상태에 빠졌다. 식민지 조선의 무역은 일본에 전적으로 의존(80~90%)되어 있었기 때문에 일본과의 무역 단절은 부품과 원료 공급의 중단은 물론 수출시장의 대부분을 상실하게 했다. 해방 후 남한의 무역규모는 미국원조를 제외하면 해방 전 수준의 1%도 못되었다. 더구나 일본통치 기간 중 한반도 산업자본의 90%가 일본인 소유였고 숙련노동자의 80%가 일본인들이었다. 그런데 그들이 떠나고 나서 산업자본은 물론 기술자와 관리자가 별로 없어 대다수 산업시설은 폐허로 변하고 말았다. 또한 식민정부는 일본의 항복 전 2~3개월 동안 화폐를 남발하여 물가를 20~30배 폭등시켰기 때문에 인플레도 심각했다.

식량이나 물자가 태부족인데도 남한 인구는 북한의 두 배에 달했다. 해방과 더불어 일본 등 해외에서 귀국한 사람들과 공산탄압으로부터 탈출한 북한 피난민 등, 주거지와 직장이 없는 300여 만의 사람들이 떠돌아다니며 살아남으려고 발버둥치고 있었다. 1천만 명의 노동인력 가운데 절반밖에 직장을 갖지 못했고 물가는 하루가 다르게 뛰어 올랐다. 그래서 미군정은 미군 철수 후 2개월도 못 돼 한국은 "소달구지 경제"로 전락할 것이며 9백만의 도시 주민들은 극심한 굶주림에 빠질 것이고, 미국으로부터 에너지 공급이 중단되면 10일 내에 모든 교통수단이 마비

될 것이라 했다.

이처럼 어려운 경제형편으로 사회는 극심한 혼란에 빠져 "불씨를 갖다 대면 곧 터질 것 같은 폭발물"에 비유되기도 했다. 공산분자들은 이같은 혼란을 공산혁명의 기회로 삼고자 했다. 그들은 원래 남한지역에서 막강한 세력을 자랑하고 있었으며 해방 후 혼란을 틈타 더욱 강화되었다. 김일성집단은 일찍부터 남한 공산화를 위해 수단방법을 가리지않았다. 그들은 1946년 10월 대구 좌익폭동을 위시하여, 제주4·3사건, 여순 군사반란사건 등을 조종하고 자금과 물자를 지원했다는 것이 북한주둔 소련군 실력자 스티코프의 일기를 통해 밝혀졌다. 공산세력은 해방 후 혼란을 틈타 비밀조직과 일사불란한 통제체제, 그리고 선전선동등으로 세력을 급속히 강화(1947년 남로당 당원 37만)할 수 있었고 군대와 정부 등 요소요소에 침투했으며 파업, 시위, 무장봉기 등 사회혼란을주도했다. 그들이 얼마나 강력했던가는 1946년 10월 1일 좌익주도로일어난 대구 폭동에서 짐작할 수 있다. 이 폭동은 4개도 46개 군으로확산되어 경찰서 등 공공건물을 닥치는 대로 불태우고 경찰관 등 공무원과 우익인사들을 무차별 살해했던 것이다.

최악의 여건에서 출범한 대한민국 정부

유엔이 한반도에서 자유선거를 결의하자 공산세력은 대한민국 정부 수립 자체를 저지하고자 모든 수단을 동원했다. 5·10선거를 앞두고남로당은 총파업은 물론 전국 도처에서 경찰서 공격, 경찰관 및 우익인사 살해, 무력시위, 교통통신 시설 파괴 등으로 극도의 혼란을 조성했다. 그 연장선상에서 제주4·3사건이 일어났다. 당시 제주는 좌익세력의 준동이 심한 지역 중의 하나였다. 일본군이 남긴 무기와 탄약으로무장한 좌익게릴라들은 한라산 일대에서 막강한 근거지를 구축했다. 그들은 4월 3일 도내 24개의 경찰지서 중 절반에 해당하는 지서와 다른 공공기관을 기습 공격했다. 게릴라 500여 명, 동조자 3천여 명과 부락민까지 합류하여 쉽사리 군경을 압도했다. 첫 번째 공격에서만 30여 명의 경찰관과 우익인사가 살해당했다. 이로 인해 제주의 5·10선거는 불발로 끝났으며 제주도는 1년이 지나도록 평정되지 못했다.[27]

이승만 정부는 여수 주둔 14연대에게 제주4·3사건을 토벌하러 가라고 명령을 내렸지만 좌익분자들이 장악한 14연대는 10월 19일 반란을 일으켜 장교 20여 명을 살해하고 나머지는 감금했다. 2천여 명으로 추산되는 반란군은 인근지역 좌익세력의 지원을 받아 여수, 순천, 광양, 보성, 구례 등 인접지역을 점령하여 태극기를 내리고 인민공화국기를 게양했다. 그들은 "인민군이 38선을 돌파했으며 우리들은 인민해방군으로서 남진 중인 인민군과 만나 이승만 정부를 분쇄해야 한다"고 선동했고 인민재판소를 설치하여 경찰관, 군인, 공무원 등 500여 명과 그 가족 및 우익인사 등 1천여 명을 살해했다.

정부 수립 2개월 만에 일어난 이 같은 대규모 군사반란은 나라를 뿌리째 뒤흔드는 중대한 사건이었다. 정부는 반란군 진압을 위해 광주 주둔 4연대에게 출동 명령을 내렸지만 연대장 막사에 폭발물이 터지고 4연대의 2개 중대가 반군에 합류하는 어처구니없는 일이 일어났다. 최후의 보루로 여겼던 군대도 믿을 수 없을 정도로 사태가 심각했다. 공산세력은 1949년 6월로 예정된 미군 철수를 남한 공산화의 기회로 보고 남한 내 주요 산악지역에 무장 게릴라를 조직했고 이들을 지원하기 위해 북한 공산집단은 1949년 한 해 동안 2천여 명의 훈련된 게릴라를 남파

---

27) 제주4·3사건의 자세한 내용에 대해서는 존 메릴(John Merrill) 지음, 이종찬·김충남 공역, 『한국전쟁의 기원과 진실』(서울: 두산동아, 2004) 참조.

했다. 경상남도에서는 1천여 명의 게릴라부대 창설 계획이 발각되기도 했다. 그리하여 주요 산간지방은 낮에는 대한민국이었지만 밤이면 인민공화국으로 둔갑했다. 미군이 철수하면 공산세력이 남한을 장악하게 될 것이라는 우려가 팽배했다.[28]

그럼에도 이승만 정부는 신속 과감한 조치로 반란군 소탕에 성공했고 4백여 명의 반란자들과 동조자들은 지리산으로 들어가 게릴라가 되었다. 정부는 또한 국가보안법을 제정하여 공산당을 불법으로 규정하고 좌익분자들을 대대적으로 검거했으며 약 5천 명의 장교와 하사관을 숙청함으로써 군내부의 좌익분자도 뿌리 뽑았다. 이를 극복하는 과정에서 무고한 희생이 없지 않았지만 정부의 단호한 대응으로 공산화 위기를 극복할 수 있었다. 중국, 베트남, 라오스, 캄보디아 등 아시아 국가들이 연이어 공산화되었지만 분단으로 더욱 어려운 여건에 있던 한국이 공산화되지 않은 것은 기적이라 아니할 수 없다.

국가정통성마저 부정했던 현대사 교육

역사교육만큼 중요한 것은 없다. 그런데 정권차원에서 현대사 왜곡이 이루어져 왔고 또한 학교에서 현대사 교육이 외면당하고 있는 현실에서 살아 온 젊은이들의 역사지식이나 국가관이 수준 이하라는 것은 놀랄 일이 아니다. 우리 현대사에서 6·25전쟁만큼 엄청나고 비극적인 사건이 없으며 이로 인한 여파는 60년이 된 지금도 계속되고 있다. 6·25전쟁으로 국군 31만여 명이 전사하거나 부상당했고, 남한에서만 100여만

---

28) 같은 책 참조.

명의 민간인 사망자와 행방불명자가 발생하는 피해를 입었다. 전쟁으로 모든 것이 파괴된 우리나라는 지옥을 방불케 했다. 어떤 나라라도 이 같은 엄청난 피해를 당한 전쟁이 있었다면 1~2백년이 지나더라도 대대손손 기억하면서 희생자들을 추모하고 다시는 그런 비극이 재발하지 않도록 교훈으로 삼는 것이 당연한 일이다. 그러나 어찌 된 일인지 우리나라는 그 같은 엄청난 비극이 있은 지 60년밖에 지나지 않았지만 상당수 국민이 그 전쟁을 언제 누가 일으켰는지도 모르고 있는 실정이다.

행정안전부가 2008년 4월 실시한 여론조사에 따르면, 응답자의 36.9%가 6·25전쟁이 언제 일어났는지 모른다고 답했으며 그 중에도 20대는 56.6%가 "모른다"고 했다. 한 대학교수는 신문 칼럼에 "시험에 6·25가 남침인지, 북침인지 물었더니 절반 가까운 대학생들이 북침이라고 대답했다"고 썼다. 20대라면 그 할아버지들이 참전한 세대다. 할아버지가 총을 맞고 전우를 잃은 이 전쟁을 손자와 손녀들이 언제 일어났는지도 모르고 있는 것이 우리의 현실이다. 전쟁이 언제 일어났는지를 모르는 정도가 아니라 심지어는 이 전쟁을 누가 일으켰는지도 모른다.

이 같은 현상은 친북좌파세력이 6·25전쟁에 대해 그릇된 주장을 되풀이했고, 정부는 잘못된 역사교과서를 출판하게 했고, 학교에서는 전교조에 소속된 일부 교사들이 왜곡된 역사를 가르쳤기 때문이다. 6·25전쟁을 남침이 아니라 북침이라고 거꾸로 뒤집으려는 시도는 지금도 수많은 교실에서 진행 중이라고 봐야 한다. 이대로 가면 6·25를 누가 일으켰고, 그 고통이 어떠했는지 대다수 국민이 사실과 반대되는 내용으로 알고 있게 될지도 모른다. 그리고 이미 국제적으로 잊혀진 전쟁이 돼가고 있는 6·25가 피해당사국인 우리나라에서조차 잊혀진 전쟁이 되고 있는지도 모른다. 그러나 따져보면 이건 젊은이들만의 잘못이 아니다. 젊은 세대가 현대사에 대해 제대로 배운 적도 없고 배운 것이 있다면 왜곡된 내용뿐이었기 때문이다.

우리 사회의 일부 세력은 김정일 정권이 2백만 내외의 북한인민을 굶어 죽게 했고, 적어도 20~30만을 집단수용소에 가두어 짐승처럼 취급하고 있으면서, 핵무기와 미사일을 만들어 우리나라와 다른 나라들을 위협하고 있음에도 북한정권에 대한 비판을 삼가고 있다. 그러면서 그들은 온갖 도전과 어려움을 극복하고 풍요롭고 자유로운 나라를 건설하는 데 탁월한 리더십을 발휘했던 이승만과 박정희 대통령에 대해 온갖 비난을 퍼붓는 데 열을 올리고 있다. 특히 전교조 교사들은 입시교육에 밀려 역사교육이 뒷전으로 밀려난 가운데 어린 학생들의 텅 빈 머리에 잘못되고 왜곡된 역사교육과 이념교육으로 청소년들을 사상적으로 오염시켜 왔으며 지금도 계속하고 있다.

대한민국을 폄하하는 현대사 교육

김대중과 노무현 정부하에서 채택된 중·고등학교 현대사 교과서들은 대내적으로 감상적 민족주의와 대외적으로 좌파적 수정주의(修正主義) 역사관에 의해 크게 왜곡된 내용을 버젓이 담고 있었다. 그 같은 역사관은 상당히 뿌리 깊지만 그것이 정부의 공식 입장이 되면서 걷잡을 수 없이 확산되었다. 특히 문제가 된 것은 그것이 통상적인 좌파적 시각을 넘어 친북(親北) 주체사상에 가까울 정도로 심각한 지경에 이르렀다는 점이다. 한국의 국사학은 한국 현대사, 즉, 대한민국 역사를 거의 방치하다시피 했고 그 결과로 좌파 수정주의 논리가 확산되는 데 거의 무방비상태였다.

이들 왜곡된 교과서는 대한민국은 태어나서는 안 될 나라이며 또한 우리의 현대사는 분단, 독재, 부패로 얼룩진 부끄러운 역사라고 기록하고 있었다. 더구나 일부의 급진적인 전교조 교사들은 대한민국의 정통성을 조직적으로 부정하는 등, 현대사를 오도하는 데 앞장섰다. 그들은 "멀쩡한 나라를 미국과 친일파 기회주의자들이 분단시켰다. 남한은 미국의 식민지 종속국이고 북한은 민족자주의 국가다"라고 하는 등, 현대사를 왜곡하여 어린 학생들을 세뇌시켰지만 정부는 이를 방관했다. 학생들에게 나라에 대한 자부심을 길러주는 것이 아니라 잘못된 나라에 살고 있다는 수치심이 들게 한 것이다. 그들은 미국에 대해서도 한반도를 분단시키고 한국의 역대 권위주의 정부를 지원하는 등, 미국의 역할을 부정일변도로 해석하면서 세습 독재체제인 북한에 대해서는 오히려 미화하는 교육을 했다. 한 대학생 웹진이 실시한 설문조사에 의하면, 대한민국 건국을 "미군정에 의한 불완전한 건국"이며 "남한만의 단독정권으로 분단이 고착된 계기"라 보는 학생이 70퍼센트에 달했다고 한다.[29]

유엔은 대한민국 정부를 한반도의 유일한 합법정부로 인정하였고 또한 우리나라는 세계가 경탄할 만큼 놀라운 국가발전을 이룩했음에도 불구하고 좌파학자들이 집필한 현대사 교과서들은 대한민국에 대해 부정적인 서술로 일관하고 있다. 자신들이 태어나 살고 있는 나라를 잘못된 나라로 매도하면서 북한에 대해서는 호의적 또는 적어도 중립적으로 보고 있는 것이다. 그래서 이러한 교과서들을 '반한(反韓) 친북 교과서'라 부르기도 한다.[30] 현대사 교육의 문제점을 시정하기 위한 활동을 해 온 교과서포럼의 보고서는 전국 고등학교 절반 이상에서 교재로 사용되고 있는 금성출판사의 근·현대사 교과서는 북한 교과서 내용을 그대로 인용하고 있을 뿐 아니라 대한민국 건국의 정당성을 부정하고, 6·25전쟁의 발발 원인이나 미국을 보는 시각이 북한 교과서와 거의 일치하고 있

---

29) 류근일, "교육부 편수팀을 교체하라," 『조선일보』, 2008년 8월 18일.
30) "사설: 역사인식의 지평 넓힐 뉴라이트 대안교과서," 『동아일보』, 2008년 3월 24일.

다고 분석하고 있다. 즉, 이 교과서는 1945년 이후의 미국을 제국주의 국가로, 1948년 이후의 대한민국을 미국에 종속된 국가로 간주했으며, 지난 60년간 대한민국이 성취한 경제발전과 민주주의에 대해 제대로 평가하지 않고 있다고 지적했다.[31]

금성출판사 교과서는 전체 346쪽 중에서 1953년 휴전 이후의 역사에 대한 내용이 단지 58쪽(16.8%)에 불과하고, 건국과 전쟁 등 대한민국의 기초를 구축했던 제1공화국에 대해서는 겨우 8쪽에 걸쳐 서술하고 있을 뿐이고 그것도 4·19혁명이 5쪽이나 차지하는 등, 내용 구성에 커다란 문제점을 지니고 있다. 이 교과서는 박정희 정권에 대해 "반공을 국시로 내걸고 경제개발과 사회안정을 내세웠다…. 그러나 이런 정책은 군사정변을 합리화하기 위한 것으로 흐지부지 끝나거나 제대로 성과를 거두지 못했다"고 썼다. 교과서포럼은 현대사에 대한 이 같은 왜곡은 "교과서를 지배하는 역사관이 반(反)제국주의 제3세계 혁명론에 입각해 있기 때문"이라고 지적하고 "그렇기 때문에 대한민국을 세운 건국세력은 소수의 친미·친일 반민족세력이며, 이들에 의해 장기집권과 부정부패의 역사가 이어졌다는 그릇된 역사관이 현대사 교과서를 관통하고 있다"고 비판했다.[32]

이 교과서는 해방 직후 미국의 역할에 대해서도 부정적으로 기술하고 있다. 즉 "연합군이 승리한 결과로 광복이 이루어진 것은 우리 민족 스스로 원하는 방향으로 새로운 국가를 건설하는 데 장애가 되었다(253쪽). … 일장기 대신 올라간 것은 태극기가 아니었다. 일장기가 걸려 있

---

31) "중·고등학교 교과서 내 한국 근대사 서술의 허구와 진실," 교과서포럼 제4차 심포지엄 발표문(2005.12.15) 참조.
32) "좌편향 교과서 바로잡기 확산," 『조선일보』, 2008년 9월 12일; "자랑스러운 대한민국 역사 아닌 치욕의 역사 배워," 『조선일보』, 2008년 10월 7일.

던 그 자리에 펄럭이는 것은 이제 성조기였다(256쪽)"고 하여 연합국(미국)에 의한 해방이 우리 민족에게 장애를 초래했다는 것이다. 즉, 일장기와 성조기를 같은 위치에 두어 일본 대신 미국이 제국주의 국가로 남한을 점령했다고 암시한다. 교과서는 반미의식도 교묘하게 조장하고 있다. 즉, 19세기 말 프랑스 함대가 지나간 길은 '진로(進路)'라 했지만, 비슷한 신미양요 당시 미국 함대가 지나간 길은 '침입로'라고 했다.

이 교과서는 남한이 분단국가의 수립을 선도했다고 주장하면서 구체적인 근거로 제1차 미소공동위원회가 아무런 성과 없이 끝난 후 이승만의 단독정부 수립 제안과 제2차 미소공동위원회의 결렬 이후 미국이 한국문제를 유엔에 회부한 것을 들고 있다. 이어서 대한민국 정부 수립과 대한민국에 대한 유엔총회의 승인은 "통일 민족국가 수립이 실패로 돌아갔음을 뜻한다"고 주장하는 동시에 김구(金九), 김규식(金奎植) 등의 이른바 '남북협상'을 분단을 막고자 했던 의미 있는 노력으로 높이 평가하고 있다. 이처럼 대한민국 정부 수립을 부정적 시각에서만 평가하는 것은 근본적으로 잘못된 역사관 때문이라고 본다. 남한 내 정부 수립을 위한 이승만의 제안은 북한에 이미 공산정권이 자리 잡고 있었을 뿐아니라 그들이 남한까지 공산화하려고 광분하는 상황에서 공산화를 방지하려는 불가피한 대응책이기도 했다. 오늘날 김일성과 그 뒤를 이은 김정일 통치하의 북한의 참상을 고려할 때 이승만을 위시한 건국지도자들의 민주공화국 수립은 선경지명이 있었던 것으로 높이 평가되어야 한다.

또한 대부분의 교과서들은 이승만 정부의 최대의 역사적 과오로 친일파를 청산하지 못한 것을 들고 있다. 금성출판사 교과서는 반민족행위특별조사위원회(반민특위, 反民特委) 활동이 좌절되면서 "민족정신에 토대를 둔 새로운 나라의 출발은 수포로 돌아갔다"고 주장하며, 이를 프랑스의 나치 협력자 숙청과 비교하고 있다. 반민특위 활동이 기대한 만큼

성과를 거두지 못한 것은 사실이지만 그것이 국가정통성을 훼손할 만큼 결정적인 것은 아니었다고 본다. 신생 대한민국 정부는 나라를 이끌어가기 위해 상당한 인적 자원이 필요했지만 일제에 협력한 사람들을 제외하고 쓸만한 인재가 별로 없었기 때문에 친일인사라고 해서 무조건 숙청할 처지가 못 되었다. 또한 당시 제주4·3사건, 여수·순천 군사반란사건, 전국적인 공산 게릴라 활동 등, 심각한 공산화 위협에 직면하여 일제강점기의 경험을 가진 군인과 경찰을 제외하고는 공산세력의 도전을 감당할 수도 없었고, 또한 경찰과 군대를 육성할 수 있는 시간적 여유도 예산도 없었다. 다시 말하면, 공산도전에 살아남느냐 아니냐 하는 생존의 문제가 친일분자의 청산보다 시급했던 것이 당시의 절실한 상황이었던 것이다.

건국과 호국, 그리고 산업화를 도외시한 좌파적 역사관

좌파세력은 이승만 대통령이 친일인사들을 비호했다고 비난하고 있지만 이승만은 독립운동을 통해서 시종일관 일본 식민통치에 저항했다. 대한민국 건국 후에도 평화선을 선포하고 이 선을 침범한 수백 척의 일본 어선을 나포하게 하는 등, 강경하고 일관된 반일정책을 폈던 것이다. 김일성은 친일파를 숙청한 것은 사실이지만 사실은 공산주의를 적극 지지하지 않은 모든 세력을 숙청했던 것이다. 그러면서도 공산주의에 협조적인 친일인사들은 요소요소에 활용했다.

대다수 신생국에서 인재난 때문에 식민지시대 경험자들을 활용했다는 것을 고려할 때 이승만 정부의 그 같은 정책은 충분히 납득될 수 있는 것이다. 또한 대한민국 정부 수립으로부터 6·25전쟁 발발까지의 역사를 기술하는 데 있어 다른 중요한 문제들은 제쳐 놓고 친일파 청산 문제에만 초점을 맞추는 것은 의도적인 역사왜곡이 아닐 수 없다. 더구나 한 세대가 넘는 오랜 기간에 걸쳐 형성된 일제 잔재를 청산하는 문제와 불과 몇 년간의 나치 점령하에서 나치에 협력했던 자들을 청산한 것을 같은 잣대로 비교할 수는 없는 일이다. 민족주의라는 이상론에서 보면 친일파를 청산하지 못한 것이 문제될 수 있지만, 신생 대한민국의 생존이 위협받고 있던 현실을 고려할 때 충분히 이해될 수 있는 일이다.

6·25전쟁은 누가 어떻게 일으켰느냐에 대해 교과서들의 대부분은 모호한 입장을 취하고 있다. 특히 금성출판사 교과서는 전쟁의 발발에 대해 한반도 차원에서는 남한과 북한, 그리고 국제적 차원에서는 미국과 소련이 모두 책임 있는 것처럼 기술함으로써 전쟁을 일으킨 김일성에게 면죄부(免罪符)를 주려 하고 있다. 또한 6·25전쟁을 당시 남북 사이에 빈발하던 무력 충돌의 연장선상에서 일어난 것으로 해석함으로써 이 전쟁을 내전으로 보는 좌파 수정주의 역사관을 답습하고 있다. 전쟁의 영향에 대해서도 남북한 쌍방이 입은 피해를 강조함으로써 결과적으로 외세에 의해 우리 민족만 피해를 입었다는 반외세 자주노선을 부각시키고 있으며, 그 결과 6·25전쟁에서 우리가 자유민주주의를 수호했다는 문명사적 측면은 외면되고 있다.

이승만 대통령은 건국과 6·25전쟁 중 탁월한 리더십을 발휘했음에도 대부분의 교과서들은 건국에서부터 4·19에 이르기까지 시종일관 권력 강화와 장기집권에 집착한 인물로 묘사하고 있다. 이승만 대통령은 정부 수립 이후 6·25전쟁 이전까지 부패척결이나 친일파 청산을 외면한 채 자신의 권력기반 강화에 주력한 것으로 설명되고 있으며, 전쟁의 와중에도 부산 정치파동 등을 통해 오로지 자신의 권력유지에만 집착한 인물로 그려지고 있다. 뿐만 아니라 전쟁이 끝나자마자 곧바로 장기집권의 길에 들어선 것처럼 서술하고 있다. 그 결과로 50년대 이승만 정부가 이룩한 주요 업적들, 예를 들어 한미동맹 결성, 신속한 전후(戰後)

복구(復舊), 국방력의 획기적 증강, 적극적인 교육진흥 등 현대국가의 기반을 구축한 공로는 철저히 무시되고 있다.

또한 문명사적 관점에서 볼 때, 당시 최상의 선택은 자유민주주의 체제와 자본주의 시장경제였다는 것이 오늘날 우리의 현실이 증명하고 있다. 무릇 교과서라면 근대 사회를 형성하는 사회변동의 보편적 내용들을 소개한 다음, 그것들이 한국에서 각각 어떻게 전개되었으며, 그리고 비교역사(comparative history)적 관점에서 그 특징이 무엇인지 다루어져야 할 것이다. 따라서 민주주의나 민족주의의 잣대만으로 과거사를 평가하고 거기서 조금만 벗어나면 무자비하게 단죄하는 편협하고 편향된 역사관에서 벗어나 국가건설이라는 종합적 차원에서 다루어져야 하며 특히 보다 긍정적 방향에서 현대사 교과서가 근본적으로 다시 쓰여져야 한다고 본다.

국가건설 차원에서 본 한국 현대사

우리나라는 식민통치 후유증, 남북 분단, 전쟁, 계속되는 남북대결 등 매우 어려운 여건하에서도 안보의 기적, 발전의 기적, 민주화의 기적 등 3대 기적을 이룩했음에도 성공적인 국가건설을 이끌어 온 정부와 대통령들에 대한 평가는 대체로 부정적이다. 이같이 된 데는 민주운동 사관(史觀)이라는 좁은 시각으로 인해 우리의 건국과 국가발전을 제대로 평가하지 못하고 있기 때문이다. 민주운동사관의 핵심적 특징은 민주주의를 어떤 상황하에서도 타협될 수 없는 최고의 가치로 간주하는데 있다. 따라서 한국 현대사는 민주주의를 위한 투쟁사이고 민주 대 반민주 세력 간 갈등과 투쟁의 역사로 인식된다. 따라서 건국을 하고 산업화를 이룩했던 세력은 불의의 세력으로 치부되고, 그들의 집권 시기도 부정적으로 평가된다.[33] 이들의 안목에는 국가안보와 경제발전이 민주주의에 못지않은 또는 그보다 더 절박한 국가적 과제라는 인식이 없다.

개발도상국에 대한 연구는 각 국가가 처한 역사적·사회경제적 배경과 조건을 무시하고 서구적 관점을 맹목적으로 적용하는 경향이 있다. 특히 우리나라에서는 미국의 영향을 많이 받았지만 미국은 여러 면에서 예외적인 국가로 미국식 접근방법은 신생국의 국가발전 문제를 다루는 데 한계가 있다. 미국의 정치학자 헌팅턴은 미국은 경제적 풍요, 낮은 안보위협, 정치적 안정 등, "행복한 역사"를 가지고 있어서 갖가지 어려움을 겪고 있는 개발도상국들을 이해하고 지원하는 데 부적절하다고 했다. 미국은 또한 영국 정치제도를 그대로 수용하면서 새로운 정치질서를 창출한 경험이 없기 때문에 개도국들의 국가건설 문제에 대해 별로 도움이 되지 못한다는 것이다. 특히 정부를 "필요악"으로 인식하여 권력의 분산과 견제를 당연시하고 있으나 그 같은 미국식 정치제도는 갖가지 난관을 극복하고 어려운 과업인 국가건설을 해야 하는 신생국들에게 너무나 취약하다는 것이다.

필자는 한국의 현대사를 민주주의라는 단일기준이 아니라 국가건설(nation building)이라는 종합적 관점에서 연구한 바 있다.[34] 국가건설 관점에서 한국 현대사를 고찰한다면 그 당시 당면했던 도전과 장애, 정부의 문제해결 역량, 국정 우선순위, 대통령 리더십 등을 종합적으로

---

33) 김세중, "건국과 산업화와 민주화의 갈등과 상호의존,"『시대정신』45(2009년 겨울호), 77쪽.

34) 이에 대해서는 김충남,『대통령과 국가경영: 이승만에서 김대중까지』(서울대출판부, 2006) 및 Choong Nam Kim, *The Koreazn Presidents: Leadership for Nation Building* (Norwalk, CT: EastBeidge, 2007)을 참조 바람.

검토할 수 있다.

실패할 가능성이 높은 국가건설

국가건설은 근본적으로 새로운 질서를 창조하는 과정이다. 마키아벨리는 "새로운 제도와 질서를 창조하는 것보다 더 어렵고 위험한 것은 없으며 그 성공 가능성도 희박하다"고 했다. 가장 좋은 조건하에서도 국가건설이란 어려운 일이며 특히 신생국의 국가건설은 식민통치 후유증 등으로 선진국들이 경험했던 것보다 훨씬 더 어렵다. 신생국들은 외형적으로 국가 형태를 갖추었지만 국가기능을 제대로 발휘하지 못하여 심각한 사회정치적 갈등을 겪게 된다. 따라서 국가건설에 성공한 나라는 별로 없고, 실패했거나 실패할 가능성이 높은 나라들이 많다.

국가건설의 어려움을 이해하기 위해 신생국들이 국가건설 과정에서 일반적으로 직면하게 되는 도전과 문제들에 대해 살펴볼 필요가 있다. 무엇보다 심각한 도전은 안보 불안이다. 신생국들이 일반적으로 안보위기에 빠지게 되는 이유는 국가건설에 관련된 요소들이 결핍되었거나 문제가 있기 때문이다. 두 번째 문제는 보편화된 빈곤이다. 빈곤은 무지, 질병, 범죄, 사회적 갈등과 혼란 등 온갖 사회문제의 근원이 된다. 세 번째 도전은 신생국의 국가건설은 매우 짧은 기간에 이루어져야 한다는 것이다. 서구의 국가건설은 몇백 년에 걸쳐 점진적으로 이루어졌지만, 신생국의 경우 단기간에 혁명적 변화를 추구해야 하기 때문에 상당한 부작용과 모순이 따를 수밖에 없다.

국가건설은 현대국가의 기본 인프라를 구축하는 어려운 과정이라고 보며 그것은 국내외 안보여건 확립, 경제적 기반 구축, 정치발전 등 3대 과제가 중요하다고 본다. 그런데 신생국들이 당면한 도전과 제약조건, 그리고 정부의 제한된 자원과 능력을 고려할 때 국가안보, 경제발전,

정치발전이라는 세 가지 중대한 과업을 동시에 달성하기는 어렵다. 따라서 우선순위를 설정하여 단계적으로 해결하는 것이 불가피하다. 국가기능으로서 영토와 국민을 보호하는 안전보장보다 더 중요한 것은 없다. 안전이 보장되지 않고는 경제발전이나 민주발전 같은 국가건설의 다른 목표를 추구하기 어렵기 때문이다. 안보 여건이 개선되면 그 다음으로 최소한의 복지를 보장할 수 있는 경제적 기반 구축이 우선적 과제가 된다. 대다수 국민이 빈곤으로 고통받는 나라에서 경제문제는 무엇보다 중요하다. 이러한 상황에서 성장이 분배보다 중시되며 분배나 사회정의를 명분으로 혼란이 일어나는 것이 용납되기 어렵다. 민주주의가 당장 시급한 식량, 주택 등 삶에 필수적인 요소들을 보장할 수 없으므로 가난한 사람들에게 빈곤으로부터의 해방은 정치적 자유보다 중요하다.

안보문제와 경제문제가 어느 정도 해결되었을 때 비로소 민주발전이 가능해진다. 신생국에 민주제도가 수립되었다 하더라도 그것을 유지하기가 매우 어렵다. 불안한 안보 환경뿐만 아니라 빈곤, 무지, 권위주의 전통과 민주주의 경험 결여 등도 민주주의가 뿌리내리지 못하는 주요 원인이다. 특히 민주주의는 각자가 자신의 정치적 권리를 행사할 수 있을 만큼의 경제적 능력과 민주적 훈련을 전제로 한다. 따라서 민주화 이전에 국가체제를 안정시키는 것이 필요하다. 국가건설의 초기 단계에서 민주주의는 국가역량을 감소시키거나 취약한 국가역량에 부담을 주기 때문에 민주주의가 제약을 받는 것이 일반적 현상이다. 미국 건국 지도자의 한 사람인 제임스 메디슨은 "정부가 국민을 통제할 수 있고 나서 정부 자체를 통제할 수 있게 해야 한다"고 했다. 많은 개도국들이 정치·사회적 위기에 빠지게 된 것은 정부가 취약하기 때문이다.

오늘날 개도국들이 경험하고 있는 국가건설의 어려움은 예외적인 것이 아니라 서구 선진국들이 경험했던 것과 유사하다. 서구의 국가건설이 장기간에 걸쳐 점진적이며 단계적으로 이루어졌음에도 일반적으로 인식하는 것보다 어려움이 많았고 비민주적이었다. 즉, 유럽 국가들의 국가건설은 절대군주와 같은 강력한 중앙집권적 권력을 중심으로 이루어졌는 바 그 이유는 구질서를 무너뜨리고 변화와 발전을 이룩하려면 강력한 정부권력이 필요했기 때문이다. 특히 독일이나 일본 같은 나라는 짧은 기간에 "위로부터의 국가건설"을 했기 때문에 권위적이며 강력한 중앙정부를 가졌던 것이다.

필자는 현대에 와서 국가건설에 성공한 나라라고 할 수 있는 일본, 터키, 이스라엘, 싱가포르, 대만 등 다섯 나라의 국가건설 과정을 비교하여 다음과 같은 공통점은 찾을 수 있었다.[35] 첫째, 민주화 훨씬 이전에 국가역량이 먼저 강화되었다는 것이다. 국가건설의 초기단계에서 갖가지 내외적 도전을 극복하고 어려운 과업을 달성하기 위해 강력한 중앙집권적 정부와 카리스마적 리더십이 필요했기 때문이다. 둘째, 이 나라들은 상당한 안보위기 의식을 가지고 있었기 때문에 안보우선정책을 추구했으며 그 결과로 민주주의는 뒷전으로 밀려났던 것이다. 마지막으로, 경제발전 정책이 적극적으로 추진되었는 바 경제적 바탕이 강력한 군사력 유지와 정치사회적 안정의 전제조건이 되었기 때문이다.

▌최악의 조건에서 시작된 한국의 국가건설
우리나라가 국가건설 과정에서 경험했던 도전들은 다른 어떤 신생국보다 더 험난했다. 우리나라는 식민지 경험을 가진 다른 나라들이 겪었던 공통적 어려움은 물론 남북분단, 전쟁, 그리고 계속된 남북대결

---

35) 김충남, "한국 국가건설의 도전과 이승만의 응전," 이인호 외 편, 『대한민국 건국의 재인식』, 420-431면 참조.

을 겪으면서 국가건설을 해야 했다. 따라서 우리나라가 국가건설 초기에 당면했던 도전들을 좀 더 자세히 살펴볼 필요가 있다. 첫째, 한반도에서 이데올로기적으로 대립된 두 개의 국가가 수립되면서 대한민국은 건국 초기부터 국가의 정체성(identity)과 정부의 정통성(legitimacy)을 부정하는 좌익세력으로 인해 국가건설이 심각한 어려움에 직면하게 되었다. 둘째, 경제적 파탄과 광범위한 빈곤은 사회를 극심한 혼란에 빠지게 했다. 한국경제는 해방 후 다음과 같은 세 가지 요인에 의해 사실상 붕괴된 상태였다. 즉, 남북분단으로 남한은 북한지역의 풍부한 자원과 중화학공업, 그리고 전력(電力)으로부터 단절되었으며, 식민시대를 통해 긴밀히 연계되어 있었던 일본 경제권에서 완전히 분리되어 고립되었고, 나아가 일제하에서 일본의 전쟁물자 동원과 해방 직후 혼란으로 인한 생산시설의 마비 등으로 심각한 인플레에 직면했다.

보편화된 실업과 빈곤, 살인적 인플레 등으로 당시 남한의 실상은 "불꽃을 대면 폭발할 것 같은 화약고"라 할 정도로 극도로 불안정한 상태였다. 공산주의자들은 이 같은 상황을 공산혁명의 호기로 삼고자 온갖 수단을 동원해서 사회혼란을 조성했다. 남한 내 공산당원은 4만 명 정도로 추산되었지만, 그 외에도 상당수의 추종자가 있었다. 그들은 레닌주의 원리에 따라 잘 조직되고 엄격한 규율과 통제하에 있었으며 사회 요소요소에 침투해 있었다. 그들은 북한에 진주한 소련군과 북한 공산세력의 지원을 받고 있어서 매우 강력했으며 미군정 당국도 제대로 제압하지 못했다. 남한의 상황은 악화되고 있었지만, 북한은 소련의 적극적 지원, 유리한 경제적 조건, 공산주의식 통제 및 동원에 힘입어 신속히 안정되었다. 북한의 건국은 우리나라보다 적어도 2년 반 앞서 시작되었다. 1946년 초부터 김일성 중심의 북한 공산세력은 모든 반대세력을 숙청하고 권력을 독점했으며 강력한 공안기구를 설치하여 사회를 완전 통제했다.

그리하여 그들은 정치사회적 안정을 확보하고 주요산업을 국유화하여 필요한 자원을 확보할 수 있었고 인력과 물자를 최대한 동원하는 등, 건국 초기의 필요한 조건들을 대부분 충족시킬 수 있었다.

대한민국의 건국은 미국과 소련의 대조적인 정책, 경제적 파탄, 남한 내 좌우익 세력 간 갈등 등 지극히 불리한 여건하에서 이루어졌다. 국제 문제 전문가였던 이승만은 당시 소련이 동유럽 국가들을 어떻게 공산화 하고 있는지 잘 알고 있었으며 소련이 한반도에서도 그 같은 공산화정 책을 추구하고 있다고 보았다. 더구나 북한에는 공산정권 수립이 상당 히 진전된 상태였고 소련과 북한이 남한 내 좌익세력을 적극 지원하고 있었지만, 남한에서는 여러 세력 간 분열과 갈등으로 매우 취약했기 때 문에 이 같은 여건하에서 좌우합작 정부가 수립된다면 남한까지 공산화 되는 것은 시간문제라고 판단했다. 이승만이 원했던 것은 민주적인 정 부의 수립이지 어떤 정부라도 원했던 것이 아니다. 한반도 전체에 자유 로운 정부 수립이 현실적으로 불가능하다면 차선책으로 남한만이라도 민주정부를 수립하는 것이 남한의 공산화를 막고 궁극적으로 통일을 추 구할 수 있는 터전을 마련할 수 있을 것으로 판단했다. 이로 인해 이승 만은 분단주의자라는 비난을 받기도 했지만, 앞에서 살펴 본 바와 같이 분단의 책임은 소련과 북한에 있었던 것이다. 당시로서는 이보다 나은 대안은 없었으며 이승만의 선택이 옳았다는 것이 남북한의 대조적인 현 실이 말해주고 있다.

국가생존이 우선목표였던 이승만 정부
대한민국의 헌법은 어려운 현실을 도외시한 채 미래에 달성해야 할 이상적 목표로서 미국식 민주제도를 채택했다. 이승만 정부는 경험 도 자원도 없는 매우 취약한 정부로서 처음부터 심각한 어려움에 직면했다. 어떤 유능한 정부라도 그같이 어려운 상황에서 제대로 헤쳐나가기 어려웠을 것이다. 이승만은 정치·행정적 공백 상태에서 정부를 조직해야 했으며 정부운영에 필수적인 훈련된 인력이나 자원도 태부족이었다. 예를 들면, 1949년 정부가 처음 예산을 편성했지만 세금으로 걷어들일 수 있었던 것은 5%에 불과했고 해방 당시 전문대학 이상의 교육을 받은 사람은 2만 5천 명 정도에 불과했으며, 특히 실무경험이 있는 인재는 극히 드물었다.36) 특히 남북에 두 개의 대립적인 정부가 수립되어 서로가 죽느냐 사느냐의 제로섬(zero-sum) 경쟁을 벌이고 있었기 때문에 이승만 정부는 처음부터 국가생존을 위한 투쟁에 급급하지 않으면 안 되었다.

북한은 처음부터 남한 공산화를 최고의 목표로 삼고 이를 위해 수단과 방법을 가리지 않았다. 북한은 남한의 공산혁명을 위해 '강동정치학원'을 설립하여 수천여 명의 게릴라들을 훈련시켜 남파했다. 남한 내 공산세력 규모는 정확히 알려지지 않았으나 활동 중인 게릴라만도 2만 7천 명으로 추산되었다. 공산세력은 1948년 4월 3일 제주에서 무장봉기를 일으키는 등, 대한민국 건국을 방해하려고 무력투쟁을 비롯한 총공세에 나섰다. 정부수립 2개월 후 여수 주둔 14연대에서 일어난 공산분자 주도의 군사반란은 2천여 명의 장병과 그보다 더 많은 좌익세력이 합류하여 여수와 순천 일대를 일주일간 장악했다. 반군과 정부군의 충돌과정에서 사망자만 3천여 명이 되었다는 것은 이 사건이 신생 한국의 생존을 근본적으로 위협한 중대한 변란이었음을 말해주고 있다. 공산세력이 남한 공산화를 목표로 총공세를 취하면서 1949년 초 우리나라의

---

36) Hahn Been Lee, "Political Change and Administrative Development in Korea since 1945," *Korean Journal of Administration,* V: 1(1967), pp.1-23.

8개 도 가운데 5개 도가 공산세력의 반란이나 게릴라의 출몰로 어려움에 빠져 있었다. 대부분의 산간지역이 낮에는 대한민국이었지만 밤에는 인민공화국이 되었다.[37]

대외적으로 중국에서는 마오쩌둥의 공산군이 승승장구하고 있었지만 미군은 다음해 6월 말까지 우리나라로부터 완전히 철수할 계획이어서 한국의 운명은 국내외적으로 바람 앞에 놓인 촛불처럼 위태로웠다. 한국은 미군정으로부터 무장도 제대로 갖추지 못하고 훈련도 안 된 5만 명 정도의 국방경비대를 물려받았을 뿐이어서 공산세력의 도전에 대응하기 어려웠다. 빈약한 재정 형편으로 무기를 구입할 수도 없었고 미국에 군사지원을 거듭 요청했지만 미국은 그리스, 터키 등 여러 나라를 지원하느라 한국을 도울 여력이 없었다. 또한 국방 못지않게 치안이 중요했기 때문에 이승만 정부는 경찰력에 크게 의존할 수밖에 없었다.

국회는 처음부터 이승만 정부의 반공정책에 회의적이었지만 여순반란사건을 계기로 그해 말 정부가 제안한 국가보안법을 통과시켰다. 이 법에 따라 공산당은 불법으로 규정되었고 정부와 군대 등에 침투해 있던 공산분자들을 색출할 수 있게 되었다. 정부는 1948년 말부터 1949년 여름 사이에 국군 병력의 10퍼센트에 해당하는 5,000여 명을 숙청했으며 다른 부문에서는 그보다 많은 수의 좌익분자를 제거했다. 정부는 그 같은 과감한 조치로 공산세력의 도전으로부터 나라를 지켜냈지만 해외 언론은 이승만 정부에 대해 인권을 유린하고 있다고 비난했다.

민주제도가 민주적 전통도 사회경제적 조건도 결여된 우리나라에 갑자기 도입되었지만 당시 우리나라는 로시터(Clinton Rossiter)가 말하는 전쟁, 빈곤, 혼란 등 "민주주의의 3대 위협"이 모두 존재하고 있었다.

---

37) 동아일보, 『시련과 영광의 민족사』(서울: 동아일보사, 1975) 참조.

한국인들은 민주주의가 무엇인지도 모르고 막연히 기대했지만, 현실은 민주주의가 뿌리내릴 수 있는 여건이 못 되었으므로 민주주의의 시행착오는 불가피했다. 이승만은 국가보위를 위해 공산세력과의 투쟁에 모든 것을 걸고 있었지만, 비판자들은 그의 비민주적 측면에만 초점을 맞추고 있었던 것이다.

이 같은 총체적 국가위기하에서도 이승만 정부는 시장경제 제도 등, 현대 국가의 틀을 갖추고자 노력했다. 특히 농지개혁을 주장했던 조봉암을 농림장관으로 임명하여 농지개혁을 추진함으로써 수천 년 지속되어 온 봉건적 사회구조를 타파하고 사회를 안정시키는 등, 역사적으로 매우 중요한 개혁을 단행했다. 교육은 이승만 정부에서 안보 다음으로 중시된 정책이었다. 정부는 긴박한 안보여건과 어려운 재정형편에도 불구하고 가능한 모든 수단을 동원하여 6년제 의무교육을 비롯한 근대적인 교육 확산을 위해 노력했다. 특히 전후 복구에 어려움을 겪는 가운데서도 국가부흥정책의 핵심으로 성인교육을 비롯한 교육진흥정책을 적극 추진하여 개발도상국 중에서 유일하게 교육혁명에 성공한 나라가 되었다. 해방 당시 한국의 문맹률은 78%에 달했으나 이승만 정권 마지막 해인 1960년에는 문맹자가 5% 내외에 불과했다. 뿐만 아니라 반공과 민주주의를 중심으로 하는 국민교육을 통해 북한과 확연히 구분되는 대한민국의 정체성을 확립할 수 있었던 것이다.[38]

| 6·25전쟁은 근대국가 건설의 기회

| 6·25전쟁은 우리나라에 막대한 피해를 주었지만 그것은 또한 정

---

38) 김일영, "통치자로서 이승만대통령 재평가," 유영익 편, 『이승만대통령 재평가』 (연세대학교출판부, 2006), 87-88쪽.

부의 권력을 강화할 수 있게 하고 이를 바탕으로 인적·물적 자원을 동원할 수 있게 하는 등, 본격적인 국가건설의 기회가 되기도 했다.

첫째, 전쟁은 대한민국의 정통성과 이승만 정부의 정당성 강화에 크게 기여했다. 6·25전쟁을 연구한 한 외국학자는 전쟁이 "이승만 스스로 천 년 동안 노력해도 쟁취하기 어려운 도덕적 정당성을 제공했다"고 했다. 대다수 한국인은 전쟁의 피해자가 되어 강력한 반공주의자가 되었고 수많은 북한 피난민들로 인해 반공정서는 더욱 강화되었다. 전쟁 전에는 이승만 정부의 정통성을 의심하는 사람이 적지 않았으나 전쟁으로 인해 이승만은 국내에서는 최고의 반공 지도자로서, 그리고 해외에서는 대한민국의 대변자로서의 위치를 확고히 하게 되었다. 더구나 유엔군 참전으로 국제적으로 한국의 정통성이 더욱 확고해졌다.

둘째, 전쟁은 근대국가의 필수조건인 중앙집중적 권력을 강화할 수 있게 했다. 이승만은 헌법에 보장된 대통령의 비상권한을 처음으로 사용하게 되었으며 이에 따라 정부는 전쟁에 필요한 인적·물적 자원을 동원하고 사회통제를 강화할 수 있었다. 그는 강화된 정통성과 권력을 바탕으로 반대세력을 제압하고 직선제 개헌을 통해 대통령선거에서 압승할 수 있었으며, 2년 후 실시된 총선거에서 집권 자유당이 다수당이 됨으로써, 그는 건국 후 처음으로 국회의 지나친 견제를 받지 않는 강력한 정부를 이끌어가게 되었다.

마지막으로, 전쟁으로 인해 한국은 세계 반공진영에 편입되었을 뿐 아니라 서방세계의 중심국가인 미국과 전략적 연대를 구축할 수 있게 되었다. 이승만은 국가생존을 보장하기 위해 취임 초부터 유럽의 북대서양조약기구와 같은 아시아·태평양 지역 집단안보체제를 결성하고자 노력했다. 전쟁을 계기로 그는 휴전반대, 반공포로 석방, 단독북진 주장 등, 온갖 수단을 동원하며 미국에 집요하게 방위조약을 요구하여 이를 관철시켰다. 한미 방위조약이 얼마나 중요한 것이었는가는 20년 뒤 베트남과 비교할 때 명백해진다. 1973년 미국은 평화조약을 통해 월남전에서 발을 뺐지만 2년 후 공산군이 사이공을 점령하고 말았던 것이다. 한미동맹으로 인해 한국은 취약하고 고립된 국가로부터 강력한 현대식 군대를 바탕으로 한, 아시아 반공전선의 보루로 등장하게 되었으며 이승만은 오랜 염원이었던 미국식 모델에 의한 현대국가 건설에 본격 착수할 수 있게 되었다.

신생국들이 국가건설 초기 단계에서 안보불안과 경제위기가 심각한 도전이 되지만, 우리나라는 한미동맹을 통해 이 두 가지 문제를 상당부분 해소할 수 있었다. 즉, 미국의 방위공약과 주한미군 주둔으로 우리나라의 안보가 굳건히 보장되었으며 그 후 경제성장과 민주발전의 튼튼한 울타리가 되었다. 요컨대, 우리나라는 건국 당시 감당키 어려운 대내외 도전에 직면해 있었고 정부의 대응능력 또한 매우 취약하여 국가의 생존 전망마저 불투명했지만, 이승만 대통령은 카리스마적 리더십으로 그 같은 장애를 극복하고 강력한 중앙집권적 정부를 구축함으로써 현대국가 발전의 터전을 마련하게 되었다.

경제제일주의를 추구한 박정희

한국의 국가건설은 주로 박정희에 의해 이루어진 것으로 보는 경향이 있다.[39] 그러나 이승만 없는 박정희는 없다고 본다. 이승만이 이룩한 한미동맹, 교육받은 인력, 현대식 군대 등에 힘입어 박정희는 국가건설의 두 번째 과제인 경제발전에 곧바로 매진할 수 있다. 박정희는

---

39) 박정희의 국가발전 전략에 대한 평가로서 김충남, 『대통령과 국가경영』, 제4장; 김일영, 『건국과 부국』(생각의 나무, 2005); 그리고 김형아, 『박정희의 양날의 선택』(일조각, 2005)을 참조할 것.

우리나라의 당면 과제였던 국가안보, 경제발전, 민주발전이라는 3대 과업을 동시에 달성하기 어렵다고 판단하고 경제성장을 최우선 과제로 삼았다. 안보는 당분간 한미동맹에 의해 해결할 수 있었고, 민주주의는 사회경제적 조건이 미비했기 때문에 우선적으로 모든 자원과 노력을 경제발전에 집중시켰던 것이다.

당시는 남북 간 생사를 건 체제경쟁을 벌이고 있었고 특히 경제력이 체제우위를 가름하는 지표로 인식되고 있었기 때문에 경제발전은 안보를 위해서도 시급한 문제였다. 60년대 초 우리의 1인당 소득은 70달러 내외로 북한의 208달러의 3분의 1에 불과했다. 박정희는 우리나라의 생존과 정당성은 남북 간 경제적 격차를 시급히 줄이는 데 달려 있다고 보았다. 그는 또한 투철한 민족주의자로 경제력이 뒷받침되어야만 명실상부한 자주독립국가가 될 수 있다고 확신했다. 그는 명치유신 이래 일본의 국가건설을 모델로 하여 중앙집권적이고 능률적인 정부를 만들어 정부주도하에 수출지향적 경제발전 전략을 추구했다.

그는 한국제품이 국제시장에서 경쟁력을 갖도록 하기 위해 노동운동을 억제하고 사회복지를 최소화하는 등, 민주주의에 상당한 제약을 가했다. 동시에 그는 수출주도의 경제성장을 위해 과감한 개방과 개혁 정책을 폈으며 그 결과로 고등교육이 보편화되고 중산층이 확대되어 궁극적으로 민주발전에 기여했다. 박정희 정권이 '경제는 잘 했지만 정치는 잘못했다' 는 인식이 없지 않지만 산업화 초기 단계에서 산업화와 민주화는 병행발전하기 어렵고 실제로 그렇게 된 나라는 없다.

그러나 이승만이 구축한 한미동맹이 없었다면 박정희의 경제발전 정책도 그만큼 성공하기 어려웠을 것이다. 미국의 안보우산으로 외국자본은 안심하고 한국에 투자할 수 있었고 한국은 국방비 부담을 최소화하면서 경제개발에 자원을 집중시킬 수 있었다. 미국은 일본을 설득하는 등, 한일 국교정상화를 측면 지원함으로써 일본으로 하여금 한국의 경제개발을 지원토록 했다. 또한 한국은 미국의 동맹국으로서 월남전에 참전함으로써 엄청난 경제적 이득을 얻게 되었고, 이는 경제개발 초기의 자본부족을 해소하는 데 결정적으로 기여했다. 박정희의 경제발전 전략은 큰 성공을 거두어 짧은 기간 내에 가난하고 낙후된 농업사회를 현대적 산업사회로 탈바꿈시키는 데 성공함으로써 "한강의 기적"이라는 찬사를 받게 되었다. 세계은행 분석에 따르면 한국은 1965~1980년 사이에 매년 평균 9.9퍼센트 성장하였고, 국민 총생산은 27배, 1인당 소득은 19배 성장하는 놀라운 업적을 남겼다. 그리하여 우리나라는 경제적 자립을 바탕으로 근대적 관료제와 막강한 상비군을 유지하는 등, 명실상부한 근대국가의 면모를 갖추게 되었다.

물론 박정희 대통령은 유신체제 출범 등, 민주주의 측면에서 문제점이 없지 않았다. 그러나 유신체제가 출범할 시기에 북한 특공대의 청와대 기습공격 기도, 미국 정보수집함 푸에블로호 나포 사건, 북한의 대대적인 대남 게릴라전 시도, 그리고 주한미군의 단계적 철수를 의미하는 닉슨독트린 발표 등 불리한 여건이 조성되고 있는 가운데 김일성은 70년대 초를 공산화 통일의 결정적 시기라고 호언하는 등, 안보 면에서 심각한 위기가 고조되고 있었다. 우리 경제에도 또한 빨간불이 켜지고 있었다. 저임금을 이점으로 경공업 중심의 수출을 해왔으나 석유위기 등으로 한계에 도달했다. 사회적으로 노동운동과 학생시위가 급증하고 김대중을 중심으로 한 야당의 도전도 만만치 않았다. 임금을 올리면 국제시장에서 경쟁력을 잃게 되고, 사회가 불안하면 외국자본이 우리나라에 투자를 기피할 가능성이 컸다. 박정희는 민주주의에 다소 후퇴가 있더라도 중화학공업을 일으켜 산업국가의 기틀을 튼튼히 다지고 자주국방을 위한 군수산업의 육성을 강화하는 가운데 유신체제 출범이라는 모험을 감행했던 것이다. 그러한 가운데 박정희 정권은 일인당 소득 1,000 달러, 수출 100억 달러라는 당시로서는 환상에 가까운 목표를 계획보다 앞당겨 달성했던 것이다.

1970년대 두 차례 석유위기 등으로 세계경제가 침체에 빠지면서 수출의존적인 우리 경제는 70년대 말에 이르러 심각한 어려움에 직면했다. 그러한 가운데 박정희 대통령 시해사건이 일어났으며 이에 따른 정치사회적 혼란은 우리 경제를 심각한 위기에 빠뜨렸다. 민주주의라는 잣대로 볼 때 80년대 초반 전두환 정부의 등장은 매우 부정적으로 평가될 수 있다. 분단국가인 한국에서 경제위기는 곧 안보위기를 초래했으며 그러한 상황에서는 민주발전도 기대할 수 없었다. 이후 전두환 정부는 정치사회적 안정을 조기에 회복하여 경제안정을 바탕으로 제2의 경제도약을 이룩했으며, 특히 서울올림픽을 유치함으로써 올림픽 외교를 통해 수출시장을 전 세계로 확대하여 무역국가의 터전을 튼튼히 다졌다. 한마디로 전두환 정부는 집권과정에서 정통성의 문제가 있긴 하지만, 경제 재도약과 올림픽 성공을 통해 박정희 정부가 미완성으로 남긴 "한강의 기적"을 완성했다고 볼 수 있다.

▌튼튼한 안보와 경제를 바탕으로 한 민주발전

이처럼 안보적, 경제적, 사회적 바탕이 튼튼히 마련되었기에 큰 혼란 없이 평화적 정권교체가 이루어지는 등 민주발전이 순조롭게 이루어질 수 있었다. 물론 한국의 민주화는 김영삼과 김대중을 중심으로 하는 민주화세력의 공로가 매우 컸다는 것은 부인할 수 없는 사실이지만 대다수 개도국들이 경제사회적 조건이 미비하거나 안보상의 이유로 민주정치가 실패하고 있음을 고려할 때 민주발전에 대한 과거 지도자들의 기여를 인정하지 않을 수 없다. 노태우 정부의 임기가 끝난 이래 세 번의 민주적 정부에 의해 민주개혁을 위해 노력함으로써 제도적인 면에서 민주주의를 공고히 했다고 본다. 그러나 민주세력임을 자부해온 집권세력은 민주시민의식의 부족으로 권위주의적 행태를 벗어나지 못했고 부정과 비리를 일삼는 등 국정을 올바로 이끌지 못한 결과, 정치적 후진성을 노출하여 국민들로부터 불신과 지탄의 대상이 되고 말았다.[40] 주목할 것은 김영삼, 김대중, 그리고 노무현 정부 당시에 실시된 국민의식조사에서 합리적이며 민주적인 시민의식이 노태우 정부 말기의 그것보다 더 나빠졌다는 것이다.[41] 예를 들면, 김대중 정부 당시 한국갤럽이 실시한 여론조사에서 절대 다수의 국민(82%)이 민주주의가 위기상태라고 인식하고 있었다.[42]

한국에서 안전보장, 경제발전, 민주발전이라는 국가건설의 3대 과제는 지난 60년간 상호 갈등과 경쟁 관계에 있었지만, 그 우선순위는 대체로 안전보장에서 경제발전으로, 그리고 민주발전으로 바뀌었다. 이 같은 국가건설 과제의 우선순위 설정은 첫 단계 목표달성이 다음 단계 과업의 전제조건이 된다는 점에서 바람직한 것이었다. 한국이 이처럼 단계적인 국가건설을 추구했기 때문에 매우 어려운 여건하에서도 가장 성공적인 국가발전을 이룩할 수 있었다. 그리고 역대 대통령들은 안전보장, 경제발전, 민주발전 등 국가건설의 3대 과제를 순차적으로 해결하는 '역사적 분업'을 했다고 본다. 따라서 안보세력, 산업화세력, 민주화세력은 자기들만의 역사적 역할을 강조하며 상대를 비난할 것이 아니라 서로의 공로를 인정해야 할 것이다.[43]

---

40) Choong Nam Kim, *The Korean Presidents,* Chapters 7, 8, and 9 참조.
41) 전득주, 『선진한국 어떻게 만들까』, 452면 참조.
42) 김충남, 앞에서 인용한 책, 656면 참조.
43) 필자와 비슷한 견해로서 김세중은 통합의 관점에서 현대사를 분석하고 있다. 통

체계화되어야 할 민주주의 교육

지난 60여 년간 어려운 여건 속에서도 성공적인 민주화를 이룩했지만 국민 개개인을 나라의 책임 있는 주권자(主權者)로 육성하는 시민교육은 소홀히 했다. 미국 정치학자 제임스 번스(James Burns)는 미국과 유럽 여러 나라가 민주정치를 성공시킬 수 있었던 것은 각급 학교에서 효과적인 민주시민교육을 지속적으로 실시함으로써 국민 각자를 책임 있는 민주시민으로 만드는 데 성공했기 때문이라고 했다. 우리 사회에서 민주주의 구호는 높았지만 내실을 다지기 위한 교육과 훈련은 거의 없었거나 매우 부실했다. 민주화 이전에는 '국민윤리'를 주입하려는 경향이 있었고, 민주화 이후에는 민주시민교육의 필요성이 제기됐지만, '권위주의 시대적 발상'이라는 이유로 실시되지 못했다.

이처럼 체계화된 민주시민교육이 결여된 가운데 최근에는 전교조가 민주시민교육에 역행되는 '의식화' 교육을 하고 있는 현실이다. 그래서 우리는 일반적으로 대화와 토론을 통한 문제해결 등 민주적 해결 방식에 서투른 편이다. 선진국처럼 체계적인 민주시민교육이 꾸준히 시행되었다면 우리 사회는 더욱 질서있고 안정되었을 것이며 정치도 더욱 성숙되었을 것이다. 이제 안정되고 성숙된 사회를 이룩하고 정치의 질을 한 단계 높이기 위해 민주시민교육을 체계적으로 실시해야 할 때이다.

중앙일보 시민사회연구소와 시민사회포럼이 주최한 "한국의 민주주

합의 역사인식은 현대사의 주요 집단들이 우리나라가 건국 이후 정치적 민주화와 경제적 산업화를 통해 성숙한 근대 국민국가체제를 건설하는 과정에서 갈등관계에 있었지만, 결과적으로 상호의존적 관계에 있었다고 보고 있다. 김세중, "건국과 산업화와 민주화의 갈등과 상호의존," 『시대정신』 45(2009년 겨울호), 76-103쪽 참조.

의, 미래는 있는가"라는 주제의 토론회에서 참석자들은 한국 민주주의
는 짧은 기간에 압축적으로 발전한 결과 오늘날 민주주의의 과잉(過剩),
남용(濫用), 오용(誤用)이 심각하며 이를 바로잡기 위한 민주시민교육과
사회운동이 절실하다고 주장했다. 주제발표를 한 세계평화포럼 김진현
이사장은 "한국은 1945년 이후 독립한 130여 개 나라 중 정치자유와
민주주의에서 선진국 수준에 이른 유일한 나라"라고 평가하면서도 "한
국 민주주의는 대학총장 직선제, 언론 과잉, 노동운동 양식의 자의성
같은 '과잉'이 큰 문제"가 되고 있다고 지적하고 "민주주의의 압축성
공에 따른 폐해를 교정해야 한다"고 했다. 이어서 서울 흥사단 박인주
대표는 "선진국에 비해 부실한 민주시민교육에서 해법을 찾아야 한
다"며 "10년 후를 내다보고 갈등 해결 교육을 치밀하게 해나가는 대비
가 필요하다"고 했다. 또한 서울대 박효종 교수는 "정치공동체 참여자
들이 자기검열 없이 하고 싶은 말을 참지 않고 다 털어놓는 '중구난방
의 민주주의'가 성행하고 있다"며 "절제력과 관용이 넘치는 민주주의
로 전환시켜야 한다"고 했다.44)

우리나라에서 비교적 성공한 것으로 평가받는 것이 선거민주주의다.
그동안 두 번에 걸쳐 여야 간 평화적 정권교체에 성공했으므로 우리의
민주주의도 제대로 자리 잡아야 할 때이다. 그럼에도 우리의 민주주의
실상을 들여다보면 허점투성이다. 예를 들면, 선거의 결과로 승패(勝敗)
가 갈릴 수밖에 없는데, 그 승자와 패자의 태도가 문제인 것이다. 승자
는 승자대로 오만에 빠져 권력과 인사 등, 모든 면에서 독과점 정치를
한다. 패자인 야당은 야당대로 국민으로부터 버림받게 된 원인에 대해

---

44) "자기검열은 않고 주장만 중구난방 민주주의 성행,"『중앙일보』, 2006년 10월
16일.

반성하는 기색도 없이 투쟁정신만 되살려 모든 이슈를 정치적 대결로 몰고 가려 한다. 이 같은 정치적 후진성은 민주적 훈련이 부족한 국민과 깊은 관계가 있다고 본다.

과연 우리는 민주국민의 소양을 갖추고 있는가

민주시민의식이라는 측면에서 우리 국민의 의식은 대체로 다음과 같은 문제점들이 지적되고 있다. 첫째, 앞에서 살펴 본 바와 같이 한국 현대사에 대한 기본지식이 결여되어 있다. 대한민국의 건국 일자가 언제인지, 초대 대통령이 누구이며 어떠한 사람인지, 건국 당시 국내외 정세가 어떠했는지, 6·25전쟁이 왜 일어났는지, 이 전쟁에서 미국은 어떤 역할을 했는지 등, 중요한 역사적 사실에 대해 기본적인 내용도 모르는 사람이 대부분이다. 이에 따라 대한민국의 국가적 정통성에 대해 잘못 이해하고 있는 사람이 적지 않다.

둘째, 대한민국 헌법에 대해 제대로 이해하는 사람이 많지 않다. 헌법이 언제 어떻게 제정되었으며 추구하는 이념과 가치가 무엇이고 그것이 우리나라의 국가경영은 물론 우리의 생활과 어떤 관련이 있는지 잘 모르거나 이해가 부족하다.

셋째, 대다수 국민은 민주주의를 추상적 또는 피상적으로만 인식하고 있다. 우리는 민주주의 하면, 국가가 개인에게 보장해야 할 자유, 평등, 복지를 주장하면서도 시민으로서 해야 할 책임과 의무(법질서 준수, 병역 의무, 납세의무, 국가에 대한 충성 등)를 등한히 한다. 나라에 대한 충성심이 희박하여 국가에 대한 헌신은 나와는 상관없는 일이라고 생각하며 전쟁이 나면 피하겠다고 하는 사람들도 적지 않다.

넷째, 정치와 정부에 대한 불신이 높고 권위에 대한 저항의식이 강한 편이다. 뿐만 아니라 사회적 불신도 높은 편이고 현실에 대한 불만도 높은 편이다. 이처럼 정치에 대해 불만이 높으면서도 정치참여에는 소극적이다. 특히 국민생활과 직접적인 관계가 있는 지방정치에 대해 무관심하며 그 결과로 지방정치의 비능률과 무책임, 그리고 부패가 심각하다. 한 여론조사에 의하면, 거주 지역의 시장이나 군수의 이름을 아는 사람이 10명 중 3명에 불과하다고 했다.[45] 자녀교육에 지나치게 높은 관심을 보이면서도 교육감 선거의 투표율은 20%에도 못 미친다.

다섯째, 법과 질서를 지키면 손해본다고 생각하며 수단방법을 안 가리고 목적을 달성하려 한다. 대화와 타협을 통해 문제를 해결하기보다는 떼를 쓰거나 집단적인 행동을 통해 해결하려는 경향이 있다. 2008년에 실시한 한 설문조사에서 '우리 사회에서는 정직하기보다 부정직한 사람이 더 잘 산다'고 생각하는 사람이 60%에 달했다. 각종 증명서류를 위조하여 사기행각을 벌이고 학력을 위조하거나 논문을 표절하는 경우도 적지 않으며 대학생들 중에는 인터넷을 통해 리포트를 통째로 사서 제출하고 석·박사 논문도 돈을 주고 사서 제출하는 일도 적지 않게 일어나고 있다. 법정에서 거짓말을 하는 위증이나 다른 사람을 거짓으로 고소·고발하는 숫자도 매우 높은 수준이다. 2007년 일본은 위증죄로 138명이 입건돼 9명이 기소되었을 뿐이지만 우리는 3,533명이 입건돼 1,544명이나 기소되었다. 무고죄도 일본은 133명이 입건돼 10명이 기소된 반면 우리는 4,580명 입건에 2,171명이 기소되었다. 기소된 숫자를 기준으로 위증죄는 일본의 171배, 무고죄는 217배이다.[46] 교육수준은 세계적 수준이지만 윤리의식과 공중도덕 수준은 부끄러운 수준에 머물고 있다. 『영웅 숭배론』의 저자 토머스 칼라일(Thomas Carlyle)은 "거

45) "6.2지방선거, 국회의원 선거보다 중요하다," 『중앙일보』, 2010년 4월 19일.
46) "사설: '거짓말 천국'에서 벗어나려면 사법방해죄 도입해야," 『조선일보』, 2010년 2월 1일.

짓말 위에는 벽돌집 한 채도 지을 수 없다"고 한 경고를 되새길 필요가 있다.

마지막으로, 민주적 해결방식에 서투르다. 자기의 의견을 조리있게 말하고 다른 사람의 의견을 경청할 줄 모른다. 아집에 빠지거나 특정 이념에 사로잡혀 합리적으로 판단할 능력이 약하여 자기주장만 옳다고 생각하며 다른 의견에 대해 포용성이 없는 편이다. 현실에 대한 폭넓은 지식의 부족으로 잘못된 판단을 하고 충동적으로 또는 군중심리에 휩쓸려 행동하는 경우가 많다.

올바른 이해가 필요한 한국의 민주발전 과정

우리 사회에서 민주적 전통이 뿌리내리지 못했기 때문에 민주주의하면 자유, 평등, 권리 등 이념이나 원리로만 인식하는 경향이 있는 반면, 미국인들은 민주주의를 선거, 선출직 공직자, 시민참여 등 생활과 관련된 것으로 인식한다고 한다. 실제로 민주주의는 민주적인 생활방식에서 시작된다. 가정, 학교, 사회생활에서 공동의 문제에 대해 자유롭게 토론하여 다수결로 결정을 내리고 일단 결정되면 모두 따르는 것이 민주적인 생활방식이다. 가정, 학교, 사회의 생활이 비민주적이면서 정치에서만 민주적이 될 수 없는 것이다. 성숙된 민주정치를 기대한다면 어릴 때부터 그리고 일상생활에서 민주주의가 체질화되도록 교육되고 훈련되어야 한다. 민주정치가 잘되고 잘 안 되는 책임이 정치인들에게만 있는 것이 아니라 일반 국민에게도 있다는 것을 명심해야 한다.

지금은 많이 달라지긴 했지만 우리의 가정생활, 학교생활, 그리고 사회생활에는 비민주의적인 요소가 많이 남아 있다. 가정에서 아버지가 절대적인 존재인 경우도 많고 부모는 자녀에게 무조건 복종하기를 바라고 남녀 간 차별도 남아 있다. 학교에서 교칙은 있으나 마나이고 무질서한 가운데 폭력이 빈발한다. 교사들의 모임인 교무회의는 토론이 없고 일방적인 지시뿐이고 교사와 학생 간의 관계도 상하관계처럼 여기고 상급생과 하급생 관계도 마찬가지다. 직장생활도 이러한 권위적인 요소가 많이 남아 있다고 본다. 사회적으로 관존민비, 남녀차별 등 전통적인 가치관이 완전히 사라진 것이 아니다. 가정이나 학교에서 무질서와 폭력에 익숙한 사람은 사회생활이나 정치에서 그것을 되풀이하기 쉽다. 요컨대, 가정생활, 학교생활, 사회생활에 비민주적인 요소가 많이 남아 있다면 정치에서 민주적으로 판단하고 행동하기 어려운 것이다.

┃ 민주주의는 생활방식이다

┃ 우리는 경제사회적으로 최악의 조건하에서 민주적 전통도 빈약하고 아무런 준비도 안 된 가운데 해외로부터 갑자기 민주제도를 도입했다. 민주주의는 동전을 집어넣으면 움직이는 자동화된 기계와 같은 것이 아니다. 교실에서 수영의 원리를 배웠더라도 수영장에서 꾸준히 연습하지 않으면 수영을 할 수 없는 것처럼 국민 모두가 민주적으로 훈련되고 생활하는 습관이 체질화되지 않으면 제대로 된 민주주의를 할 수 없다. 우리는 선거 등 절차적 민주주의에 성공했을지 모르지만, 민주주의를 어떻게 운영하는지 제대로 이해하지 못하고 훈련도 받지 못했다. 민주주의와 자본주의적 시장경제를 기본이념으로 하는 공동체는 윤리적 기초가 튼튼해야 한다. 그러나 우리는 민주주의와 시장경제의 외형적인 면만 받아들여 급속한 발전을 했기 때문에 그 같은 정신적 기반이 취약하다. 그 결과 다수결의 원리, 법치주의, 대화와 타협, 다른 의견의 존중, 소수파의 권리 존중 등, 민주주의 원리가 빈번히 무시되고 있다.

그동안 우리는 경제발전을 위해 엄청난 투자를 하고 국민적 노력을 기울였지만 국민의 민주적 교육과 훈련을 위해 과연 얼마나 투자를 하고 노력했는지 되돌아볼 일이다. 지난날 우리는 단지 독재타도를 위한 노력을 민주주의로 인식했을 뿐 민주주의의 기초를 튼튼히 하는 노력을 등한히 했다. 성숙한 민주주의가 뿌리내리게 하기 위해서는 민주주의를 가꾸는 노력이 체계적이며 적극적으로 이루어져야 한다. 서구의 민주주의는 우리나라보다는 훨씬 유리한 조건에서 출발했음에도 수백 년에 걸쳐 갖가지 시행착오를 겪으면서 발전되었다는 사실에 유의할 필요가 있다. 특히 국가권력이 정착되는 과정에서 민주주의보다는 부국강병을 위해 국민 기본권을 제약하는 등, 카리스마적인 지도자와 강력한 중앙정부를 중심으로 국가의 기초를 먼저 다졌다. 예를 들면, 여성에게 투표권이 주어진 것도 민주제도가 도입된 후 상당 기간이 경과한 이후이며 미국 같은 나라도 인종적 불평등을 바로잡기 위한 민권운동이 60년대에 와서 일어났다는 사실을 직시할 필요가 있다.

우리나라처럼 민주정치를 위한 아무런 조건도 구비하지 못한 가운데 처음부터 모든 성인에게 투표권을 부여한 것은 혁명적인 것이다. 그러나 국민 대다수가 민주주의가 무엇인지 이해하지 못하는 상황에서 민주주의가 제대로 굴러가기 어려웠던 것이다. 따라서 과거에 있었던 민주주의의 시행착오를 당시 지도자들의 책임으로만 돌릴 수 없다고 본다. 실제로 민주주의 시행착오는 모든 신생 민주국가들의 공통된 현상이며 따라서 우리 민주주의의 시행착오를 당시의 역사적·사회적 맥락에서 이해할 필요가 있는 것이다.

시행착오가 불가피한 민주발전

민주주의는 안보적 사회경제적 조건이 갖추어지지 않으면 제대로 실시되기 어려운 것이다. 미국 정치학자 클린턴 로시터는 전쟁, 사회불안, 빈곤은 민주주의의 3대 위협이라 했다.[47] 나라가 외적의 위협을 받고 있거나 치안상태가 불안하면 민주주의 가치가 제약받을 수밖에 없으며, 또한 먹고 사는 문제가 제대로 해결되지 않은 상황에서 시급한 경제발전을 위해 노동자의 파업이나 사회불안을 조성하는 시위를 제한하는 것이 불가피한 경우가 많다. 사회적으로 안정되고 소득수준이 올라가고 교육수준이 높아져 사회문제와 국가문제에 관심을 가지는 중산층이 커질 때 비로소 민주정치가 정착될 수 있는 것이다.

우리나라는 로시터가 말하는 민주주의 위협요소 세 가지가 동시에 존재했다고 본다. 건국 당시 우리나라는 세계에서 가장 가난한 나라 중의 하나였으며 문맹자도 78%에 달했다. 더구나 남북분단으로 인한 긴박한 안보위협은 말할 것도 없고 이념적 갈등과 사회정치적 혼란이 극도에 달해 있었다. 곧 이어 터진 6·25전쟁으로 비상사태에 처해 있었으며 전쟁수행을 위해 정부는 인적·물적 자원을 통제하고 동원해야 했으며 그러한 현상은 전쟁 후에도 상당기간 계속되었다. 또한 대다수 국민은 하루하루 생활에 허덕이고 있었다. 이러한 제반 상황을 고려할 때 민주주의가 제대로 실천되기 어려웠던 것이다.

우리나라보다 조건이 좋았던 다른 신생국들도 하나같이 민주주의의 시행착오를 경험했으며 아직까지도 민주화에 성공하지 못한 나라들이 대부분이다. 이코노미스트 인텔리전스 유닛(EIU)이 평가한 2008년도 민주주의 지수를 보면, '완전한 민주주의'는 30개국에 불과하고, '결함 있는 민주주의'는 50개국, '권위주의 국가'는 51개국, 그리고 민주

---

47) Clinton I. Rossiter, *Constitutional Dictatorship: Crisis Government in Modern Democracies* (Princeton: Princeton University Press, 1948), p.6.

주의와 권위주의의 '혼합형 체제'는 36개국으로 평가했다. 더구나 북한 공산세력의 간접침략 위협에 직면한 우리나라에서 공산주의자들은 민주주의의 약점을 이용하여 우리 사회에 쉽게 침투하여 혼란을 조성하려 했기 때문에 이에 대응하기 위해서는 어느 정도 국민 기본권의 제약이 불가피했다고 본다. 국가의 안위는 언제나 개인의 기본권보다 우선되는 것이다. 우리나라처럼 안보여건이 열악한 이스라엘과 타이완 같은 나라에서 그것을 확인할 수 있고, 9·11테러 이후에는 미국 등 선진 각국에서조차 국가안보 차원에서 기본권을 제약하는 법률을 제정하여 시행하고 있는 데서도 알 수 있다.

미국의 부시 행정부는 이라크의 사담 후세인 정권을 무너뜨리고 선거를 통해 정부를 구성하면 모든 것이 해결될 것으로 기대했지만 전쟁이 끝난지 8년이 지나도록 혼란이 계속되고 있다. 그래서 미국은 지금 이라크와 아프간에서 소위 '안정화(安定化 stabilization) 작전'이라 하여 군대와 경찰의 육성으로 치안을 강화하고 행정역량을 증진시켜 경제발전을 도모하고 공공서비스를 향상시키는 등, 기본적인 국가건설에 초점을 맞추고 있는 것이다. 미국은 과거 한국을 독재국가로 낙인찍기도 했지만 부시 대통령에 이어 오바마 대통령도 한국을 국가발전의 모범국가로 칭송하고 있는 것은 한국의 발전 모델을 이들 중동국가에 적용하려는 것이라 본다. 미국은 민주주의의 이식(利殖)을 쉽게 생각하는 경향이 있었으며 특히 70년대 말 카터 행정부는 인권외교를 통한 압력으로 이란의 팔레비 정권을 붕괴시켰지만 민주주의는커녕 이슬람 독재정권이 출현하고 말았던 것이다.

일반적으로 민주주의는 상식적 수준의 의사결정 능력을 가진 시민들이 정치적 의사결정 과정에 일상적으로 참여하는 과정을 말한다. 따라서 시민의 의사결정 능력을 지속적으로 향상시키고 공동체의 의사결정

과정에 적극적으로 참여하게 하는 것은 민주주의의 성숙을 위해 필수적이다. 서구에서는 안정된 사회경제적 바탕 위에서 민주주의가 점진적으로 발전되었으며 그러한 가운데 민주시민의 역할과 책임을 습득하게 되었다. 그럼에도 시민들의 민주적 사회생활과 정치생활을 위한 방향감각을 길러주고 필요한 자질과 소양을 기르기 위한 민주시민교육을 오래 전부터 체계적으로 실시해왔다. 따라서 민주적 전통이 빈약한 신생 민주국가는 선진국보다 더 적극적이고 체계적인 민주시민교육이 필요하다고 본다.

민주시민교육은 성인들을 대상으로 한 사회교육도 필요하지만 성인교육에는 한계가 있으므로 어린 학생들을 대상으로 한 학교교육이 중요하다. 학생들이 책임감 있고 참여하는 성숙한 민주시민이 되기 위해서는 정치제도와 정치적 결정과정에 대한 이해가 필요하다. 또한 그들이 장차 시민으로서 정치사회적 활동에 참여하기 위해서는 정치사회적 이슈에 대해 관심을 가져야 하며, 정치사회적 책임과 의무를 중시하며, 나아가 개인 또는 단체 행동을 통해 정치사회적 문제해결에 영향을 줄 수 있다는 믿음을 가져야 한다.[48] 이런 점에서 보면, 우리 국민 다수는 '정치적 문맹상태'라 해도 과언이 아니다. 왜냐하면, 사회정치적 환경이 비민주적인 요소가 너무 많은 가운데 입시 위주의 교육풍토에서 체계화되지 않은 민주시민 교과서를 가지고 민주시민교육에 대해 체계적인 연수를 받지 못한 교사들에 의해 매우 부실한 민주시민교육이 이루어져 왔기 때문이다.

민주적 시민은 민주적 절차와 적법한 절차에 대해 잘 이해하고 있어야 책임과 의무를 다할 수 있다. 따라서 우리의 시민교육은 무엇보다도 먼

---

48) 박명호, "왜 민주시민교육인가," www.necedu.go.kr

저 대한민국이라는 국가체제를 이해하고 존중하게 함으로써 나라에 충성할 수 있도록 해야 한다. 나아가 민주적 시민은 정부의 구조와 기능을 잘 이해하고 국회의 입법과정과 정부의 정책 결정과정을 이해하는 것이 필수적이다. 그렇게 함으로써 민주적 절차에 의한 입법과정과 합법적 절차에 의해 이루어진 정부의 정책을 이해하고 지지할 수 있게 된다. 국회와 국회의원의 역할을 잘 모른다면 선거 시 분위기에 휩쓸려 '묻지마' 투표를 하게 되고 그 결과로 부적격자를 선출하게 되는 것이다. 민주시민은 특히 자기들이 살고 있는 지역사회의 정치와 사회적 문제에 대해 관심을 가져야 하고 그 해결을 위해 참여해야 한다. 풀뿌리 민주주의인 지방자치가 건전하지 않으면 나라의 정치가 제대로 될 수 없다. 지방자치는 우리의 삶의 질에 직접적인 영향을 미치므로 중앙정치보다 더 중요하다. 따라서 시·군·구는 말할 것도 없고 읍·면·동의 자치에 적극적인 관심을 가질 수 있도록 해야 한다. 민주주의에 관련된 시민교육은 헌법에 대한 이해, 민주주의 핵심 가치에 대한 이해, 민주적 생활방식에 대한 훈련, 그리고 자본주의에 대한 이해 등이 포함될 수 있으며 그러한 문제들을 차례대로 살펴보고자 한다. 다만 자본주의에 대한 교육은 그 중요성을 고려하여 다음 절에서 별도로 다루고자 한다.

헌법교육은 체제이념교육의 핵심

민주시민교육 전문가들은 일반적으로 선진 민주국가의 민주시민교육을 소개하고 그와 비슷한 내용을 우리나라에 도입할 것을 주장하는 경향이 있다. 그러나 선진 민주국가들의 경우 그들의 헌법은 그들의 사회문화적 바탕 위에서 제정되었고 사회변화에 따라 점진적으로 변화되었기 때문에 헌법정신이 정치사회적으로 깊이 뿌리내리고 있다. 그럼에도 불구하고 선진 민주국가들은 헌법을 매우 중시하며 민주시민 교육과정에 포함시켜 자세히 가르치고 있다. 그러나 우리 헌법은 우리나라의 정치문화적 전통과는 동떨어진, 외부로부터 갑자기 도입된 것으로 그것이 우리 것으로 체질화되지 못하면서 도서관에 놓여 있는 먼지 덮인 문서에 불과하다는 느낌을 면할 수 없다.

민주적 헌법이 제정된 지 60여 년이 지났지만, 국민 가운데 우리나라가 추구하는 기본적인 이념과 가치관이 무엇인지 그것들이 우리 생활 속에서 어떻게 실천되어야 하는지 제대로 아는 사람이 많지 않다고 본다. 헌법은 우리나라가 추구해야 할 기본 가치와 목표, 국가운영의 기본 원칙과 절차가 규정되어 있지만 이것이 제대로 이해되어 정치는 물론 국민생활의 길잡이 역할을 제대로 하고 있다고 볼 수 없다. 우리는 민주주의만 부르짖었지 민주주의의 바탕이 되는 헌법을 존중하고 올바로 이해하여 실천에 옮기는 일은 소홀히 해왔다. 일반국민이 쉽게 읽을 수 있는 헌법에 관련된 책도 별로 없고 학교에서 제대로 가르치지도 않고 있다.

헌법정신을 우리 것으로 만들어야

그래서 헌법의 정신과 이념이 무엇인지 잘 모르는 사람들이 국회 의원이 되고 국가경영의 중책을 맡기도 한다. 그 결과로 대통령, 국회, 정당, 시민사회단체, 심지어는 헌법재판소까지 헌법에 충실치 못하고 있다는 인상을 주고 있다. 헌법을 읽은 적이 없으니, 국회의원 배지는 달고 다녀도 헌법에 명시된 국회의원의 역할과 책임은 내팽개치고 장관을 불러 호통이나 치고 불법시위 현장에 달려가는 등, 정치투쟁에만 몰두하고 있는 것이다. 그 결과로 국회에서 제정된 법이 헌법재판소에 의해 연달아 위헌 판정을 받아 법의 권위는 물론이고 국회의 권위까지 추락시키고 있는 실정이다.

나라 살림을 맡은 공무원들도 대부분 헌법을 읽은 적이 없다. 공무원 시험에 헌법지식이나 국가이념에 대한 내용이 거의 없고 기능적 지식만 요구하기 때문이다. 공무원이 되어서도 대한민국이 추구하는 이념과 가치가 무엇이며 그것이 행정을 통해 어떻게 실천되어야 하는지 잘 모르기 때문에 국가와 국민을 위해 어떻게 봉사해야 할 것인가에 대한 문제의식도 희박하다. 알아야 면장도 한다는 옛말이 있지만 21세기 한국의 국가경영에 책임을 진 사람들이 헌법정신, 즉 국가이념도 모른다면 이만저만한 문제가 아니다. 일반국민도 헌법을 제대로 이해해야만 국가경영을 이해할 수 있고 필요시 참여할 수 있을 것이며, 나아가 시민으로 필요한 책임과 의무를 다할 수 있게 된다. 따라서 우리의 민주시민교육에서 헌법에 대한 교육을 중시하는 것이 마땅하다.

10여 년의 미국 체류를 통해서 절실히 느낀 것은 중요한 사건이 있을 때마다 정부는 물론, 학계, 언론계 등 각계각층에서 그 사건을 헌법의 원리에 비추어 분석하는 것이 일반화되어 있을 만큼 헌법은 국가와 사회의 길잡이 역할을 하고 있다. 심지어 이민자들의 시민권 획득을 위한 인터뷰에서도 미국 역사와 헌법에 대한 기본지식이 대부분을 차지하고 있을 정도이다. 그래서 미국에서는 초등학교로부터 대학에 이르기까지 헌법과 정부에 대해 자세히 가르친다. 그리하여 국민이라면 무엇보다 먼저 헌법의 중요성을 인식하고 헌법에 따라 살아야 한다는 것을 배우게 된다. 우리나라의 대법원과 헌법재판소 기능을 겸하는 연방 대법원(US Supreme Court)의 대법관은 한번 임명되면 종신직으로 헌법을 적용하는 데 대한 판단을 내리는 사람이기에 사회적으로 존경의 대상이 되고 있다.

어떤 정치제도도 마찬가지이지만 민주제도는 상이한 정치풍토에 옮겨심으면 저절로 뿌리내리고 꽃피우는 것이 아니라 끈질기게 가꾸는 노력이 수반될 때 비로소 뿌리내리게 된다. 2차 대전 후 민주헌법을 채택한 서독이 체계적인 정치교육을 실시했던 것은 바로 그 때문이다. 패전 후 일본에서도 미국에 의해 주어진 민주헌법을 일본 땅에 정착시키기 위해 신헌법 생활화 운동을 범국민적으로 실시했던 것도 같은 이유이다.

대한민국 역사에 대한 교육이 민주시민교육의 기본이듯이 헌법에 대한 교육도 민주시민교육의 핵심 내용이 되어야 한다. 헌법에 기록된 내용은 반만년 역사나 한국의 전통적 가치관과는 다른, 외부에서 도입된 것이다. 그러한 헌법이 제정된다고 해서 저절로 민주사회가 이루어지는 것이 아니다. 헌법에 기록된 새로운 이념과 제도를 우리 것으로 만들고 우리 땅에 깊이 뿌리내리게 하기 위한 국민적 노력이 필요한 것이다. 다행히 한국에서는 헌법재판소가 좋은 기능을 하고 있지만 역사적 사실이나 현실적 쟁점도 헌법정신에서 해석하고 논의해야 할 필요가 있다. 정부는 각급 학교 교육에서 헌법의 내용과 헌법이 추구하는 가치에 대한 내용을 포함시켜야 하며 사법고시와 행정고시, 각종 공무원시험, 경찰관시험, 교사선발시험 등 국가가 주관하는 모든 시험에서 헌법에 대한 내용을 포함하도록 하는 것이 바람직하다고 본다.

올바로 이해되어야 할 민주주의 핵심 가치

우리는 민주주의를 부르짖으면서도 민주주의를 제대로 이해하지 못하고 있다. 따라서 여기서 민주주의 핵심 가치들을 정리하고자 한다.

자유와 평등

지난 200~300년간의 인류역사 발전에서 우리는 분명한 교훈을 발견할 수 있다. 즉, 정치·경제·사회적 자유가 확대된 나라는 발전하였지만 위축된 나라는 퇴보하였다. 정치적으로 개인의 자유와 권리가 보장되고 이를 지키는 법치주의가 정착된 나라가 발전하였으며, 경제적으로 사유재산이 보호되고 교환과 거래의 자유가 확대된 나라가 번영하였다. 사회적으로는 사상과 학문의 자유가 확대되어 지식과 과학기술의 발전이 앞서는 나라가 발전하였다.

민주주의는 흔히 자유민주주의(liberal democracy)라고 한다. 자유민주주의는 자유주의(liberalism)와 민주주의라는 두 개의 서로 상이한 이념의 결합이다. 그런데 한국에서는 자유민주주의를 민주주의로만 인식하는 경우가 많다. 자유주의는 개인의 자유를 최고의 가치로 삼는 반면, 민주주의는 사회적 평등을 최고의 가치로 삼는다. 자유주의에서 개인재산의 보호를 중시하는 것은 그것이 자유로운 창의와 경쟁의 결과라고 보기 때문이다. 자본주의는 창의와 경쟁을 위해 자유를 가장 중요한 가치로 내세운 반면 사회주의는 평등을 우선시한다. 자본주의는 차등(差等)을 전제로 하기 때문에 소외계층이 생겨 사회불안과 갈등이 나타나는 반면, 평등을 지향하는 사회주의에서는 남보다 더 잘하려는 의지가 없기 때문에 발전할 수 없는 것이다. 동유럽 공산권의 몰락과 북한의 비참한 현실이 이를 증명하고 있다.

모든 사람에게 자유를 보장하려면 그들에게 평등한 기회를 보장하지 않으면 안 된다. 자유는 그 속에 불평등을 해소할 수 있는 요소를 갖추고 있다. 언론의 자유, 교육받을 자유, 학문의 자유, 취직의 자유, 파업의 자유, 시위의 자유, 기업활동을 할 수 있는 자유가 있어서 불평등이 해소된다. 자유가 있기 때문에 정부와 정치권에 압력을 가하여 불평등을 해소할 수 있는 것이다. 대조적으로 자유가 없는 사회에서는 집권세력이 불평등에 관심조차 기울이지 않는다. 그러나 평등은 기회의 평등이지 결과의 평등이 아니다. 인간의 소질과 능력이 다르므로 결과의 평등이란 전체주의가 아니면 절대로 이루어질 수 없다.

자유는 공짜로 주어지는 것이 아니다. 대한민국의 건국 직후 그리고 6·25전쟁을 통해서 국군 장병을 포함한 수많은 사람들이 피를 흘리고 목숨을 바쳐 자유를 지켜냈던 것이다. 6·25전쟁만 하더라도 국군이 14만 7천 명이 사망하고 13만여 명이 포로가 되거나 실종되었고 미군도 전사 3만 7천여 명, 포로 또는 실종이 8천여 명이나 된다. 미국 워싱턴에 있는 〈한국전쟁 기념공원〉에는 '자유는 공짜가 아니다(FREEDOM IS NOT FREE)'라는 문구가 새겨져 있다. 이처럼 자유는 소중한 것이다. 우리가 살면서도 공기의 고마움을 모르듯이 자유가 주어져 있기 때문에 당연한 것으로 여기고 그 고마움을 모르는 경향이 있다. 하지만 모든 국민은 자유의 소중함을 알고 우리의 자유가 위협받을 때 몸 바쳐 지키겠다는 각오가 있어야 한다. 또한 자신의 자유를 소중하게 여긴다면 남의 자유도 침해해서는 안 될 것이다.

자유와 책임

그런데 민주주의의 가장 중요한 가치인 자유조차 잘 이해하지 못하는 경우가 많다. 예를 들면, 자기 마음대로 행동하는 것을 '자유'로 착각하는 사람들이 적지 않다. 자기절제력이 없는 자유는 '방종'일 뿐이다. 자유에는 응당 자율과 책임이 뒤따라야 한다. 자율의식과 책임의식이 없는 자유는 자신은 물론 남에게 피해를 주고 때로는 큰 위험을 초래할 수 있다. 운전면허 없는 사람이 차를 몰고 마음대로 어디든 갈 자유는 없다. 사고를 일으켜 자신과 다른 사람들의 생명까지 위태롭게 하기 때문이다.

그래서 자유와 자율(自律)은 동의어이다. 자율은 인간이 동물과 다르다는 것을 나타내는 가장 중요한 특성이다. 자율 없이는 인간은 동물과 다를 바 없고 노예나 마찬가지이며 또한 인간을 기계의 위치로 전락시키고 만다. 자율적 인간이란 자기 마음대로 행동하는 인간이 아니라 책임의식과 도덕의식을 가진 윤리적인 인간을 말한다. 노예는 자유가 없으며 따라서 결과에 대해 책임질 필요도 없다. 그래서 자유는 두렵고 무서운 것이다. 철학자 사르트르는 "자유는 보물이기는 하지만 가지고 다니기가 아주 무서운 보물"이라고 했다.

근래 우리 사회에서는 자녀를 지나치게 과보호하여 방종되게 키우는 경향이 있다. 한 자녀 또는 두 자녀를 두는 가정이 많기 때문일지도 모른다. 아이를 기죽인다 하여 식당 등 공공장소에서 제멋대로 행동하게 내버려 둔다. 그렇게 자란 아이들이 커서 성숙한 시민이 되기 어려울 것이다. 사람은 도덕적 규범, 사회적 규범으로 양육되어야 한다. 하물며 야생마도 길들이고 개도 길들이는데 사람을 제대로 양육해야 한다는 것은 두말할 필요도 없다. 사람은 사회에 조화될 수 있도록 사회규범에 맞게 키워져야 하고 사회공동체를 위해 기여할 수 있도록 해야 한다.

이성적 판단과 합리적 토론

민주적 시민은 이성적 판단에 따라 행동한다. 민주주의는 토론을 통해 상대방을 설득하고 다수를 자기편으로 만드는 기술이다. 또한 민주주의는 평등이념에 바탕을 두고 있기 때문에 서로 다른 입장이나 의견이 있다는 것을 인정한다. 따라서 민주적 시민은 여러 사람이 모인 자리에서 자신의 의견을 설득력 있게 말할 수 있어야 하는 동시에 다른 사람들의 의견을 경청할 줄 알아야 하며, 상대방의 견해가 낫다고 판단되면 이를 받아들일 수 있어야 한다. 특히 민주정치는 다양한 이해갈등을 대화와 타협을 통해 평화적으로 해결하는 제도이다. 따라서 합리적인 대화와 타협은 민주정치의 기본조건이다.

합리적 판단능력이 없이는 선거에서 후보자들의 자질이나 공약을 제대로 평가할 수 없다. 또한 합리적 판단능력이 없이는 주변의 충동에 쉽게 휩쓸리고 집단행동에 가담하게 된다. 주변의 선동에 쉽게 속아 넘어가거나 군중심리에 휩쓸리는 사람들이 많은 사회는 성숙한 민주사회가 되기 어렵다. 히틀러 치하의 독일은 그 같은 문제가 있었다. 민주정치에서 가장 잘못된 형태는 중우(衆愚)정치이다. 아마추어 수준의 여론이 국정방향을 좌우한다면 그러한 나라는 제대로 된 민주국가라 할 수 없다.

우리는 타인의 의견을 존중하는 훈련이 매우 부족한 것으로 나타나고 있다. 교육과정평가원의 보고서에 따르면, 초등학교에서 타인 존중 교육의 비중은 영국과 프랑스가 각각 60% 이상이 되는데 비하여 우리나라는 16%에 불과하다.[49] 더구나 우리의 학교나 직장 중에는 전쟁터처럼 살벌한 곳이 적지 않으며 그러한 여건에서 타인에 대한 배려나 봉사는 생각조차 하기 어렵게 된다. 그 결과로 우리 사회에 합리적 토론은 별로 없고 토론이 있다 하더라도 자기의 주장을 굽히지 않고 상대편 주장을 무조건 배척하는 등, 평행선을 달리는 경우가 대부분이다. 민주주의자임을 자처하면서도 자기 주장만 옳다며 타협을 거부하는 경우가 빈번한데 그러한 사람이야말로 민주주의의 핵심원리인 다수결을 부정하여 민주주의를 멍들게 하고 있는 것이다.

여러 사람이 모인 자리에서 감정에 치우치지 않고 서로를 이해하며

---

49) 『한국일보』, 2008년 6월 3일.

자신의 의견을 설득력 있게 말하고 합리적 토론을 하고 타협을 통해 합의를 도출해내는 것은 저절로 되는 것이 아니라 오랜 훈련이 필요하다. 그래서 민주주의가 성숙된 나라는 거의 예외없이 어릴 적부터 합리적으로 생각하고 대화하는 훈련을 시키고 있다.

▌다수결 원칙

민주주의에서 모든 사람의 의견을 똑같은 비중으로 존중하기 때문에 다수가 원하는 안을 선택하는 다수결 원칙은 매우 중요하다. 구체적인 문제에 대해서 개인이나 집단 간에 의견이 다를 수 있다. 다른 의견에 대해 대화와 타협을 통해 의견 접근을 시도하고, 그것조차 안 되면 다수결로 결정한다. 다수결로 결정되면 소수파도 그 결정에 승복하고 따라야 한다. 그렇다고 해서 소수의 의견이 무시되는 것이 아니라 토론과정에서 반영되기도 하고 다른 방법을 통해서 반영되도록 노력해야 한다.

이처럼 민주주의의 핵심적 원리인 다수결 원칙에 대해 우리 사회의 이해는 수준 이하라 할 수 있다. 특히 민주주의의 모범을 보여야 할 국회 운영을 보면 국회의 개회, 법률안 가결 등 모든 문제에 있어서 다수결 원칙이 무시되고 있다. 국회를 개회하는 것은 국회법에 규정된 대로 하면 되는 것인데 어느 당이 반대하면 개회를 위한 협상을 하면서 밀고 당기는 일이 벌어진다. 법률안에 대해서는 찬반토론을 거쳐 투표로 결정하는 것이 민주적 절차이지만 회의에 회부하는 것 자체를 막기 위해 회의장을 점거하는 등, 물리적인 방법을 동원한다. 어느 정당이 다수의 석을 갖게 된 것은 국민의 선택인데 국회에서 다수결 원칙이 무시된다면 사회적으로 어떻게 다수결원칙이 존중될 수 있겠는가?

법치주의

국가의 다른 이름이 법이며 법의 다른 이름이 국가다. 법이 없으면 국가도 없고, 국가가 없다면 국민의 생명과 재산은 보호받지 못한다. 법과 질서가 허물어진 사회는 문명사회가 아니며 폭력과 야만이 판치는 약육강식(弱肉强食)의 사회이다. 문제 해결을 위해 비정상적인 방법이나 폭력의 행사는 어떠한 이유로도 정당화될 수 없다. 그래서 모든 나라에서 법치주의를 확립하는 것을 무엇보다 긴요한 과제로 삼는다. 왜냐하면 자유와 민주주의를 보장하는 것이 곧 법이요 법치주의이기 때문이다. 한마디로 말해 법치주의는 민주주의와 시장경제의 기본 인프라라고 할 수 있다.

일제 식민지 통치와 과거 권위주의 정부의 비민주적 통치로 인해 국민은 법치주의에 대한 부정적 인식을 갖게 되었다. 그래서 민주주의를 파괴하면서도 민주투사임을 자부하는 사람들도 적지 않았다. 오늘날 우리나라가 과연 법치국가인지 의심이 갈 정도로 불법과 폭력, 무질서가 만연되고 있다. 우리 사회의 법 준수 정도에 관한 최근 자료를 보면, '법이 지켜지지 않고 있다'고 응답한 비율이 63%에 이르고 있다. 또한 국회의원, 장차관 등 국가지도층 인사들이 법을 어기거나 법망을 교묘히 피한 경우도 허다하다. 일반국민들은 지도층 인사들이 법과 질서를 자기들보다 더 안 지킨다고 보기 때문에 오히려 "법을 지키는 사람만 바보가 된다"고 생각하는 경향이 있다. 그 결과 어떤 여론조사에서 '법을 지키면 손해'라는 응답자가 무려 72.7%에 이르고 있는 실정이다.

공동체 정신

인간은 혼자 살 수 없고 더불어 살아가야 하며 그래서 사람은 사회적 동물이라 한다. 이처럼 함께 살아가는 사회를 '공동체'라 한다.

지역사회나 국가는 대표적인 공동체이다. 건전한 공동체에서는 각 구성원은 공동체의 가치관과 신념에 동조하려는 자세를 지녀야 하며, 필요시 서슴없이 공동체의 요구에 따르고 헌신하고 희생할 수 있어야 한다. 공동체가 잘되면 그 안에 사는 개인도 잘된다는 원리이다. 청년 이승만은 감옥에서 쓴 『독립정신』에서 국가는 같은 배를 탄 운명공동체라고 했다. 풍랑을 만나 배가 파선되면 모두가 목숨을 잃게 되므로 모든 승객은 선원을 도와 안전한 항해를 할 수 있도록 해야 한다고 했다. 나라가 잘되기 위해서는 국가이익이 우선되어야 하고 그 다음으로 지역사회의 이익이 중시되어야 하며, 마지막으로 집단이나 개인의 이익을 고려해야 하는 것이다.

모든 사회집단은 애국심, 애향심, 애교심, 애사심 등 나름대로 공동체의식을 강조하고 육성하려 한다. 이것은 독재사회나 민주사회나 마찬가지이지만 개인을 존중하는 민주사회에서는 자율적인 공동체의식이 더욱 필요하다. 민주시민으로서 바람직한 공동체의식은 국가나 사회를 내 나라 내 고장으로 받아들이는 사회적 일체감(一體感), 국가와 사회의 문제를 자신의 문제로 인식하는 사회적 감수성(感受性), 자신의 책임과 역할을 인식하는 사회적 책임감이 포함된다. 공동체의식이 강한 사회는 평화롭고 행복한 삶을 누릴 수 있으나 약한 사회는 무질서하고 갈등과 혼란이 많으며 비리와 범죄가 난무하게 된다.

국가공동체 의식이 희박하면 개인주의는 물론 지역이기주의와 집단이기주의가 판치게 된다. 우리 사회는 지역이기주의나 집단이기주의로 인해 국가적으로 골칫거리가 되는 경우가 허다하다. 지역사회에서 이를 기피하기 때문에 원자력폐기물 처리장 건설을 둘러싸고 오랫동안 논란을 벌여야 했다. 조금이라도 피해가 예상되거나 심지어 아파트 가격에 영향을 줄 가능성이 있으면 혐오시설이라 하여 자기 지역에 건설되는 것을 한사코 반대한다. 그것을 국가전체로 보면 필요한 공공시설을 건설하지 못하게 하거나 국책사업을 지연시키는 결과를 초래한다. 공기업 노동조합은 자기들의 집단이익을 지키기 위해 강력히 저항하기 때문에 공기업 개혁이 지지부진하여 국민들에게 많은 부담을 줄 뿐 아니라 국가경쟁력을 좀먹고 있는 것이다. 그럼에도 정치인들은 지역 소외감이나 지역이기주의를 이용하여 득표를 위해 지역공단, 지역공항, 신도시 또는 기업도시 건설, 고속도로 건설 등, 대중영합적 지역개발 공약으로 막대한 세금을 낭비하는 경향이 있다.

정치에 있어 지역주의는 만성적인 문제로 남아 있다. 2008년 4월에 실시된 18대 총선거 결과를 보면, 한나라당과 통합민주당의 지역구 당선자 수는 영남에서 46대 2, 호남에서 0대 25로 '전부(全部) 아니면 전무(全無)'에 가까웠다. 자유선진당은 이 선거에서 충청권에서만 14석을 차지했다. 일본은 오키나와에서 홋카이도까지 국토가 길게 뻗어 있지만 심각한 지역주의는 찾아보기 어렵다. 일본의 선거 결과를 분석해보면 민주당과 자민당이 전국에서 비슷한 지지율을 보이고 있다. 자동차로 한두 시간이면 구석구석까지 오고 갈 수 있는 좁은 나라에서 경상도, 전라도, 충청도 하고 따지면서 반목과 갈등을 거듭해서는 일본을 따라잡기가 쉽지 않을 것이다. 국가공동체 의식을 포함한 공동체 정신을 함양하는 것이 건전한 민주주의의 첩경이다.

어릴 때부터 체질화되어야 할 민주시민정신

우리나라 사람들은 기초질서도 잘 안 지키고 공중도덕도 희박한 편이다. 길을 걷다가 옆 사람과 부딪쳐도 무시하고 지나가며 엘리베이터나

지하철에서 다 내리기도 전에 밀치고 들어온다. 차를 몰면서 차창 밖으로 타고 있는 담배를 털어대는 운전자도 많다. 아파트 등 큰 건물의 계단에 버려진 담배꽁초나 휴지도 적지 않다. 새로 입주하는 아파트 엘리베이터나 현관은 온갖 불법 광고물로 더럽혀져 있다. 전철 안에서 어린 아이들이 신발을 신은 채 좌석에 올라가도 못 본 체하는 젊은 부모도 적지 않다. 옆에 빈자리가 나면 한 손을 짚고서 큰 소리로 멀리 있는 가족을 불러 앉히는 일도 자주 본다. 요컨대, 우리 사회는 공중도덕이 부족하고 기초질서를 지키지 않는 사람이 많지만 습관이 되어 아무렇지도 않게 여긴다. 그래서 우리나라에 살아본 외국인들은 공통적으로 한국에선 사람에게 부대끼고 시달리며 살 수밖에 없다는 말을 한다.

국민소득만 높아진다고 선진국이 되는 것이 아니다. 준법의식을 갖춘 시민이야말로 선진국의 중요한 지표이다. 성인들의 법질서 위반은 예외 없이 단속하는 수밖에 없다. 그러나 보다 근본적인 처방은 어릴 때부터 기초질서 지키기와 규정 지키기 등, 준법정신을 체질화시켜 성인이 되면 자발적으로 법질서를 준수하도록 해야 한다.

민주시민교육은 가정으로부터

일생에 필요한 모든 것은 유치원에서 다 배운다는 말이 있다. 자녀들의 인성발달에 대한 부모의 책임이 크다는 것을 알 수 있다. 과거에는 자녀교육을 위해 가정이 중요한 역할을 했다. 그러나 현대에 와서 부모들이 생업에 매달리고 또한 핵가족이 되면서 가정교육이 등한시되고 있다. 더구나 부모들은 자녀의 성적 향상, 좋은 학교 진학, 그리고 좋은 직장이나 사업에 성공하는 것 등 개인적 성공에만 관심을 기울인다. 다시 말하면, 인간교육보다는 야망을 키우게 하고 수단방법 안 가리고 성공을 부추기고 있는 것이다. 옛날에는 우리가 예절을 중시하는 '군자(君子)'의

나라'로 알려져 있었지만 그러한 좋은 전통이 사라지고 있다.

선진국 부모들은 자녀의 성적보다도 인성발달에 주된 관심을 기울인다. 남에게 폐를 끼치지 않도록 하고 약자를 도와줄 줄 알며 사회를 위한 봉사정신을 기르는 등, 공동체의 일원으로 부족함이 없는 사람이 되기를 바란다. 더구나 서구에서는 오랜 기독교적 전통으로 교회가 도덕적인 면에서 중요한 역할을 하지만 우리는 그렇지 못한 편이다. 자녀교육에 대한 가치기준이 불분명한 가운데 젊은 부모들 중에는 아이들이 기가 죽을까 하여 식당이나 호텔 로비 같은 공공장소에서 무질서하게 뛰노는 것을 방치하는 사람이 적지 않다. 부모로서 자기 집과 공공장소를 구분하지 못하고 있는 것이다. 질서, 협동, 근면, 책임준수 같은 생활습관은 어릴 때부터 반복적으로 실천하게 하여 습관으로 굳어지게 해야 한다.

▎학교는 미래 시민의 훈련장

학교는 사회의식과 정치의식을 함양하는 데 중요한 역할을 담당해야 한다. 학교는 결코 상급학교 진학의 과정이 아니라 인간을 만들고 사회와 국가의 모범적인 일꾼으로 육성하는 곳이 되어야 한다. 선진 민주국가에서 학교는 단순히 지식을 전달하는 곳이 아니라 국민으로서의 소속감과 애국심, 정치와 사회에 대한 기본 지식 또는 정치적 식견과 같은 시민의식을 함양하는 국민훈련 센터로 인식되고 있다.

그런데 우리 학교는 이러한 역할을 제대로 하지 못하고 있다. 학교 내 공중도덕 교육이나 준법교육도 매우 부실하다. 교칙은 있으나마나이다. 교칙을 잘 다듬어 학생들에게 분명히 교육시키고 그것을 엄격히 적용하여 사회에 나가서 법이나 규정을 자발적으로 지키도록 하는 것이 중요하다. 교칙을 지키는 훈련이 안 된 청소년들이 사회에 나가 법질서를 제대로 지키기는 어려울 것이다. 학교에서 시험부정이나 과제물과 관련된 비행이 만연되고 있지만 이를 결코 방치해서는 안 된다. 학교에서 부당한 방법을 사용하는 버릇이 생기면 사회에 나가 그 같은 행동을 되풀이할 가능성이 크다. 우리 사회에 거짓말과 사기사건이 너무도 많은 것은 이 같은 잘못된 학교생활에 책임이 있다고 할 수 있다. 따라서 학교에서 부정행위를 엄격히 다루어야 할 뿐 아니라 공중도덕과 교칙을 철저히 가르쳐야 한다. 나아가서 우리 전통의 장점인 도덕교육을 강화하되 특히 연장자 존중, 타인에 대한 배려, 검약, 근검 등 유교적 윤리를 현대에 맞게 발전시켜 교육에 활용할 필요가 있다. 일본이나 싱가포르는 오래 전부터 유교적 윤리를 중시하는 도덕교육을 실시해오고 있고, 문화혁명 당시 유교를 말살하려 했던 중국조차도 지금은 이를 중시하고 있는 실정이다.

학생들이 실천을 통해 공중도덕이나 준법정신을 배우게 하는 것도 좋은 방법이다. 큰 거리에 나가면 씹다가 버린 수많은 껌들이 길바닥을 더럽히고 있다. 학생들로 하여금 껌을 제거하게 하고 휴지를 줍게 하며, 전봇대에 붙은 지저분한 광고지를 제거하게 하는 것 등을 시도해 볼만하다. 중고등학교에서는 장애인, 고아, 노인들을 대상으로 한 봉사활동이나 지역사회를 위한 봉사활동을 통해 타인을 배려하고 공동체정신을 배양할 수 있을 것이다. 중고등학교에서는 법률교육도 절실하다. 청소년들에게 적용되는 법이 어떻게 만들어지는가에서부터 출발하여 폭력행위 등 법을 위반한 학생이 사건 발생한 후 겪게 되는 사법절차를 통해 관계되는 법, 사건처리 절차, 경찰, 법정, 소년원 등에 대해 알아보도록 한다. 나아가 '법이란 무엇인가', '법은 왜 지켜야 하는가', '법을 안 지키면 어떤 제재가 따르는가' 등에 대한 토론도 필요하다. 경찰관, 판사, 검사, 변호사, 법학교수 등이 학교 준법교육을 위한 자원봉사에 나서준다면 더욱 효과적일 것이다.

학교에서는 이성적이고 합리적인 토론훈련을 적극 권장해야 하며, 특히 시민교육 과목에서는 가능한 한 토의식 수업을 하도록 해야 한다. 학교에서 토론을 하는 훈련을 받지 못한다면 사회에 나가 민주적 토론을 하기 어렵다. 지도교사는 사회적 쟁점이 되고 있는 문제를 신문사설 등에서 뽑아 학생들로 하여금 토론하게 하면서 민주시민의 책임과 의무, 권리 그리고 민주정치의 핵심 이슈에 대해 이해할 수 있도록 하는 것이 바람직하다. 교사는 주요 이슈에 대해 다양한 입장을 소개할 필요가 있다. 예를 들어, 미국과의 자유무역협정이 학생들의 토의 주제일 경우 이 협정에 대한 여당과 야당의 입장을 동시에 전달하고 두 안보다 타당한 입장이 있다면 그것까지 알려 주어야 한다. 학생이 어떠한 관점을 취하느냐는 어디까지나 학생 개인의 자유에 맡겨야 한다. 또한 평등은 모든 사람을 똑같이 대우하는 것인지, 그렇다면 노력한 사람과 그렇지 않은 사람을 똑같이 대우했을 때 발생하게 되는 문제는 무엇인지, 기회의 균등이란 무엇인지 등에 대해 이해시키는 것이 필요하다. 예를 들면, 밤새워 공부를 해서 점수를 잘 받았는데 평등이라는 이유 때문에 실컷 자고 공부를 게을리한 학생과 같은 대우를 한다면 그것이 과연 합당한 것인지 토의하게 한다.

나아가 학생들의 자치활동을 민주주의 훈련의 기회로 적극 활용해야 한다. 학급 자치회를 매주 개최하고 학년별 학생회, 전교생 학생회 등을 통해 교내 문제는 물론 지역사회와 나라의 현안 문제에 대해 학생들이 토론하여 결정하게 함으로써 그들의 민주적 토론 역량을 길러야 한다. 특히 학생들과 직접 관련된 문제를 토의하게 하는 것은 바람직한 방법이다. 예를 들면, 학교급식에 문제가 있다고 판단한 학생들이 급식관련 기관 또는 관계자, 관련규정, 급식예산 등을 파악하고 다양한 주장을 내세우고 타협을 통해 개선안을 마련하여 건의하게 하는 것도 한 방법이다. 또한 지역사회에 청소년회관의 필요성을 논의하게 하여 다른 지역 청소년회관의 사업계획 및 예산과 운영실태, 관련된 행정기관, 관련 규정 등을 토의한 후 건의하게 할 수도 있을 것이다.

학생들은 학교의 민주주의 문화, 방과 후 활동과 지역사회 활동, 그리고 언론매체를 통한 뉴스를 통해 영향을 받는다. 따라서 아무리 교실에서 민주시민의 자질과 소양에 대해 훌륭한 교육을 받는다고 하더라도 학교 내 분위기가 비민주적이고 정치사회적 분위기가 무질서하고 비민주적이라면 학교에서 배운 것이 민주적 소양으로 내면화되기 어려운 것이다. 학교에서의 민주시민교육 강화와 함께 선진 시민의식 확산을 위한 사회교육과 국민운동이 필요한 것은 바로 이 때문이다.

시장경제의 요체인 자본주의 교육

민주주의와 자본주의는 동전의 양면

민주주의와 자본주의는 동전의 양면과 같은 것이다. 민주주의 없이 자본주의가 발전되기 어렵고 자본주의 없이 건실한 민주주의도 뿌리내리기 어렵다. 중국, 베트남 같은 나라가 시장경제를 추구하고 있지만 사유재산 불인정 등 자본주의 원리를 상당부분 부정하고 있어서 진정한 자본주의라 할 수 없다. 우리나라에서 실물경제는 발전되었지만 그 정신적 바탕이 되는 자본주의정신을 이해하고 실천하는 노력이 부족했다고 본다. 시장경제는 외형적 발전이 중시되었을 뿐 국가이념으로 주목받지 못했다. 민주시민의 자질로서 민주주의 이념에 대한 교육과 훈련이 필요하듯이 자본주의 이념에 대한 올바른 교육도 필수적이다. 특히 경제전쟁 시대라고 불리는 세계화 시대에는 더욱 그렇다. 자유경제 혹은 시장경제 체제는 우리 헌법에 규정된 중요한 국가이념이기도 하다.

서구의 초기 자본주의 발전에서는 근면, 절약, 저축 등 청교도정신이 정신적 바탕이 되었다. 자본주의에서 자본의 축적은 무엇보다 중요하지만 각자가 성실하게 노력하고 절약하고 저축하지 않으면 자본을 축적할 수 없고 사업에 성공할 수도 없다. 따라서 자본주의 사회에서는 성실하게 노력하는 사람이 성공하며 따라서 기업인이나 재산가는 대체로 존경받는다. 우리나라에서 근면, 절약, 저축 정신이 어느 나라보다 뒤떨어지지 않았지만 그것이 자본주의 윤리로 정착되지 못했다. 워낙 짧은 기간에 급속한 성장을 했기 때문에 대기업과 중소기업 간, 계층 간, 지역 간 격차 등 구조적 모순이 적지 않았다. 자본주의에 대한 윤리적 바탕이 없이 물량적인 면에서 급속히 성장하면서 정경유착, 독점, 투기, 탈세, 밀수, 매점매석 등 수단방법을 가리지 않는 천민자본주의 현상이 나타나게 된 것이다.

우리 사회에 '돈만 벌면 된다'는 황금만능주의가 팽배해 있지만 그 같은 풍조는 청소년들에게도 만연되어 있다. 일본 청소년연구소가 한국, 미국, 일본과 중국의 고교생 각각 1,000~1,500명에게 설문조사를 한 결과, '부자가 되는 것이 성공한 인생'이라고 응답한 학생이 한국은 50.4%로 일본 33%, 중국 27%, 미국 22.5%보다 훨씬 많았다. '돈을 벌기 위해선 어떠한 수단을 써도 괜찮다'는 대답도 한국은 23.3%로 미국이나 일본보다 높았다. '돈으로 권력을 살 수 있다'는 대답 역시 미국, 일본, 중국은 30% 안팎이었는데 한국은 무려 54.3%나 되었다.[50]

빈약한 자본주의 정신

많은 사람들이 피땀 흘려 경제를 일구었고 탁월한 기업가들이 있었기에 오늘날 우리 경제는 세계적으로 인정받고 있지만, 고도성장의 그늘에서 잘못된 방법으로 부를 축적한 사람들도 적지 않다. 특히 민족자본이 없는 가운데 정부가 기업을 육성했기 때문에 정부와 기업 간에 긴밀한 협력이 필요했지만 그 과정에서 정경유착(政經癒着)으로 인한 부정부패가 적지 않았다. 기업가들도 본분에 대한 이해가 부족한 편이었고, 일부 부유층은 호화결혼식 등 허례허식에 빠지거나 값비싼 외제 명품을 선호하는 등, 과시성 소비로 계층 간 위화감을 조성하여 기업가들에 대한 불신까지 초래했다. 그래서 기업인 또는 가진 자에 대한 불신, 시장경제에 대한 불신, 그리고 외국자본에 대한 의구심이 널리 퍼져 있는 것이다. 그러한 가운데 급진세력은 중남미 좌파이론인 종속(從屬)이론을 맹신하며 우리 경제를 미국 등 국제자본에 종속된 매판(買辦)자본으로 몰아붙이며 타도대상으로 삼아왔으며 이러한 분위기에 힘입어 과격한 노동운동이 일어났던 것이다. 이러한 현상이 극복되지 않는 한 경제가 지속적으로 발전하기 어렵다.

대도시 중산층 이상에서 보편화되어 있는 부동산 투기도 자본주의 정신에서 보면 문제가 크다. 물론 부동산을 사고파는 것은 정상적 거래이지만, 그것이 지나쳐 가장 중요한 부의 축적수단이 되고 이로 인해 경제질서에 갖가지 부작용을 초래한다면 이는 방치될 수 없는 일이다. 더구나 정부의 고위직 인사청문회는 대부분의 후보자들이 부동산 투기 목적으로 위장전입을 하고 실제 거래가격보다 낮은 다운계약서를 써서 탈세

---

50) "사설: '돈만 벌면 된다'는 청소년이 미·중·일보다 많다니,"『조선일보』, 2008
년 4월 11일.

를 한 것으로 드러나고 있다. 공직자의 재산신고 내역에 의하면, 1급 이상 고위공직자와 정부 산하 단체장 708명 중 20% 이상이 서울지역 재건축 아파트를 소유하고 있으며 여러 개의 부동산을 소유한 사람도 상당수에 이르는 등 고위 공직자들이 부동산투기에 앞장섰던 것으로 나타났다.[51] 고양이에게 생선가게를 맡긴 것이나 마찬가지다.

부동산투기와 이로 인한 부동산 가격 폭등은 만성적인 경제문제이고 사회문제이며 정치문제가 되어 왔다. 부유층에서는 부동산을 사고팔아 막대한 차익을 남기지만 서민층은 폭등하는 전세로 더욱더 고통 받게 된다. 또한 수도권과 지방 간 지나친 부동산 가격 격차로 수도권 이외 주민들이 심한 상대적 박탈감을 느끼고 있다. 수도권에 있는 지방자치 단체는 폭등한 부동산 가격에 힘입어 막대한 세금을 거둘 수 있어 수천 억을 들여 호화로운 청사를 짓고 갖가지 토목공사를 벌이고 있지만 지방에서는 엄두도 못 낼 일이다. 그래서 사람들은 계속해서 수도권으로 몰려들어 수도권 비대 현상이 심화되고 있는 것이다. 누구든지 땀 흘려 노력하면 내 집을 가질 수 있는 희망을 가질 수 있어야 하지만, 현실은 이와는 거리가 멀다. 도시에 사는 근로자가 서울 강남에 있는 30평 정도의 아파트를 사려면 56년 동안 쓰지 않고 저축해야 할 만큼 비싸다. 상식적으로 말이 안 되는 가격이다.

우리나라는 세계에서 싱가포르 등의 도시국가를 제외하고 인구밀도가 가장 높은 나라 중의 하나이며 더구나 산지(山地)가 대부분이고, 인구의 도시집중 현상도 심하여 부동산 투기 가능성이 매우 높은 나라이다. 그런데도 경제학자들은 부동산 문제를 중요한 연구대상으로 삼지

---

51) "고위 공직자 5명 중 1명 '강남 재건축' 갖고 있다는데," 『조선일보』, 2010년 4월 13일.

않았고 정치인과 정책 당국자들도 이 문제를 소홀히 다루어 왔다. 미국과 같이 광대한 토지를 가진 나라에서도 평생 단 한 차례만 부동산 거래에서 얻는 이익에 대해 50만 달러 한도 내에서 면세되지만 그 이외에는 세금을 중과하여 부동산 투기를 억제하고 있다. 그런데 우리나라에는 한 사람이 한 해에 여러 건 부동산을 사고팔아 막대한 차익을 남겨도 똑같은 세율이 적용될 뿐이다. 그래서 부동산은 투기의 수단이 된지 오래이다. 부동산 투기로 수억 원의 차익을 남기는데 절약하고 저축하며 보다 생산적인 곳에 투자하는 자본주의 정신이 뿌리 내릴 수 있겠는가? 부동산 가격이 높아지면 임대료가 비싸져 물가가 비싸지게 되며 이로 인해 근로자의 임금이 계속 올라가도 뛰는 물가를 따라잡지 못한다. 또한 부동산값이 비싸지면 도시의 경쟁력이 떨어져 국가경쟁력도 낮아지게 된다.

사회 전반에 걸쳐 자본주의 원칙을 준수하려는 태도 또한 희박하다고 본다. 사유재산을 존중하는 것은 자본주의에서 중시해야 할 가치이다. 한때 우리나라는 외제 명품의 가짜 복제품 천국으로 알려지기도 했고 지금도 암시장 등에서 버젓이 거래되고 있다. 지적 재산권(知的 財産權) 문제도 마찬가지다. 자본주의에서 재산권이 보호되어야 하듯이 지적 재산권도 엄연한 재산권으로 보호되어야 마땅하지만 우리 사회에서 지적 재산권에 대한 인식이 부족하다. 우리나라가 정보통신 분야의 선진국이라 자부하고 있지만 소프트웨어 불법복제에서는 후진국 수준이다. 국제 민간단체인 사무용 소프트웨어 연합이 최근 110개국을 조사한 결과 한국의 불법 복제율이 43%로 세계평균치보다 높았으며 정보통신산업 선진국인 미국(20%), 일본(21%)에 비해 두 배 이상 높고 OECD 30개국 중 23위로 매우 낮은 편이다.[52]

한국저작권위원회가 2008년 말 조사한 결과에 따르면, 응답자 10명

중 무려 8명이 '소프트웨어 값이 돈 주고 사서 쓰기엔 비싸다'고 답했다. 그들 중 절반 이상(54%)이 정품 소프트웨어를 사서 쓰지 않고 불법 소프트웨어를 이용하고 있다고 할 정도로 지적 재산권 침해가 심각하다.[53] 비싼 외제 소프트웨어를 사서 쓸 것이 아니라 적당히 눈감아 주어 불법복제품을 쓰는 것이 나라에 이익이 된다는 잘못된 사고가 깔려 있어 감독기간이 철저히 단속하지 않는 것도 불법복제가 만연되는 이유 중의 하나이다. 막대한 자금을 투입하여 소프트웨어를 개발한다 하더라도 소비자들이 이것을 사 쓰지 않고 '훔쳐서' 공짜로 쓴다면 소프트웨어산업이 발전할 수 없다. 정보통신 분야의 선진국들은 소프트웨어산업의 경쟁력도 세계 최고 수준이지만 우리의 소프트웨어산업은 후진국 수준이다. 불법복제가 성행하는 환경에서는 기업들이 막대한 자본을 투입하여 소프트웨어를 개발하려 하지 않게 된다. 그러나 선진국들과 자유무역협정을 체결하게 되면 선진국 소프트웨어 업체들이 우리나라에 만연된 불법 복제를 결코 용납하려 하지 않을 것이다.

일반 국민도 근검, 저축, 성실, 절제 등 자본주의 정신에서 어긋나는 점이 많다. 그 대표적인 것이 돈이면 안 되는 일이 없다는 황금만능주의 사고방식이다. 영국 로이터통신이 2010년 초 발표한 세계 23개국 여론 조사 결과를 보면, '돈이 있으면 성공'이라고 대답한 비율이 한국은 69%로서 30% 내외의 선진국들에 비해 두 배 이상 높다. 이런 생각을 하게 되면 돈을 버는 데 수단방법을 안 가린다. 이른바 한탕주의이다. 그러한 사람들은 허례허식에 빠지게 되고 외제 명품을 선호하며 과시성

---

52) 한국의 음원 불법다운로드는 중국에 이어 세계에서 두 번째로 많은 것으로 나타났다.
53) "불법복제 미·일 2배 IT경쟁력 8단계 추락 한국은 SW 후진국," 『중앙일보』, 2009년 12월 2일.

소비를 하고 빚을 내서라도 자신을 과시하려 한다. 우리나라에는 대형 아파트가 지나치게 많은 편이다. 선진국에 비해 큰 편이고 일본에 비하면 아주 큰 편이다. 휘발유값도 비싸고 주차공간도 부족하지만 사람들은 대형차를 선호하며 소형차는 잘 팔리지 않는다. 소득수준이 높은 선진국 국민들도 물자를 재활용하는 것이 몸에 뱄지만 우리는 쓸 만한 것도 버리고 남이 쓰던 것은 꺼리는 경향이 있다. 물론 알뜰하게 사는 사람들이 많은 편이지만 선진국 소비자들에 비해 근검절약하는 정신이 부족하다는 점을 부인하기 어렵다.

세계 최고 수준인 반기업정서

자본주의 시장경제는 우리 역사를 근본적으로 바꾸었고 우리의 삶을 풍요롭게 했으며 세계 속에서 우리나라의 위상을 크게 높였다. 그 중심적 역할을 해 온 것이 대기업 집단이다. 삼성, LG, 현대 등 한국의 대기업 집단은 그 매출규모로 볼 때 중간그룹의 국가들보다 더 크다. 예를 들면, 삼성그룹의 매출은 세계 180여 개 국가 중 35번째로 큰 나라의 경제력과 같은 규모로서 말레이시아, 싱가포르보다는 크고 이란이나 아르헨티나보다 조금 작다. LG그룹은 세계 48번째 국가 규모이며, 현대자동차그룹은 51위, SK그룹은 55위에 해당된다.

2008년 9월 뉴욕 월스트리트 투자회사인 리먼 브러더스의 파산으로 촉발된 세계경제 위기 이래로 우리의 간판 기업들은 위기를 기회로 삼아 국제시장에서 눈부신 활약을 하고 있다. 미국을 상징하는 세계 최대의 자동차 회사인 GM이 파산 직전이고, 세계 제일의 경쟁력을 자랑해 온 도요타자동차도 휘청거리고 있는데, 현대자동차는 미국에서 시장점유율을 확대하는 등 약진하고 있다. 삼성전자와 LG전자는 경제위기 속에서도 기록적인 영업실적을 올리며 세계 최고의 기업으로 성장하여 모토로라와 소니를 일찌감치 따돌리고 노키아를 따라잡는 것도 시간문제로 보인다. 우리의 조선업은 유럽 여러 나라의 조선업을 합친 것보다 큰 세계 제일이 되었다. 외국을 나가보면 우리나라의 자긍심을 누가 올려놓고 있는지 분명하다. 그런데도 우리 사회에서 기업이나 기업인은 사회적으로 신뢰와 존경을 받지 못하고 있다. 이것은 분명 모순일 뿐 아니라 심각한 문제이다.

사회주의 국가보다 반기업적인 한국

미국 시사주간지 뉴스위크는 2006년 2월 보도된 두 가지 외신 기사를 실었다. 하나는 사회주의 체제에 사는 중국인들이 세계에서 시장경제 체제를 가장 선호한다는 미국 여론조사기관의 설문조사 결과였다. 다른 하나는 "한국은 돈 가진 것을 남에게서 훔친 것이라고 생각할 정도로 거의 공산주의적인 태도를 갖고 있는 나라"라는 비판이 그것이다. 자유시장 경제로 번영을 구가하고 있는 우리가 사회주의 국가인 중국인들보다 덜 시장주의자가 됐고, 중국보다 더 공산주의적이라고 평가받고 있는 것이다. 옛날 우리나라는 "사농공상(士農工商)"이란 말처럼 상업과 제조업을 천하게 여기며 가난하게 살아오다가 1960년대 이래 제조업과 무역을 중시하게 되어 세계 경제사에 기록이 될 만한 성공적인 경제발전을 이룩했다. 그러나 공산주의라는 수렁에 빠져 있던 중국은 '검은 고양이든 흰 고양이든 쥐만 잡으면 된다'는 덩샤오핑의 실용주의에 힘입어 다시 거대한 용트림을 시작하여 가속도를 내고 있는 반면, 한국은 오히려 거꾸로 돌아가려는 모습이다. 중국이 사회주의를 탈피하려 애쓰고 있는 반면, 한국은 그것을 그리워하는 이상한 현상을 외신이 지적하고 있는 것이다.

2007년 매일경제신문이 실시한 여론조사에 의하면, 기업에 대해 부정적 인식을 가진 사람들(57%)이 긍정적 인식을 가진 사람들(26%)보다 두 배나 되었다. 옛말에 "사촌이 논을 사면 배가 아프다"는 말이 있듯이 우리는 다른 사람이 잘사는 것을 시기하는 경향이 있다. 2004년 11월 전국경제인연합이 실시한 여론조사에서 "부자(富者)에 대해 호감이 가지 않는다"는 내용에 대해 찬성하는 비율이 67.4%나 되었다. 이 같은 높은 반(反)부자 감정은 곧 반(反)기업 정서를 의미하는 것이다. 이 조사에서 기업인들의 66.7%가 "우리 사회의 반(反)기업 의식이 심각하다"고 답변했다. 어떤 조사에서든지 한국인의 반(反)기업정서는 세계 최고 수준으로 나타난다. 노무현 정권하에서 집권세력이 앞장서서 반기업정서를 부추기고 친정부 언론이 맞장구를 치는 상황에서 반기업정서가 높아지게 되었다는 것은 결코 놀랄 일이 아니다.

공정언론시민연대가 지상파 방송 4개사 시사프로그램에 대한 종합 모니터링을 한 결과에 의하면, 주요 텔레비전 방송들은 2006년부터 2009년 7월까지 3년 6개월간 방영한 35개의 기업관련 시사프로그램 중 33개가 삼성특검, 대기업 횡포, 산업재해, 탈세 등 기업과 관련된 부정적인 내용을 보도했고, 기업의 긍정적 활동을 다룬 것은 하나도 없었다고 한다. 이처럼 팽배한 반기업 정서로 인해 정부는 기업활동에 대해 과도한 규제를 하게 되었고 국제적으로 악명 높은 과격한 노동투쟁이 정당화되었다고 본다. 2004년 헤리티지재단과 월스트리트저널이 공동 조사한 경제자유도에서 한국은 조사 대상 161개국 중 52위를 차지해 한 해 전의 38위에서 크게 뒷걸음질쳤다.[54] 오늘날 한국의 대기업들은 글로벌 기업

---

54) "여전한 반기업정서," 『매일경제신문』, 2008년 8월 14일. 이명박 정부의 친기

으로 성장하긴 했지만 노조의 횡포, 외국인 투자의 외면, 서비스산업 개방 반대, 기타 온갖 규제와 반기업 풍토로 인해 우리 경제는 성장잠재력 하락과 고용 없는 성장의 부담을 무겁게 지고 있는 것이다.

기업은 자본주의의 핵심 조직이다. 자본주의로 성공한 나라에서 반기업정서가 세계 최고 수준이라는 것은 이만저만한 문제가 아니다. 한국에 있는 글로벌 기업의 대주주는 한국인이지만 기업의 국적은 한국이라 하기 어렵다. 세계화로 기업들은 기업활동에 유리한 국가를 '선택' 하기 때문에 기업활동 여건이 불리한 나라는 기업들로부터 외면당하게 된다. 그래서 일류 선진국들까지 온갖 혜택을 제시하며 우수한 기업들을 유치하려고 치열한 경쟁을 벌이고 있다. 우리의 일류 기업들은 글로벌 경쟁을 하고 있는데 나라의 울타리 안에서 경쟁을 하는 우리의 정치와 행정은 '우물 안 개구리' 같은 좁은 안목에 사로잡혀 기업의 발목을 잡고 있었던 것이다.

자본주의를 부정하는 민주노총과 민주노동당

한국 사회에 만연된 반(反)기업정서는 2004년 총선에서 단번에 제3의 정당으로 부상한 민주노동당의 강령에 잘 집약되어 있다. 이 강령은 "매판적(買辦的)인 개발독재는 이제 외환금융 파탄으로 이어지고, 이로부터 불거진 한국경제의 위기는 갈수록 고조되고 있다. 그러나 자본가와 정치권력은 이 위기의 본질은 외면한 채 신(新)자유주의를 내세워 더욱 가증스럽게 민중을 착취하고 있다"고 비난하고 있다. 민주노동당의 강령은 '우리가 만들 세상' 이라는 소제목 아래 "민주노동당은 노동

업적 경제정책에 힘입어 한국의 경제자유도는 2008년 34위, 2010년 31위로 크게 향상되었다.

자와 민중 주체의 자주적 민주정부를 수립할 것이다. 민주노동당은 자본주의의 질곡을 극복하고, 노동자와 민중 중심의 민주적 사회경제체제를 건설한다. … 이윤을 목적으로 하는 사적(私的) 소유권을 제한하고 생산수단을 사회화함으로써 삶에 필수적인 재화와 서비스는 공공의 목적에 따라 생산되도록 한다" 고 선언하고 있다. 요컨대 민노당은 자유민주주의와 시장경제 같은 헌법적 가치를 사실상 부정하고 있다.

이에 따라 민노당은 다음과 같은 구체적인 실천방안을 제시하고 있다. 첫째, 재벌 총수 일족의 주식 지분(持分)을 공적(公的) 기금을 활용해 강제로 환수하는 방법으로 재벌을 해체하고 민주적 참여기업으로 전환한다. 특히 재벌 지배 대기업 가운데 공공성(公共性)이 높은 통신, 운수, 병원, 학교 등은 공공기관이나 공기업으로 전환한다. 둘째, 각종 금융기관을 재벌과 외국자본이 지배하는 것을 금지하고, 공적(公的) 소유와 경영을 기본으로 하되, 경제정책위원회가 통제하는 민주적인 금융감독기구의 감독을 받도록 한다. 셋째, 국내기업에 대한 외국자본의 소유 경영 지배는 국민경제의 중핵(中核)이 아닌 부분에서 일부만 허용하고, 영업이익을 국외로 나가지 못하도록 하는 등, 자주적이고 평등한 대외 경제관계를 확립한다.

이 같은 민노당의 경제정책 강령은 대내적으로 사회주의식 통제경제를 만들겠다는 것이며, 대외적으로는 세계적 추세인 개혁과 개방에 역행하는, 배타적이며 폐쇄적인 경제정책을 펴겠다는 것이다. 민노당은 민주노총과 함께 반기업, 반외국자본, 반개방 정치투쟁을 벌이고 있다. 실제로 2006년 전체 노사분규 중 민주노총이 차지하는 비율은 86%였고 그 이전 5년간은 85%에 달했다. 특히 민주노총은 전체 불법 노사분규 중 92%를 주도했고, 그 이전 5년간은 87%를 주도했을 만큼 민주노총은 한국의 노사관계에 지대한 영향을 미치고 있다.[55]

노무현 대통령이 국회의원으로 있을 당시 '재벌 총수 일족의 주식 환수'를 주장했던 사실을 감안한다면, 민노당적 기업관이 우리 사회 저변에 광범위하게 퍼져 있음을 짐작할 수 있다. 민노당의 지지율은 통상 12% 내외이며 많을 때는 22%에 이르기도 했다. 민노당의 반기업, 반시장경제적인 강령에 대한 지지가 이렇게 높은 까닭은 무엇일까? 그 원천은 이른바 386세대이다.

80년대에 대학을 다닌 사람들은 그 당시 반정부 투쟁을 하면서, 투쟁 이념으로 마르크스주의 또는 김일성 주체사상을 받아들였다. 투철한 좌파 이념으로 무장한 대학생들이 한 해에 1만 명 정도 사회에 배출된 것으로 추산된다. 386세대의 반기업주의 의식은 민노당뿐 아니라 민주당, 심지어는 한나라당에도 퍼져 있다. 설사 그들 가운데 상당수가 사회주의를 포기했다 하더라도, 여전히 반시장경제적, 반기업적 사고방식을 버리지 못하고 있다.

노무현 정부 당시 국회에서 통과된 신문법은 신문사의 시장 점유율을 제한하고, 신문사의 경영과 신문 유통에 정부가 간여할 수 있게 함으로써 시장경제 체제에 대한 정치권의 잘못된 인식 수준을 잘 보여주고 있다. 사유재산이 보호받지 못하는 나라는 제대로 된 자본주의라 할 수 없다. 어떤 정권은 재벌을 해체하겠다고 공언했고 실제로 어느 재벌은 공중분해 되었다. 정권이 바뀔 때마다 재벌이 권력의 눈치를 살펴야 하고 재벌총수는 언제나 권력 앞에 허약한 존재가 된다면 그러한 자본주의는 결코 세계경쟁에서 이길 수 없다.

이처럼 반기업정서가 팽배한 나라에서는 기업의 투자가 늘어나기 어렵다. 통계청 자료에 의하면, 미국, 일본, 중국 등 주요 국가들의 기업투

---

55) 김성욱, 『대한민국 블랙리스트』, 115-116면.

자는 큰 폭으로 증가한 반면 우리나라의 기업투자는 오히려 감소하는 추세였다. 즉, 한국의 기업투자는 2003년 2.3%, 2004년 1.4% 각각 감소했으나, 미국의 경우 2004년 10.6% 증가했고 일본도 14%나 늘어났다. 중국은 2003년 20% 증가한 이래 매년 30~40%의 폭발적인 증가세를 보이고 있다.[56]

1980년대까지 연평균 12% 늘어났던 우리나라의 투자 증가율은 김대중·노무현 정부 10년간 평균 2% 수준에 머무를 정도로 저조했다. 일본은 1981년 1인당 소득 1만 달러를 달성한 이래 연평균 9% 수준의 높은 투자증가로 6년 만에 2만 달러 시대에 진입했고, 싱가포르는 1987년 1만 달러를 돌파한 이래 연평균 11%의 높은 투자증가로 5년 뒤 2만 달러로 올라섰다는 것을 고려한다면 한국이 2만 달러 고지에 오르지 못하고 있는 것은 우연이 아니다.

우리가 치열한 경제전쟁 시대에 승자(勝者)가 되려면 기업이나 가진 자에 대해 긍정적 태도를 가지는 것이 필수적이다. 반기업정서와 가진 자에 대한 불신과 증오는 기업가의 투자의욕을 떨어뜨리며 궁극적으로 우리 기업들을 국제경쟁에서 낙오하게 만든다. 따라서 기업인, 상공인, 기술자, 전문가 등을 존중하는 사회가 되어야만 글로벌 경제전쟁에서 살아남고 나아가 경제강국이 될 수 있다.

---

56) Jae-kyoung Kim, "Korea Isolated in Global Investment Boom," *Korea Times,* July 31, 2005. 1990~1995년 기간 중 우리나라의 연평균 투자증가율이 10%였지만 노무현 정부 5년간 1.1%에 불과했고 이에 따라 1990년대 7%에 달했던 잠재성장률도 5% 이하로 떨어졌다.

세계적인 통상국가의 외국자본 혐오증

반기업적 사고는 곧바로 외국계 자본과 기업에 대한 배타적·차별적 태도로 나타난다. 배타적 민족주의가 극성을 부렸던 노무현 정부하에서 우리나라에 대한 외국인의 주식투자와 생산시설 투자가 급격히 감소했다. 외국인 투자가 이처럼 감소한 것은 국내 일각에서 일고 있었던 '반외국자본 정서'와 무관하지 않다. 반외국자본 정서는 반미, 반일 등 반외국 정서와 합쳐져 외국기업들로 하여금 한국을 기피하게 만든 것이다. 노무현 정부 당시 외환은행을 샀다가 되팔아 몇조 원의 차익을 남긴 것으로 알려진 미국계 펀드 론스타(Lonestar)의 탈세논란을 계기로 2006년 5월 국세청, 검찰, 감사원, 공정거래위원회 등 주요 권력기관이 일제히 칼을 뽑아들었다. 국세청은 론스타는 물론 이를 계기로 외국기업의 국내 연락사무소 1,200곳과 외국인 투자기업 4,900곳도 조사하겠다고 했고, 공정거래위원회는 주요 외국기업 5~6곳의 담합 또는 시장지배력 남용 여부를 조사하겠다고 했다. 국회는 면세지역에 근거를 둔 외국기업의 투자수익에 세금을 물릴 수 있게 하는 법을 통과시켰다. 그래서 외국기업들은 "한국이 자기들을 적대시하고 차별한다"고 공공연히 불평한 바 있다.

무역대국의 외국기업 차별

외국기업에 잘못이 있으면 법에 따라 책임을 묻는 것이 마땅하다. 그러나 몇몇 외국기업의 불법행위로 인해 그것이 외국자본 전체에 대한 불신이나 차별로 비화되어서는 안 된다. 또한 론스타 사건을 계기로 한국의 권력기관들과 국회까지 나서서 외국자본에 철퇴를 휘두르는 것처럼 비쳐지게 되는 것은 바람직하지 않고, 또 시장경제의 원리에 어긋나며 세계화에도 역행하는 것이다. 반외자 정서를 공공연히 부추기는 듯한 일부 정치인들의 포퓰리즘 행태도 이러한 분위기를 조장했다. 외국 투자자를 상대로 정치사회적 논란을 벌인다면 그것은 정상적 투자나 거래를 방해하는 것이다. 월스트리트 저널은 "외자를 우대한다는 한국 정부의 말이 의심받고 있다"고 썼다. 어떻게 한국 정부를 믿고 투자하겠느냐는 얘기다. 우리나라는 전체 국내 총생산에서 외국인 투자가 차지하는 비율이 8%에 불과하지만 세계 평균은 그 3배인 22%다. 세계적인 무역국가라는 사실을 고려하거나 세계 10위권의 경제규모로 볼 때 우리의 외자유치 규모는 너무도 빈약하다. 중국 같은 사회주의 국가도 외국 자본을 유치하는 데 혈안이 되고 있고 미국, 영국 등 선진국들도 온갖 특혜를 부여하며 외국자본을 유치하고 있다.

노무현 정부의 핵심 세력이었던 386운동권은 80년대 대학가 좌파운동권에서 유행했던 종속이론(從屬理論)의 신봉자들이다. 그들은 자본주의 체제를 착취와 계급투쟁의 시각에서 해석하면서 그러한 관점에서 우리 경제를 비판하고 외국자본을 배척해왔다. 그들은 세계를 '착취하는 중심부 국가'와 '착취당하는 주변부(周邊部) 국가'로 나누고 한국은 주변부 국가로서 미국, 일본 등 중심부 국가들의 자본에 의해 착취당하고 있다고 주장해 왔다. 그래서 한국의 경제발전이란 다름 아닌 외국에 대한 의존과 종속을 심화시켰을 뿐이라고 했다. 한미 자유무역협정을 위한 협상이 진행될 당시 '한미 자유무역협정 저지 범국민운동본부'는 2006년 7월 자신들의 한미 자유무역협정 반대 주장을 모은 '국민보고서'를 출판했다. 이 책의 한 필자는 "한미FTA는 공화국 주권을 미(美) 제국에 실질적으로 할양·양도하고자 하는 주권 반환 협정"이라 했고, 다른 필자는 "한미FTA는 미국계 다국적 자본과 국내 독점자본이 노동자와 농민, 절대 다수 국민에 대한 착취와 수탈을 강화하기 위해 펼치는 전면

공격"이라 했으며, 다른 필자들은 "FTA반대는 '평택투쟁(용산 미군기지 평택이전 반대 시위)'과 같은 지점에서 만날 수밖에 없는 공동 투쟁전선"이며 아울러 "한미FTA가 중국의 소외와 북한의 반발을 불러 한반도를 군사적 위협으로 내몰 것"이라고 주장했다. 이들의 주장은 80년대 대학가 운동권에서 흔히 듣던 상투적인 주장 그대로이다.

착취당하고 있다던 우리나라가 세계 10위권의 경제대국과 수출대국으로 올라섰기 때문에 그들의 주장이 오류이며 허구라는 것은 명백하다. 민족감정을 앞세우며 반미와 반일을 외치고 외국자본에 대해 반감을 가진다면, 그 나라 국민들은 반한감정을 가지게 될 것이고 외국자본은 우리나라에 투자하는 것을 꺼리게 될 것이다. 이미 들어와 있는 외국자본도 떠나게 되어 결국 우리는 세계로부터 고립되고 만다.

종속이론은 공산주의 이론과 관계가 깊다. 레닌은 세계 공산혁명을 위해 서구 제국주의국가들과 착취당하고 있는 저개발국 간의 연결고리를 끊어야 한다고 주장했다. 원래 공산주의 이론은 자본주의가 발전하며 자체 모순에 의해 패망할 것이라고 했지만, 후진국이었던 러시아에서 공산혁명에 성공한 레닌은 러시아 공산혁명을 합리화해야 했다. 그래서 그는 자본주의 국가들이 후진국들을 경제적 종속국가로 삼아 착취하고 있기 때문에 후진국에서 공산혁명을 일으켜 선진국들을 파멸시켜야 한다고 주장했다. 이러한 종속이론은 주로 중남미지역에서 유행했으며 이로 인해 반미, 반외국자본, 반기업정서가 만연하게 되었고, 이 지역은 경제침체의 깊은 늪에 빠지게 되었다.

종속이론에 빠져 경제를 망친 나라들

종속이론에 빠져 배타적 민족주의를 추구한 나라들은 대체로 쇠퇴의 길을 걷게 되었다. 그 대표적인 예로 필리핀과 아르헨티나를 들

수 있다. 필리핀은 자원이 풍부하고 미국의 통치하에 있었기에 2차 대전 후 아시아에서 일본 다음으로 잘사는 나라였다. 그러나 역사적으로 스페인, 미국, 일본의 지배를 차례로 받았기 때문에 민족주의 감정과 이에 따른 외세배척 분위기가 팽배했다. 이것이 경제적으로는 외국기업에 대한 차별과 국내 산업에 대한 보호주의로 나타났다. '필리핀인 우선주의(Philipino First)'라는 구호 아래 경제정책 전반에 걸쳐 외국자본의 참여를 제한하고 외국계 기업에 대한 차별대우를 제도화했다. 이 같은 배타적 보호주의 정책은 경제적 침체를 초래했음은 물론 국내 기업의 정부에 대한 의존도를 높여 부정부패를 만연시켰다.

이 같은 풍토에서 경제가 제대로 될 리 없었다. 다시 말하면, 필리핀의 경제적 쇠퇴는 마르코스의 독재와 무능 때문만이 아니라 국민의 배타적 민족주의와 반외국자본 정서가 크게 작용했다. 반외세 정서로 인해 미군은 1992년 필리핀에서 철수했지만 필리핀인들은 머지않아 후회하게 되었으며 지금은 미국의 투자를 적극 환영하고 있는 실정이다. 필리핀과 비슷한 처지에서 출발한 태국은 한국처럼 대외 개방을 통한 수출지향정책으로 산업화에 성공했다. 그것은 외자 도입 규모에서 분명히 나타났다. 19991년까지 필리핀에 유입된 외국자본은 7억 8천만 달러에 불과하지만 태국은 500억 달러나 유입되었다.

아르헨티나는 1930년대까지 연간 3억의 유럽 인구를 먹여 살릴 만큼의 식량을 생산했고 질 좋은 쇠고기는 유럽시장을 독점하여 '세계의 곡창'으로 불리었다. 농산물 수출로 벌어들인 막대한 외화로 이 나라는 유럽 선진국 수준의 문화생활을 하는 등 태평성대를 누렸다. 1차 대전과 1930년대 대공황으로 유럽이 혼란에 빠지면서 많은 유럽 사람들이 이 나라로 몰려왔고 그들과 함께 유럽에 유행하던 사회주의, 공산주의, 무정부주의 등 급진사상도 들어왔다. 이러한 가운데 부에노스아이레스

주변에 가난한 노동자들이 수십만 명 몰려 살고 있었고 그들의 불만은 사회정치적 불안의 원인이 되었다. 소장파 장교의 한 사람으로 1943년 쿠데타를 주도했던 후안 페론(Juan Peron)은 노동자와 빈민층에 영합하는 포퓰리즘 노선으로 1946년 대통령에 당선되어 1955년까지 집권했고, 쿠데타로 밀려났다가 1973년 재집권하기도 했다.

페론은 노동자와 빈민을 위한다며 기업에 과중한 세금을 부과하고 모자라면 화폐를 마구 찍어내어 노동자 임금인상과 서민을 위한 복지정책에 투입했다. 외세로부터 경제적·정치적으로 독립하겠다며 외국자본 추방, 주요산업 국유화, 외국인 경제활동 제한, 수입대체산업 육성 및 국내산업 보호 등 정치논리가 경제정책을 압도했다.

그 결과 외국자본은 썰물처럼 빠져 나가고, 국내 자본까지도 해외로 탈출했다. 경제적·정치적 독립을 외쳤지만 여러 차례 국가부도에 직면하여 미국 등 선진국에서 막대한 자금을 빌리지 않을 수 없었다. 포퓰리즘의 달콤한 맛에 길들여진 아르헨티나 국민은 페론 이후 수십 년 동안 포퓰리즘의 늪에 빠져 헤어 나오지 못하게 되었다. 2001년 국가부도 당시 외신은 아르헨티나의 상황을 "외채 1,500억 달러, 국가위험도 1위, 바닥난 국고, 실업률 18%, 체감실업률 50%, 연간 물가상승률 1,000%, 빈곤층 국민 절반, 끊이지 않은 시위"라고 전한 바 있다. 노동자와 빈민을 위한다는 정책이 오히려 그들을 더욱 고통스럽게 만들었고 아르헨티나를 3류 국가로 전락시켰다.

우리나라는 외국자본에 종속되지 않고 성공적인 경제발전을 한 대표적인 나라이다. 포항제철 등 대규모 기간산업을 건설하면서 외국자본을 유치하기보다는 정부가 수출진흥 등, 외자조달을 위해 적극적으로 노력했다. 뿐만 아니라 차관을 들여오고 선진국의 인력과 기술을 빌렸던 것이다. 또한 경제발전에 필요한 자원을 획득하기 위해 한일 국교정상화,

월남파병, 중동지역 건설 진출 등 적극적인 대외정책을 폈던 것이다. 그 결과로 대부분의 기간산업이 외국자본의 지배를 받지 않게 되었다. 특히 민족주의자였던 박정희 대통령은 민족자본을 형성하기 위해 대기업(재벌)을 육성했다. 자본의 규모가 어느 수준이 되어야 막대한 자본이 소요되는 기간산업에 투자할 수도 있었고 수출시장도 개척할 수 있었으며 기술개발도 할 수 있었던 것이다.

노사관계 선진화는 선진국의 필수조건

팽배한 반기업정서는 과격한 노동투쟁을 초래했으며 그 결과로 우리 사회는 오래 전부터 노동단체의 극한투쟁으로 중병을 앓아 왔다. 2009년 5월 22일부터 77일간 지속된 쌍용차 노조의 도시게릴라전을 방불케 하는 과격 파업은 우리의 국가신인도에 결정적 타격이 되었다. 2009년도 세계경제포럼이 실시한 국가경쟁력 평가에서 우리나라가 2008년보다 6단계나 떨어진 19위로 평가된 것은 경쟁력 평가 당시 쌍용차 파업으로 노동부문 점수가 크게 떨어졌기 때문이다. 외국인들의 아시아 투자가 한국을 등지고 중국 등 경쟁국으로 달려가는 것은 우연이 아니다. 외국자본이 우리나라에 투자를 꺼리는 가장 결정적인 요인은 다름 아닌 전투적 성향의 노조 때문이다.

미국계 제조업체 '한국 쓰리엠(3M)'은 2009년 가을 한국 내 생산라인 증설계획을 백지화하고 싱가포르 공장의 생산라인을 증설했다. 그 이유는 강성노조 때문이다. 한국 진출 32년 동안 노사분규가 거의 없었던 한국 쓰리엠은 2009년 8월 일주일 동안 전면파업에 시달렸다. 그해 5월에 결성된 민주노총계 노조가 민주노총의 지원을 받아 과격한 불법 파업을 했기 때문이다. 강성노조로 인해 소중한 일자리가 싱가포르로 넘어가게 된 셈이다.[57] 2008~2009년간의 2년 동안 외국계 기업에서 일어난 34건의 노사분규 가운데 33건이 민주노총 산하 노조가 있는 기업에서 일어났다는 사실에서 알 수 있듯이 민주노총은 외국계 기업을 몰아내는 데 앞장서고 있는 것이다.

2009년 5월에 시작된 쌍용차 노조 파업으로 인한 극한대치는 무려 두 달 반이나 끌다가 타협으로 막을 내렸다. 국민의 입장에서 보면 쌍용차의 생존 여부도 불투명한데 이처럼 장기간 폭력투쟁에 매달린다는 것은 도저히 이해할 수 없는 일이었다. 우리 사회에서는 무엇이든 떼를 쓰면 해결된다는 인식이 널리 퍼져 있다. 쌍용차 노조가 그렇게 오랫동안 과격한 투쟁을 벌인 것은 결국 정부가 개입하여 대규모 공적 자금을 투입하여 해결하기를 기대했을 것이다. 쌍용차 노조투쟁에 야당과 민주노총까지 합세한 이유가 바로 거기에 있었다. 그러나 쌍용차 노조도 투쟁만으로 자기들이 얻고자 하는 것을 얻을 수 없다는 것을 깨닫고 마침내 타협을 하게 되었던 것이다. 떼를 쓰고 극한투쟁을 통해 무엇을 성취하고자 하는 것은 시대에 뒤떨어진 생각이다. 독립투쟁을 할 때는 타협이나 양보는 굴욕이고 민족에 대한 배신이었지만, 평시의 노사간 타협은 서로에게 이로운 것이다.

우리 경제에서 공기업은 중요한 역할을 하고 있지만 공기업 노동조합은 공기업 개혁의 걸림돌이 됨으로써 공기업의 경쟁력을 떨어뜨리고 국민경제에도 큰 부담이 되고 있다. 철도공사 등 우리의 공기업 중에는 막대한 적자를 내고 있으며 국민세금으로 적자를 메워 주고 있고 대외

---

57) "외국기업들 '강성노조에 지쳐 한국 철수 … 일자리도 날아간다,'" 『조선일보』, 2009년 10월 28일.

적으로 막대한 외채부담을 지고 있는 기업들이 있다. 공기업이 막대한 적자를 내고 있는 것은 노동자들의 생산성은 낮으면서도 그들에게 과분한 대우를 해주고 있기 때문이다. 예를 들면, 개인적인 사정으로 휴직을 하더라도 6개월간 봉급의 40%를 지급하고, 군대를 가더라도 기본급의 70%를 지급하는가 하면, 대학생 자녀의 학자금 무상 융자와 턱없이 낮은 주택자금 대출 등, 민간 기업에서 상상할 수도 없는 것들이다. 또한 노조 간부의 인사발령은 사전에 노조와 협의하도록 되어 있는데, 철도공사의 경우 이에 해당되는 인원이 1,000명 가까이 된다고 한다. 경영진들이 극단적인 노사분규에 시달리다 못해 노조의 요구에 양보를 거듭했기 때문이다. 정부는 오래 전부터 공기업 민영화 또는 구조개혁을 거듭 약속했지만 노조의 강력한 반대로 번번이 실패했다. 최근 그리스가 과도한 정부 부채로 국가부도 위기에 직면하고 있지만, 가장 중요한 원인은 자기들의 이익만 고집해온 막강한 공공노조 때문이라는 것을 상기할 필요가 있다.

'한강의 기적'을 이룩하는 주역의 하나였던 남덕우 전 총리는 세계화 시대를 맞이하여 노사관계의 건전화가 시급하다고 강조하고 있다. 즉, "세계화 시대 경쟁력은 인적 자원 경영에서 나오고, 이는 노사협력이 잘 돼야만 가능하다"며 "대립과 갈등의 노사관계를 신뢰와 협력의 노사관계로 바꿔야 한다"고 했다. 그는 "노동운동이 정치투쟁을 너무 많이 한다. 조합원 이익과 직접적으로 관계없는 자유무역협정 반대를 내세워 파업하는 것은 정치투쟁에 불과하다. 경영계도 투명한 경영을 통해 노동자들의 신뢰를 얻을 수 있어야 한다"고 했다.[58]

---

58) 남덕우, "국가이념과 시장경제," 『한국경제신문』, 2005년 10월 13일.

전투적 노동투쟁으로 악명 높은 한국

오늘날 노조의 극한투쟁은 단순히 회사의 문제나 우리사회 내부의 문제만이 아니다. 치열한 국제경쟁에서 국제적으로 경쟁력 없는 회사는 망하고 만다. 극단적인 노사분규는 회사도 망하게 하고 근로자들의 일자리도 잃게 만든다. 정부가 공적 자금을 투입하면 된다고 생각하는 사람들이 있을지 모르지만, 정부가 수많은 부실기업을 떠받치는 그런 나라 또한 살아남을 수 없다. 공산체제가 무너진 것은 바로 그 때문이다. 우리는 세계 자동차 업계의 최강자였던 미국의 GM자동차가 어떻게 몰락했는지 직시해야 한다. GM은 정부 자금의 투입으로 연명하고 있지만 수많은 공장을 폐쇄하고, 수만 명의 직원을 해고하고, 자(子)회사를 팔아넘기고, 경영진은 연봉 1달러를 선언하는 등 피나는 연명책을 쓰고 있다. 미국 자동차공업의 중심도시였던 디트로이트를 방문했던 현대차 노조위원장은 폐허로 변한 자동차 조립공장과 시내를 목격하고 큰 충격을 받았던 것으로 알려지고 있다. 몰락한 GM의 뒤에는 세계 변화에도 아랑곳하지 않은 노조가 있었다. 강성노조의 무리한 요구를 들어주다가 회사가 주저앉았고 그 피해는 노조원들뿐 아니라 국민들까지 뒤집어쓰고 있는 것이다.

우리의 노동운동이 재삼(再三) 숙고해야 할 것은 무엇이 근로자의 진짜 이익이고 노조는 그 이익을 어떻게 지켜나가야 하는가 하는 문제다. 2009년 9월 19일 현대차 베이징공장을 견학한 한국 기자들은 토요일인데도 생산라인이 하루 22시간 가동되는 것을 보고 놀랐다고 한다. 현대차 베이징공장은 주문 쇄도로 40만 대였던 올해 판매 목표를 50만 대로 올려놓았다. 노동자들은 4~5월엔 점심시간도 30분씩 단축해가며 일했다. 우리의 노조에 해당하는 공회(工會)가 시장 수요에 맞춰 근무시간을 조정하는 것이 당연하다며 협조했다는 것이다. 회사가 이렇게 번창하면 사원들의 임금과 복지 수준이 올라갈 것이고, 무엇보다 일자리가 계속 늘어날 것이다. 근로자에게 이것 이상의 실리(實利)가 없고 조합에 이것보다 더 우선적으로 지켜나갈 과제는 없다. 현대자동차가 2006년 주차장에 새로운 자동차 조립공장을 지으려 했더니 노조는 주차장이 멀어진다며 반대하는 파업을 벌였다. 2008년 7월엔 현대자동차 노조는 민주노총과 금속노조의 지침을 받아 미국과의 쇠고기 수입 전면 재협상을 요구하는 정치파업도 벌였다. 다행히 현대차노조는 2009년을 파업 없는 해로 기록했다. 중국과 인도는 노동의 질(質), 근로 기강(紀綱) 면에서 우리나라를 앞지르기 시작했기 때문에 우리의 노조가 구태의연한 강성 노동투쟁을 계속한다면 공장들은 다른 나라로 옮겨가기 마련이며 우리는 일자리를 잃고 말게 된다는 것을 명심해야 할 것이다.

우리의 노동단체들은 파업을 연례행사처럼 되풀이하고 생산성보다 높은 수준의 임금인상을 계속 요구해왔을 뿐 아니라 경영권까지 침해하는 단체협약을 힘으로 밀어붙였다. 예를 들면, 현대자동차는 2003년 노사협상에서 새 차종을 개발하거나 사업 확장 또는 공장 이전 시 노조의 동의를 받도록 하는 단체협약에 합의할 수밖에 없었다. 최근에는 자동차의 해외 생산비율을 제한하라는 요구를 내세우기도 했다. 근로자에게 노동3권이 보장되어 있듯이 경영권은 노조가 침범할 수 없는 영역이다. 사업환경이 나쁘면 기업들의 해외로의 이전을 멈출 방법이 없다는 것을 명심해야 한다.

경쟁은 시장경제의 핵심 가치

자본주의는 사유재산을 중시하고 창의성과 경쟁을 생명으로 한다. 사회주의와 자본주의의 근본적 차이 중 하나는 '경쟁'을 보는 시각이다. 사회주의에서 인민은 평등한 생존을 보장받지만 동물원의 짐승처럼 자유가 없다. 반면 자본주의 사회의 국민은 정글의 동물처럼 자유롭지만 치열한 생존 경쟁 속에 살아야 한다. 사회주의에서는 경제적 경쟁과 그 결과로 생기는 이익은 죄악으로 치부하며 경쟁의 승자인 부르주아지는 인민의 적으로 간주된다. 그러나 '경쟁이야말로 최악의 인물을 솎아내고 최상의 품질을 이뤄낸다'는 미국 유명 전자회사인 RCA 회장이었던 데이비드 사르노프(David Sharnoff)의 말처럼 자본주의에서는 경쟁이 발전을 가져오고 시장의 승자들은 선망의 대상이 되고 존경을 받는다.

경쟁에는 부작용이 따르기 마련이지만 경쟁이 있기 때문에 새로운 기술과 제품이 개발되고 생산성도 향상된다. 공산주의 경제가 패망하게 된 것은 경쟁이 없어 정체를 면치 못했기 때문이다. 경쟁이 있으면 반드시 승자와 패자, 강자와 약자, 부자와 가난한 자가 있게 마련이다. 이러한 2원화를 어떻게 관리하느냐 하는 것이 국가운영의 기본과제가 된다. 승자가 패자를 멸시하고, 강자가 약자를 억압하고, 부자가 가난한 자를 돌보지 않으면 자유경제 체제를 유지할 수 없게 된다. 가난한 자를 보호한다는 명분으로 부자를 배척하거나 억압하면 모험과 혁신을 시도하는 기업가 정신을 꺾게 되고 경제발전을 저해하게 된다. 창의적인 자본주의 정신이 풍미한 미국이기 때문에 마이크로소프트사(社)의 빌 게이츠(Bill Gates)는 컴퓨터로써 세상을 바꾸어 놓는 위대한 성취를 이룩할 수 있었던 것이다.

경쟁 없이 발전 없다

세계화 시대를 맞이하여 사회주의 국가인 중국 정부는 중앙이나 지방 할 것 없이 경쟁을 '경쟁적'으로 장려하고 여기서 탄생한 부자들에게 한없이 관대하다. 중국에서 외국기업 유치를 놓고 벌어지는 경쟁은 자본주의의 전형을 보는 느낌이다. 그런데 한국에서는 치열한 경쟁이 시장을 중심으로 일어나는 것이 아니라 국회나 청와대를 향한 경쟁에서 더 치열하다. 특히 노무현 정부하의 허구한 날 정쟁(政爭)이 계속되었지만, 막상 경쟁이 요구되는 경제에는 시장의 승자(勝者)를 견제하려는 평등화 정책이 난무했으며 이로 인해 국가경쟁력이 큰 폭으로 약화되었다. 따라서 우리는 다음과 같은 시장경제의 기본원칙을 중시할 필요가 있다.

첫째는, 자율과 경쟁의 원칙이다. 자율적인 경제활동이 보장되고 자유로운 경쟁을 할 수 있는 경제일수록 국제경쟁력도 강해지고 국민들의 생활수준도 높아진다는 것은 널리 알려진 사실이다. 그런데 정치인들은 표를 가진 다수의 환심을 사기 위해 경제활동을 제약하려는 경향이 있다. 정부는 시장의 기능을 보완하는 역할을 하지만 그 방법에 있어서 직접적인 규제보다는 시장 친화적인 방법을 사용할 때 보다 효과적인 경우가 많다. 예컨대 도덕적 견지에서 규제하기보다는 경제적 유인을 제공하여 유도하는 것이 목적 달성의 지름길이 되는 경우가 많다. 정부가 경제계 일부에 문제가 있다 하여 경제 전체를 일률적으로 규제하려는 경향이 있지만 이것은 시장경제 원리에 어긋나는 것이다.

둘째는, 공정경쟁의 원칙이다. 시장경제에서 경쟁이 중요하지만 경쟁은 규칙에 따라 공평하게 이루어져야 한다. 공평한 경쟁은 자율적으로 이루어지는 것이 바람직하지만 그러한 분위기를 조성하는 것은 정부이다. 정부는 경쟁의 규칙을 만들고 규칙을 위반하는 자를 징계함으로써 경쟁의 질서를 확립해야 한다. 정부가 정치적 편의를 위해 범법 행위를 묵인하거나 관용을 베푼다면 그 자체가 불공정 경쟁의 원인이 된다. 정부가 특정 지역이나 특정집단의 이기주의에 굴복하여 법을 공평하게 시행하지 못한다면 공정경쟁의 질서를 약화시키는 결과를 초래한다.

셋째는, 공정분배의 원칙이다. 열심히 일을 해서 돈을 벌더라도 큰 부분을 정부의 세금으로 빼앗기고 모든 사람의 수입이 비슷해진다고 한다면 열심히 일할 사람이 없을 것이다. 따라서 시장경제에서는 생산물의 가치 창조에 대한 기여도와 이를 위한 노력과 투입 비용에 따라 차등 분배를 하는 것이 중요한 원칙이 되고 있다. 기업 차원의 분배에 있어서는 노동의 생산성을 분배 기준으로 삼아 이루어져야 한다. 그 외에 노사 투쟁, 정부 정책 등 다른 요인이 임금을 좌우해서는 곤란하다. 정부가 기업의 이윤을 부인하면, 위험부담을 무릅쓰고 사업을 하려는 기업가정신을 억누르게 되어 결과적으로 경제는 침체를 면치 못하게 된다.

시장경제 체제하에서는 농부가 기업주가 될 수 있고, 중소기업이 대기업이 될 수도 있고, 노동자가 경영자가 될 수 있고, 가난한 자가 부자도 될 수도 있다. 이러한 가능성이 열려 있는 사회에서는 결과의 평등보다 기회의 평등이 중요시된다. 분배는 좋고 성장은 나쁜 것이라는 이분법적 고정관념은 잘못된 것이다. 분배와 성장은 밀접한 상관관계를 가지고 있기 때문에 지속적인 성장을 해치지 않는 범위 내에서 분배를 해야 하는 것이다. 분배 상태를 개선하려면 먼저 경제성장을 촉진하여 실업자를 줄여야 한다. 그 다음에 빈부 격차를 줄이기 위한 사회안전망을 충실히 하면 된다. 더구나 경제적 국경이 희미해진 세계화 시대에는 상대적으로 세금이 많고 임금이 높은 나라에서는 당연히 기업이 투자를 꺼리게 되고, 기업환경이 유리한 나라로 가버린다.

▌연이어 몰락한 유럽의 좌파 정권들
이러한 이유로 유럽 대륙을 휩쓸었던 중도좌파 사회민주주의 정권들이 근래에 이르러 연이어 몰락했다. 2010년 5월 영국 총선에서 보수당이 13년 만에 집권 노동당을 누르고 승리함으로써 유럽연합 27개 회원국 중 좌파가 집권하고 있는 나라는 재정위기로 세계를 금융위기로 몰아가고 있는 그리스, 스페인, 포르투갈 세 나라뿐이다. 이처럼 유럽에서 좌파의 퇴조를 불러온 결정적 원인은 지나친 복지와 재정적자, 과도한 규제 등 경제정책의 실패 때문이다. 그러나 불과 10여 년 전까지만 해도 분배와 복지를 중시하던 사회민주주의는 유럽의 대세였다. 당시 유럽연합 15개국 중 12개국에서 좌파 정당들이 집권하고 있었던 것이다.

영국 보수당의 승리 직전인 2010년 4월 헝가리 총선에서 중도우파는 3분의 2 의석을 확보해 8년 만에 재집권에 성공했다. 2009년 9월 말에 있었던 독일 총선에서는 메르켈 총리가 이끄는 중도우파인 기독교민주당과 기독교사회당 연합의 승리로 사민당은 연립정부 파트너에서 배제되고 말았으며, 2008년 4월에 치러진 이탈리아 총선에서도 우파연합이 압승했다.[59] 좌파정권의 몰락은 좌파의 모범으로 꼽혔던 북유럽에서 시작됐다. 덴마크는 2001년부터 중도우파 연합이 집권했으며, 스웨덴에서는 2006년 총선에서 보수파가 승리했고 이어서 핀란드, 네덜란드에서도 차례로 보수파가 집권했다. 2007년 프랑스 선거에서도 좌파 정당의 몰락을 지켜봐야 했다. 2009년 6월 유럽연합 총선으로 발족된 유럽의회도 사민·사회당 의석은 4분의 1에 불과하였다.

국제경쟁력을 강화하는 세계적 추세와는 대조적으로 지난 10여 년간 좌파의 득세에 힘입어 우리 사회에서 반시장(反市場) 정서가 급속히 확산되었다. 빈부 격차도 그리고 부동산 값 급등도 모두 시장 탓이라며, 무슨 일이든지 문제가 있으면 시장을 주도하는 기업에 책임을 전가하는 경향이 있었다. 세계화로 무한경쟁이 전개되는 오늘날 시장경제의 원리

---

59) "'제3의 길'로 간 사회민주주의의 몰락," 『조선일보』, 2009년 9월 26일.

에 맞는 국정운영만이 생존과 번영을 보장한다. 그럼에도 노무현 정부는 정부의 몸집을 키워 시장 기능을 대신 맡겠다면서 거기에 개혁이라는 명분을 동원했던 것이다. 어느 나라에서나 시장보다는 정부의 역할을 강조하는 정책을 펼수록 경제 활력이 떨어지고 재정적자가 커지게된다. 그럼에도 한국의 좌파 세력은 지난날 잘못된 경제정책을 반성하기는커녕 정부를 공격하기 위해 악의적 사실왜곡과 불법폭력을 서슴지 않고 그러한 잘못을 부끄러워하지도 않은 채 여전히 국민을 위한다느니 사회정의의 대변자로 자처하며 건재하고 있는 현실이다.

자본주의 비판에 적극 대응해야

유명한 경제학자 조셉 슘페터(Joseph Schumpeter)는 그의 책 『자본주의, 사회주의 그리고 민주주의』에서 자본주의의 소멸은 마르크스가 주장한 공황이 아니라 자본주의 체제에 등을 돌리는 지식인 때문에 올 것이라고 했다. 그는 자본주의 체제가 본질적으로 자유를 확대하는 속성을 가지고 있기 때문에 자본주의 체제를 공격하는 지식인들의 활동을 증대시킨다고 주장했다. 지식인들은 자본주의 사회에서 그들이 가지는 지식만큼 대우받지 못하는 데 불만을 품고, 국가와 사회에 대해 끊임없이 비판함으로써 조직적인 저항을 부추긴다는 것이다. 정부는 자유를 제한한다는 비판을 우려하여 지식인의 체제공격 활동을 억누를 수 없게되고, 결국 자본주의 체제는 '정통성 위기'를 맞게 될 것이라고 경고한 것이다. 우리의 현실에도 해당되는 경고라 할 수 있다.

우리 사회에 만연되어 있는 뿌리 깊은 반기업정서를 어떻게 극복할 것인가. 우리는 미국의 사례에서 교훈을 얻을 수 있다. 1971년 8월 리치몬드 지방검사였던 루이스 파월 2세(Louis F. Powell, Jr.)는 미국 상공회의소 교육위원장이었던 유진 시드노어 2세(Eugene B. Sydnor, Jr.)에게 보고서를 제출했다. 훗날 '파월 메모'로 알려진 이 보고서는 미국 역사의 흐름을 바꿔 놓았다고 할 수 있다.

이 보고서는 "좌파 지식인들이 '시장경제는 부자들만 살찌우고 가난한 사람들을 더욱 빈곤하게 만든다'는 왜곡된 논리로 자본주의 체제를 위협하고 있다"고 하는 등, 미국의 자유기업 체제가 어떤 위기에 처해 있는지 경고하고 좌파세력에 맞서 싸울 시장경제의 전도사 양성을 촉구하는 등, 위기극복의 대안(代案)을 체계적으로 제시했다. 특히 "시장경제의 경쟁원리만이 미국의 번영을 이끌 수 있다"고 설명할 이론가를 양성하여 사회 각 분야로 진출시켜야 한다고 주장했다. 이 메모는 좌파의 비위를 적당히 맞추며 지내려 했던 미국 경제계를 각성시켜 보수계 싱크탱크인 헤리티지 재단(the Heritage Foundation)을 설립하는 등 시장경제 원리를 전파하기 위한 노력에 불을 붙였던 것이다. 파월의 메모는 이렇게 경고하고 있다.

"가장 불안한 것은, 겉으로는 아주 반듯해 보이는 사회 구성원들입니다. 즉 대학가, 종교계, 언론계, 지식인, 문학계, 학계, 정계 인사들이 나서서 미국 체제를 비판하고 있습니다. 물론 이들 집단에서 체제 비판운동에 가담하는 인사는 소수에 불과하다고 할 수 있습니다. 하지만 이 소수들이 대개 언변이 뛰어나고, 목소리가 크며, 말과 글을 가장 많이 쏟아내고 있다는 점이 문제입니다."

이 메모에서 파월은 "이처럼 '부자와 가난한 자', '기업과 노동자'를 대결시키는 구도는 가장 천박하고 가장 위험한 종류의 정치"라고 경고했다. 파월은 대학 출신 청년들의 반기업정서는 학교에서 그렇게 듣고 배웠기 때문이라고 결론 내렸다. 텔레비전을 켜도, 서점에 가도, 대학가를 둘러봐도 "시장과 투쟁하라"는 구호만 들리더란 것이다.

그의 메모에 의하면, "전국의 대학에서 배출된 이들, '똑똑한 젊은이들'이 불신하도록 교육을 받아 왔던 미국 체제를 바꿀 기회를 찾아 나섰습니다. 이들은 이 나라의 실질적인 권력과 영향력을 지닌 핵심 분야로 취업을 꾀하고 있습니다. 그들이 취업하는 곳은 1) 뉴스 미디어, 특히 텔레비전, 2) 정부의 공무원이나 컨설턴트, 3) 선거운동 참여, 4) 강사와 작가, 5) 각급 교육기관의 교육자 등이다. 많은 젊은이들은 기업과 전문직 등 자유기업 체제 안으로 취업하게 되며 대개의 경우 이들은 자기들이 배웠던 것이 잘못되었다는 것을 곧 깨닫게 됩니다. 그러나 이런 곳을 피해 취업한 자들은 흔히 영향력 있는 핵심 지위에 남아서 여론을 조성하고 정부의 정책에 영향을 미칩니다. 많은 경우에 있어서 이들 '지식인'들은 결국 경제계에 대해 권한을 행사하는 규제기관이나 정부부처에 들어가게 됩니다."

30여 년 전의 미국처럼 우리 사회에서도 '양심적 지식인'을 자부하는 인사들이 각계각층에 포진해서 교묘한 언변으로 재벌을 비판하고 반시장경제 논리를 펴면서 인기를 누리고 있다. 특히 김대중·노무현 정부 10년 사이에 이른바 진보세력이 급부상했다. 386세대를 주축으로 하는 운동권 출신들이 언론, 각급 교육기관, 문화계, 법조계, 시민운동 등 사회 핵심 부문에 포진하여 영향력을 행사하게 되었다. 기업들은 그들에 의해 '악의 축'으로 몰리게 된 것이다. 미국과 같은 병에 걸렸으니 치료법도 '파월 메모'에서 배우는 것이 현명할지도 모른다.

따라서 무엇보다 중요한 것은 자본주의 시장경제에 대해 국민 모두가 이해할 수 있도록 경제교육을 체계적으로 실시해야 한다는 것이다. 이명박 정부는 2009년 2월 경제교육지원법을 통과시키기는 했지만 그 해 9월 경제교육을 선택과목에서 다른 과목과 통합시키겠다는 '2009 개정 교육 과정'을 발표하면서 경제교육을 위축시키고 있다는 비난을 받고 있다. 경제전쟁 시대를 맞이하여 경제교육의 중요성을 더 이상 강조할 필요도 없다. 학교교육은 물론 사회교육을 통해 시장경제의 원리는 물론 경제생활 전반에 대한 교육을 민주시민교육의 일환으로 체계적으로 실시해야 할 것이다.

통일의 지름길이 되어야 할 통일교육

친북좌파의 황당한 통일론

우리의 소원인 통일도 성공적인 민주시민교육에 크게 달려 있다. 남북 간 계속된 이념대결을 고려할 때 우리가 경제력에서 아무리 우세하다 하더라도 이념적 우위를 확보하지 못한다면 통일을 주도하는 것이 쉽지 않을 것이다. 장제스(蔣介石)는 본토에서 공산세력에게 패배하게 된 주된 원인이 공산당과의 정치교육 경쟁에서 실패했기 때문이라고 결론짓고 타이완에서 체계적인 정치교육을 실시한 바 있다. 그 결과 타이완 국민들은 자유민주 체제에 대한 자부심을 가지고 거대한 중국의 위협에 흔들리지 않고 있는 것이다. 우리는 북한에 비해 압도적인 국력을 가지고 있음에도 대북정책을 둘러싸고 심각한 남남갈등을 겪고 있다. 진보와 보수가 맞서게 된 가장 큰 이유는 다름 아닌 북한을 어떻게 대하느냐는 방법의 차이에 달려 있다. 거기서 친미와 반미, 한미공조와 민족공조, 동맹노선과 자주노선이 갈라진다.

2000년 6월 15일에 있었던 남북정상회담은 남북 간 화해무드 조성에 기여하기도 했지만 결과적으로 대한민국의 체제방어 시스템을 약화시켰다는 비판을 면하기 어렵다. 북한은 정상회담 이래 겉으로는 '우리민족끼리'니 통일이니 하면서 뒤로는 햇볕정책을 역이용하는 적대적인 대남전략을 계속 펴왔던 것이다. 우리는 화해협력정신에 따라 북한에 막대한 경제적 지원을 했지만 북한은 그 자금으로 우리 사회에 남남갈등을 조장하고 반미운동을 부추겼을 뿐 아니라 핵무기와 미사일을 개발하고 기회가 있을 때마다 무력도발을 서슴지 않았던 것이다. 10여 년 가까이 우리는 햇볕정책이라는 따뜻한 몽상에 사로잡혀 있었지만 2010년 3월에 있었던 천안함 격침을 통해 그것이 헛된 일장춘몽(一場春夢)에 불과했다는 것을 뼈저리게 깨닫게 되었다.

우리는 통일문제를 너무 감상적으로 생각하는 경향이 있다. 통일은 상대가 있는 만큼 어떤 통일도 좋다는 통일지상주의만큼 비현실적이고 위험한 것도 없다. 김정일 정권이 노리는 통일은 김일성과 김정일의 노선에 맹종하는 통일뿐이며 우리가 생각하는 통일은 꿈에도 고려하지 않고 있음이 분명하다. 그런 점에서 국가이념과 통일에 대한 교육이 얼마나 중요한가는 미루어 짐작할 수 있을 것이다.

북한정권의 대변자 같은 강정구

분단국가에서 통일문제는 안보문제와 밀접한 관계가 있다. 통일은 어렵고 장기적인 문제이지만 안보는 위급하고도 현실적인 문제이기 때문에 두 가지가 충돌할 경우 당연히 안보를 우선시해야 한다. 통일문제를 잘못 접근하면 안보체제가 허물어져 대한민국의 생존 자체가 위협받게 된다. 따라서 우리 사회에 폭넓게 퍼져 있는 감상적 통일논리를 청산하고 남북관계에 대한 남남갈등을 해소하는 것이 남북관계 개선이나 통일정책을 추구함에 있어 선결되어야 할 과제이다.

좌파세력의 역사인식과 통일 논리가 얼마가 황당한가는 강정구 동국대 교수의 언동을 통해 짐작할 수 있다. 그는 2001년 8월 15일 평양축전에 참가하면서 김일성 생가인 만경대를 방문하고 방명록에 "만경대 정신 이어받아 통일위업 이룩하자"라는 글을 남겨 논란의 대상이 되었고 이로 인해 국가보안법 위반혐의로 기소된 바 있었다. 2005년 12월 이 사건에 대한 재판과정에서 있었던 재판관과의 문답을 통해 그의 이념적 정체가 잘 들어나고 있다.[60]

재판부가 "내전(內戰)에 개입한 미국이 침략자이고 분단의 주범이라고 주장했는가"라는 질문에 그는 "내전에 외세가 개입했기 때문에 침략으로 규정했고 1945년 9월 미국이 [남한에] 미군을 주둔시키고 미군정을 시작했을 때부터 분단을 주도했다"고 대답하여 미국이 침략자이며 남북분단의 주범임을 인정했다. 그는 아직도 "우리나라는 미국의 신식민지"라며 우리나라까지 모독했다. 6·25전쟁이 내전이라는 것은 북한 측 주장이며 또한 부르스 커밍스(Bruce Cumings) 등 좌파 수정주의 학자들의 주장이기도 하다. 내전이기 때문에 북한이 남침한 것도 아니고 전쟁의 책임이 남북 양측에 있다는 것이다. 또한 "통일을 위해 주한미군이 철수되고 국가보안법이 폐지되어야 한다고 생각하느냐"는 질문에 그는 "통일뿐만 아니라 우리의 자주적 역사 개척을 위해 주한미군 철수를 주장하는 것"이라며 "1953년 7월 이후 지금까지 전쟁위기를 획책한 장본인이 미국이기 때문에 지금도 그러한 생각에는 변함이 없다"고 했다.

강정구는 한국전쟁의 성격규정에 대해 "미국은 분단 고착화 전쟁을 했고 좌익세력은 미국이라는 외세를 몰아낸다는 의미에서 민족해방전쟁이 될 수 있다"면서 "민족 내부적으로 볼 때 [6·25전쟁은] 통일전쟁"이라

---

60) "만경대정신은 민족정기함양정신," 『연합뉴스』, 2005년 12월 25일.

고 주장하여 남한 공산화를 위한 김일성의 침략을 통일전쟁이라 미화했다. 만경대정신이란 무엇인가? 그것은 바로 북한의 공산주의 1인 세습 독재체제를 정당화하는 이념인 것이다. 따라서 만경대정신으로 통일을 이룩하자는 것은 북한의 공산통일노선에 따라 통일을 하자는 것이다. 또한 6·25전쟁의 성격에 대해 그것이 내전이고 통일전쟁이라고 한 것은 북한정권이 줄기차게 주장해 온 것에 동조하는 것이며 대한민국의 정통성과 한미동맹의 정당성을 정면으로 부정하는 것이다. 유감스럽게도 김대중 대통령은 2001년 10월 1일 국군의 날 행사에서 6·25전쟁을 "실패한 통일노력"이라 했다. 김일성 입장에서 보면 그러한 표현이 맞을지 모르지만 대한민국 대통령이 어떻게 그런 말을 했는지 이해하기 어렵다. 노무현 대통령도 2006년 11월 캄보디아 방문 시 "우리가 옛날엔 식민 지배를 받고 내전도 치르고 시끄럽게 살아 왔다"고 하여 김일성의 남침전쟁을 내전이라 했다.

강정구는 친북세력이 인천 자유공원에 있는 맥아더 장군의 동상을 철거하려 하여 정치사회적 논란이 되고 있을 당시인 2005년 7월 27일 한 인터넷 매체에 기고한 '맥아더를 알기나 하나요?'라는 제목의 칼럼에서 "6·25전쟁은 북한의 지도부가 시도한 통일전쟁"이라며 "집안싸움인 통일내전에 미국이 개입하지 않았다면 전쟁은 한 달 이내에 끝났을 테고 우리가 실제 겪었던 그런 살상과 파괴라는 비극은 없었을 것"이라며 "전쟁 때문에 생명을 박탈당한 약 400만 명에게 미국이란 생명의 은인이 아니라 생명을 앗아간 원수"라고 규정했다. 그는 또 동상 철거 논란을 빚고 있는 맥아더 장군에 대해 "남의 집안싸움인 통일내전 사흘 만인 1950년 6월 27일 한국전선을 시찰하고, 미국 정부에 개입을 요구하고, 곧바로 소사 등에 폭격을 감행한 전쟁광이었다"며 "맥아더동상도 함께 역사 속으로 던져버려야 한다"고 주장했다.[61]

심각한 우려를 금치 못한 김수환 추기경

이와 관련하여 김수환 추기경은 2005년 10월 21일 동아일보와 가진 특별회견에서 강정구의 주장에 대해 크게 우려했다. 즉, 그는 "이것은 대한민국의 정체성의 문제와 관련돼 있다고 봅니다. 강정구 교수가 말한 요지는 '6·25전쟁 당시 미국이 참전하지 않았다면 한 달 내에 통일이 됐을 것' 이지만, '그렇게 되지 못한 것이 아쉽고, 이 때문에 미국이나 맥아더가 원수다' 라는 의미인 것 같습니다. 그런데 이것을 아쉽다고 말하는 것은 대한민국이 조선인민공화국이 되지 않은 것이 아쉽다는 것입니다. 다시 말하면 대한민국이 그때 무너졌어야 하는데, 무너지지 않은 것이 아쉽다는 것입니다… 이것이 대한민국의 정체성에 대한 위기가 아닌가요"라며 심각한 우려를 나타냈던 것이다.

김 추기경은 "만일 그때 대한민국이 무너졌다면 어떻게 됐을까요…. 대한민국이 없었다면 한반도는 북한 인민공화국의 지배하에 있었을 겁니다. 그 상황이 어떤 상황인지 상상해봅시다. 종교의 자유도 없고, 언론의 자유도 없고, 신체의 자유도 없을 겁니다. 많은 사람들이 강제수용소에 갇혀서 숨도 쉬지 못하는 상황에서 김정일의 지배하에 살고 있을 겁니다. 대학교수라는 지성인이 어떻게 자유가 없는 김정일의 독재체제하에 있지 못하는 것을 아쉬워하는지 알 수 없습니다" 라고 말했다.

이 같은 강정구의 반국가적 언행과 관련하여 검찰이 그를 국가보안법 위반혐의로 구속하려 하자 노무현 대통령이 나서서 그를 옹호하는 발언을 했고, 이어서 청와대가 검찰에 불구속 수사 의견을 전달했으며 이에 따라 천정배 법무장관이 역사상 처음으로 검찰에 '불구속 수사' 지휘

---

61) "강정구 교수 '6.25는 통일전쟁, 美는 원수' 주장 파문," 『동아일보』, 2005년 7월 28일.

권을 발동했다. 김종빈 검찰총장은 이에 항거하는 의미로 사퇴한 바 있다. 이미 노무현 대통령은 "국가보안법은 칼집에 넣어서 보관해야 한다"고 말한 바 있다.

강정구 구속수사에 대한 논란에 대해 김 추기경은 "강 교수에 대해 국가보안법으로 다스리려고 할 때 대한민국의 헌법을 존경하고 지켜야 하는 제대로 된 위정자라면 이 문제를 가장 심각하게 생각하고, 앞장서서 문제를 해결해야 합니다. 위정자가 이런 사람을 다스리는 검찰에 대해 사상의 자유, 언론의 자유, 그리고 인권보호 차원에서 견제하는 것은 어떤 의미일까요. 북한에서는 수없이 많은 사람의 인권이 무시되고 짓밟히고, 감옥에 가고, 죽음까지도 당합니다. 이러한 북한의 인권에 대해서는 아무 말을 안 하는 사람들이, 인민공화국이 안 된 것을 아쉬워하고 대한민국이 아직도 존재한다는 것을 아쉬워하는 사람의 인권을 보호하겠다고 합니다. 청와대가 나서고, 장관이 나서는 현상을 우리가 어떻게 이해해야 하는가, 참으로 혼란스럽습니다. 그래서 우리가 지금 정말로 대한민국이라는 나라 안에 살고 있는지, 간판만 대한민국이고 지배하는 사람들은 영 다른 생각을 가진 사람들과 함께 살고 있는지 분간하기 어렵습니다"라고 말했다.

김 추기경은 이어서 "어떤 때는 위정자들에게 솔직히 말해 달라고 부탁하고 싶습니다. 당신들이 대한민국을 어디로 이끌고 가려 하는가라고. 북한이 '우리는 하나다'며 민족만을 앞세워 선전하는 통일로 이끌어 갈 것인가. 자유민주주의도 없고, 시장경제도 보장 안 되고, 개인 인권도 무시되는 체제인데도 '민족'이라는 이름 때문에 그렇게 통일이 돼야 하는가…. 통일은 누구나 소중히 생각하고, 누구나 염원하는 것입니다. 그러나 그 통일은 정말 남이나 북이나 모든 국민이 사람답게 생각할 수 있고, 말할 수 있고, 자유를 누리면서 살 수 있는 통일이어야 합니다. …자칫 잘못해서는 모두가 김정일 체제하에서 살게 되는 그런 의미의 통일을 우리는 바라지 않습니다. 그것이 통일이라면 우리는 모든 것을 다해서 막아야 합니다. …내 스스로 생각하기에 이대로 가면 우리가 적화통일이 될 수도 있습니다"라고 경고했다.[62]

그런데도 김대중 대통령과 김정일 위원장 간에 합의한 6·15공동선언과 노무현 대통령과 김정일 위원장 간에 합의한 10·4공동선언은 모두 통일은 외세간섭 없이 자주적으로 한다고 했다. 이 같은 선언을 한 북한의 의도는 한미동맹을 파괴하고 주한미군을 철수시키고 적화통일을 하려는 대남 적화전략이 숨어 있다고 본다. 북한은 휴전 이래 계속 주한미군 철수를 주장해왔으며 지금도 그 같은 의도에서 미국과 평화협정을 체결해야 한다고 주장하고 있다. '우리민족끼리' 구호는 북한에 대한 적개심을 없애고 반미운동을 부추겨 주한미군을 철수시키고 한미동맹을 파괴하려는 북한의 대남전략에서 나온 것이며, 또한 우리 사회 내에 북한의 통일노선에 동조하는 세력을 강화하려는 것이라는 것을 명심해야 한다. 또한 통일은 우리민족끼리 해결될 수 있는 문제가 아니다. 한반도 통일은 동북아의 중대한 질서변화로서 주변국가의 이해관계와 직결되어 있기 때문에 주변 국가들의 이해와 협조가 필요하다.

시행착오를 면치 못한 통일교육

우리 국민 대다수는 자유를 포기하는 통일을 원하지 않는다고 본다.

---

62) "정체성 혼란: 한국호 어디로 가나: 김수환추기경 특별회견," 『동아일보』, 2005년 10월 21일.

또한 세계 역사의 대세는 민주주의와 시장경제이다. 북한과 같이 폐쇄적이고 반민주적이며 반시장적인 체제가 언제까지나 지탱할 수 없다는 것도 너무도 자명하다. 그런데 우리의 통일교육은 북한체제의 실체를 제대로 이해하고 남북관계의 변화와 발전에 대응할 수 있으며 또한 언제 닥칠지 모르는 통일에 대비할 수 있는 교육인지 의문이 아닐 수 없다. 특히 진보정권하에서 통일교육은 북한 체제의 장점을 과장하고 맹목적 통일을 부추기는 경향이 있었다. 그러한 가운데 10만의 회원을 자랑하는 전교조는 대한민국의 정통성을 부정하고 반미활동을 하며 나아가 노골적인 친북활동을 통일운동 내지 통일교육이라고 우겨댔다. 장차 나라의 주역이 될 다음 세대에게 그처럼 잘못된 통일교육을 한다는 것은 이만 저만한 문제가 아니다.

예를 들면, 그들은 북한의 역사책을 그대로 베껴서 통일교육 자료로 사용했고 '빨치산' 추모제에 학생들을 참여시키는 것을 통일교육의 일환이라고 했다. 이에 비해 북한에서는 어릴 때부터 공산주의 이념교육과 김일성체제에 대한 정치교육을 철저히 실시한 결과 대다수 북한 젊은이들은 명령만 내리면 목숨을 바칠 각오가 되어 있다는 것을 잊어서는 안 될 것이다.

북한의 실체를 망각한 통일교육

냉전시대를 통해 우리는 공산주의를 무조건 '악'으로 규정하고 맹목적인 반공교육을 실시한 결과 공산주의 실체에 대해 제대로 알지 못했다. 특히 우리 사회에서 이념과 지식을 선도하는 계층에서 이 점에 취약했다는 것을 부인하기 어렵다. 공산주의는 기본적으로 기존질서를 파괴하고 권력을 탈취하는 혁명을 목표로 하기 때문에 군사적 침략 못지않게 사회혼란을 조성하는 등, 간접침략을 주된 무기로 삼는다. 즉,

타도대상이 되는 사회를 분열시키고 혼란에 빠뜨려 공산혁명 분위기를 조성하기 위해 부단히 노력하는 것이다. 즉, 공산세력은 셀즈닉(Philip Selznick)이 말하는 '조직적 무기(organizational weapon)'라는 비군사적 수단을 효과적으로 동원한다.[63] 그들은 침투 및 첩보활동, 선전선동, 폭력시위, 무장봉기, 태업과 파업, 기만과 모략, 연합전선 등 수단방법을 가리지 않는다.

공산주의자들은 과거 한국, 중국, 베트남, 쿠바 등 가난한 나라의 국민적 불만과 사회적 혼란을 틈타 기존질서를 뒤엎어 공산혁명을 이룩하려 했고, 한국을 제외하고는 모두 성공했다. 러시아 공산혁명이 그랬듯이 공산주의자들은 자유주의자들과 손을 잡고 국가체제를 약화시키고 혼란에 빠뜨려 정부를 전복한 다음 자유주의자들을 제거한 후 공산화했던 것이다. 전통적 자유주의자들은 국가권력을 약화시키는 것만이 그들의 자유를 확대할 수 있는 유일한 길이라고 믿는다. 국가체제를 약화시키려 한다는 점에서 공산주의자들과 자유주의자들을 뜻을 같이 하고 있었던 것이다.

북한은 처음부터 남한 공산화를 최고의 목표로 삼고 이를 위해 수단과 방법을 가리지 않았다. 북한정권은 기회가 있을 때마다 대남 평화공세를 펴서 공산주의에 대한 우리 사회의 경계심리를 이완시켜 남남갈등을 조장하는 등, 혼란을 조성해왔다. 그러나 북한은 철저히 폐쇄되고 통제된 사회이기 때문에 우리가 북한주민들에게 영향을 줄 방법은 별로 없다. 실제로 대한민국 정부 수립 이후 우리 사회에 있었던 대규모 파업, 집단소요, 무력봉기 등은 대부분 공산주의자들이 은밀히 부추겼던

---

63) Philip Selznick, *The Organizational Weapon: A Study of Bolshevik Strategy and Tactics* (Glenco, Ill.: Free Press, 1960).

것으로 판단된다. 북한정권의 고위급 인사였던 황장엽은 "남한에서 일어났던 모든 학생데모는 예외 없이 북한 첩자들의 조종에 의해 일어났다고 해도 과언이 아니다"라고 했다. 이처럼 우리 학생들이 북한의 이념공세에 무방비상태에 놓여 있었다는 것은 북한의 대남 공작이 매우 치밀하게 이루어졌을 뿐 아니라 정의감에 불타는 우리 젊은이들이 민주투쟁이나 민족자주라는 그럴듯한 구호에 속아 결과적으로 북한의 대남공작에 이용당하게 되었다는 것을 의미한다.

통일운동으로 위장한 친북활동

김대중·노무현 정부는 남북관계 개선을 최우선 순위에 두고 모든 노력을 다했지만 김정일은 햇볕정책을 역이용할 수 있는 대남전략을 펴라고 지시한 바 있다. 우리 사회에서는 이러한 대남정책의 직·간접적인 영향을 받아 그동안 6·15공동선언 실천이나 통일운동을 표방하면서 실제로 반(反)대한민국 반미 친북활동을 벌이는 단체들이 우후죽순처럼 나타났던 것이다.

'조국통일범민족연합(범민련)'이 그 대표적 단체이다. 범민련은 1990년 김일성이 최고인민회의 시정연설에서 "연방제 통일을 위한 전 민족 통일전선을 형성하라"고 한 직후 북한 조국평화통일위원회 주도로 남북한에 각기 범민련이 결성되었다. 그 후 범민련 남측본부는 북한의 대남 공작기구인 통일전선부의 지령에 따라 국가보안법 철폐, 주한미군 철수, 연방제 통일 등을 주장하며 반정부·반미 친북활동을 하다가 1997년 5월과 2003년 8월 두 차례에 걸쳐 대법원으로부터 '이적단체'로 판결을 받았지만 반미·반대한민국 친북활동을 멈추지 않았다. 범민련은 2000년 남북정상회담 이후 조직 강령을 일부 개정해 대외적으로는 6·15공동선언을 실천하는 단체임을 내세웠지만 실제로는 북한의 노선에 동조하는 활동을 벌여 왔다. 특히 2002년 미군 장갑차에 의한 여중생 사망사건을 계기로 "식민지 역사의 잔재와 왜곡된 역사를 바로 잡는 것은 제국주의의 상징인 맥아더동상을 철거하는 데서 시작해야 한다"며 맥아더동상 철거운동을 주도하기도 했다.

최근 사법기관은 범민련이 그동안 합법적 남북교류를 가장해 북한 공작원과 비밀리에 접촉하고 지령을 받아 일부 시민사회단체에 전파해 온 사실을 적발했다. 검찰은 2009년 6월 24일 범민련 남측본부 이규재 의장(71)과 이경원 사무처장(43), 최은아 선전위원장(36·여) 등 3명을 국가보안법 위반 혐의로 구속기소했다.[64] 검찰 발표에 따르면 범민련 남측본부는 재일본조선인총연합회(조총련)가 운영하는 범민련 공동사무국과 휴대전화, 이메일, 팩스 등을 통해 수시로 연락하며 구체적인 활동방향에 대한 북한의 지침을 받아왔다. 이경원 사무처장은 또 2004년 2월부터 2006년 8월 사이에 공동사무국으로부터 범민련 남측본부 관계자명의 계좌로 몇 차례에 걸쳐 1,100만 원을 송금 받아 기관지 '민족의진로' 발행 비용으로 사용하기도 했다.

범민련은 2004년 11월 금강산에서 범민련 북측본부와 실무접촉을 하면서 범민련 이름으로 방북신청을 하면 당국의 허가를 받지 못할 것을 우려해 조총련에 설치된 범민련 공동사무국의 지시에 따라 통일연대로 소속을 바꿔 통일부로부터 방북 승인을 받았다. 이들은 당초의 방북 목적과 달리 북한 공작원과 접촉해 '북한의 핵 보유를 선전할 것' '미군철수 운동 기간을 설정해 투쟁할 것' 등의 지령을 받았다. 범민련은 또한 2006년 5월 지방선거를 앞두고 북한이 보낸 "반미, 반한나라당 투쟁

---

64) "범민련, 北공작원 수시 접촉, 회의땐 총련측과 전화 연결," 『동아일보』, 2009년 6월 25일.

에 적극 나서라"는 지침을 국내 친북단체에 전파하기도 했다. 범민련 초대 의장을 지낸 강희남은 2009년 6월 "지금은 민중 주체의 시대다. 4·19와 6월 민중항쟁을 보라. 민중이 아니면 나라를 바로잡을 주체가 없다. 제2의 6월 민중항쟁으로 살인마 리명박을 내치라"는 유서를 남기고 자살했다. 강 씨가 89세의 고령에 자살을 택하면서 남긴 유서의 내용이 이 단체의 성격을 잘 드러내고 있는 것이다.[65]

잘못된 대북정책은 안보위협 초래

지난 60여 년간 북한은 적화통일을 지상목표로 삼고 일관되게 공격적인 대남전략을 추구해 왔으며 우리의 대북 포용정책 기간 중에도 근본적인 변화가 없었다고 본다. 그럼에도 우리는 우리의 경제력만 자랑하며 날로 증대되는 북한의 군사적 위협에 대해 대수롭지 않게 생각해왔다. 이처럼 세계에서 가장 호전적인 북한에 대해 우리 사회 전반에 걸쳐 안보불감증 상태에 빠지게 된 것은 김대중·노무현 정부에만 책임이 있다고 할 수 없다.

불행히도 우리의 민주화와 세계적인 냉전종식이 동시에 도래하면서 우리의 안보태세는 심각한 타격을 받게 되었다. 김영삼 대통령은 취임사에서 "어떤 동맹도 민족보다 더 나을 수 없다"고 선언했던 것은 이러한 분위기를 반영한다. 냉전시대의 안보정책은 쓸모없는 정책으로 인식되었고, 특히 과거의 반공정책이나 안보정책이 정권적 수단으로 악용되었다면서 무조건적인 비판과 청산의 대상이 되었다. 이승만 정부의 강

---

65) "사설: 시위 구호가 왜 평양방송과 똑같나 했더니," 『동아일보』, 2009년 6월 25일.

력한 반공정책이 없었다면 대한민국이 살아남기도 어려웠을 것이지만 이승만 대통령은 민족분단의 원흉으로, 국가보안법을 악용하여 인권을 유린한 지도자로 몰았고, 박정희를 비롯한 군 출신 대통령들은 지속적인 경제성장과 강력한 안보태세를 유지함으로써 남북 체제경쟁에서 승리를 가져온 공로가 있지만 그들의 안보정책은 제대로 평가받지 못하고 오히려 비판과 청산의 대상이 되었을 뿐이다.

김영삼 정부는 스스로를 '문민(文民)정부'라고 선언하고 대공체제의 핵심기능인 안기부를 개혁이라는 이름 아래 약화시켰고 나아가 군대에 대한 대대적인 숙청을 단행했다. 조선왕조 500년은 문민의 시대로서 당시 안보의식이 얼마나 희박했는가는 사농공상병(士農工商兵)이라는 말에서 잘 나타난다. 선비나 지식인이 가장 존경받는 계층이었고 제조업자와 상인은 천시 받는 계층이었으며, 군인은 그보다 더 천시 받는 계층이었다는 것을 의미한다. 조선조에서는 양반 자제는 군포(軍布)로 대신하는 병역의무까지 면제받았다. 임진왜란이나 병자호란에서 보듯이 조선왕조는 국방 면에서 무방비 상태였다. 그러한 엄청난 비극을 겪고도 조선은 군대다운 군대를 한 번도 갖지 못하고 중국에 기대어 명맥을 이어오다가 일제의 총칼 앞에 쉽사리 무너지고 말았다. 지나간 반세기는 한미동맹으로 미국이 우리의 튼튼한 안보 울타리 역할을 하면서 안보의식이 제대로 자리 잡을 기회도 없었다. 그래서 군대복무를 기피하거나 면제받은 사람들 다수가 떳떳이 국가지도층 자리에 앉을 수 있게 된 것이다. 그래서 보수적 정권이라고 하는 이명박 정부에서도 지금까지는 안보정책의 우선순위가 높았다고 보기 어렵다.

선진국에서는 제복으로 상징되는 군의 명예와 전통을 존중한다. 예를 들면, 영국의 왕자는 장교로서 이라크나 아프간 등 위험한 전쟁터에 나간다. 우리가 2010년을 식민지로 전락한 100년을 기념한다고 하지만 문약에 빠졌던 구한말의 교훈을 살리지 못한다면 별 의미가 없다고 본다. 따라서 통일교육을 하기 전에 대한민국의 국가이념과 국가적 정당성에 대한 교육이 선행되어야 하며, 또한 대한민국 국민들이 향유하는 가치들을 지키기 위한 안보교육이 무엇보다 중요하다고 본다.

▍양의 탈을 쓴 늑대는 더 위험

늑대는 위험하지만 양의 탈을 쓴 늑대는 더욱 위험하다. 북한은 오랫동안 늑대 같은 존재였지만 어느 날 우리는 그들을 양으로 인식한 것이 아닌가 하는 생각이 든다. 폐쇄되고 통제된 체제의 지도자인 김정일의 정체는 잘 알려지지 않았다. 제1차 남북정상회담과 그 후 일련의 대북접촉에서 그가 파격적인 언행을 하면서 우리 사회에는 한때 '김정일 열풍'이 일기도 했다. 겉으로 들어난 그의 언행이 그의 본래의 모습을 나타내는 것인가, 아니면 그것도 교묘히 위장된 대남전략의 일환인가를 제대로 구분하지 못했다. 그러나 그건 북한의 잘못이라기보다는 북한의 실체와 전략적 의도를 제대로 파악하지 않고 무조건 선의로만 해석한 우리 자신에게 상당한 책임이 있다 하겠다. 사실 북한은 연평해역에서의 연이은 무력도발, 핵실험, 미사일 발사 등을 통해 늑대로서의 본성을 계속 보여 주었던 것이다.

김대중 대통령은 평양에서 정상회담을 하고 돌아온 자리에서 "이제 전쟁은 없다"고 선언했다. 그런데 북한은 이번 천안함 격침 사건에서 보여지듯이 수많은 무력도발과 다른 수단에 의한 적대행위를 계속해 왔다. 대북 포용정책이 시행된 10년 가까운 기간 중 우리의 의식을 지배해온 말들은 민족, 통일, 평화, 화해협력, 민족공조, 대북지원 등이었다. 안보, 북한의 위협, 한미공조 같은 말을 하면 반통일주의자 내지 반민족주의자로 매도당했다. 한마디로 말해 우리는 정신적인 면에서 무장해제를 한 셈이다. 우리가 북한을 변화시키려고 했는데 북한은 변화가 없고 우리만 일방적으로 변해버렸다. 이런 점에서 천안함 격침은 결코 놀랄 일이 아니며 정신 차리지 못하면 제2, 제3의 천안함 사태가 올 가능성이 있다. 국가 핵심부로부터 정치권, 여론선도층, 그리고 일반국민에 이르기까지 안보경각심이라는 것이 사라져버렸는데 지금 와서 어찌 군인들의 정신적 해이만을 나무랄 수 있겠는가?

우리는 60년이 넘도록 북한의 군사적 위협을 받으며 살아 왔기에 그 위협의 실체에 대해 무감각하게 되었는지 모르지만 북한의 위협은 끔찍한 것이다. 북한군은 세계에서 다섯 번째로 큰 규모의 군대이며 핵무기, 각종 미사일, 화학무기 등으로 무장하고 있어 우리 군에 비해 압도적인 전력(戰力)을 가지고 있다. 북한군의 3분의 2가 휴전선 일대에 전진 배치되어 있어 수도권의 1천 5백만 국민이 북한군의 직접적인 위협 앞에 놓여 있다. 그래서 북한은 기회 있을 때마다 '서울 불바다' 발언으로 우리를 위협하고 있는 것이다. 휴전선 일대에 900문의 장사정포가 배치되어 있으며 서울을 직접 겨냥하고 있는 것만도 300문이 넘는다. 이 장거리포는 아무런 경고 없이 수도권을 공격할 수 있으며 이로 인한 사망자만도 25만에 이를 것으로 추정되고 있다. 북한은 또한 세계 최대 규모인 10만 명 정도의 특수부대를 보유하고 있어 유사시 대규모로 침투하여 짧은 시간에 우리사회를 혼란에 빠뜨릴 수 있는 능력을 가지고 있다. 그럼에도 상당히 많은 사람들이 이 같은 위협을 외면하거나 또는 '우리민족끼리' 그런 걱정을 할 필요가 없다는 정말로 한심한 생각을 하고 있는 것이다.[66]

---

66) Andrew Scobell and John M. Sanford, *North Korea's Military Threat: Pyongyang's Conventional Forces, Weapons of Mass Destruction, and Ballistic Missiles* (Carlisle, PA: Strategic Studies Institute, 2007); Jim Geramone,

따라서 우리가 올바른 대북전략과 정책을 마련하기 위해서는 역대 정부의 대북정책 및 안보정책을 재평가하는 바탕 위에서 시작되어야 한다. 지금 와서 보면, 역대 정부의 대북정책과 안보정책은 다소의 부작용에도 불구하고 긍정적인 측면이 많았다고 볼 수 있는 반면, 김대중·노무현 정부의 대북정책은 이상은 좋았을지 모르지만 근본적으로 변함없는 북한의 대남정책을 고려했을 때 문제가 많았다고 본다.

대한민국 체제의 우월성에 대한 확신 필요

우리는 북한과 첨예한 체제경쟁을 하고 있기 때문에 북한체제에 비해 우리 체제가 우월하다는 내용의 교육과, 북한 현실에 대한 교육이 필요하다. 공산주의에 대해서 이론은 좋은데 실제가 나쁘다고 주장하는 사람들이 없지 않지만 현실이 나쁘다면 이론도 근본적으로 잘못된 것이다. 그렇기 때문에 동구 공산국가들이 한꺼번에 무너졌으며 중국, 베트남 등도 시장경제를 적극적으로 받아들이고 있는 것이다.

대한민국의 건국이념과 국가이념은 자유민주주의와 시장경제이다. 남북이 첨예한 체제경쟁을 해왔는데 우리 사회 일부에서 대한민국의 정통성이나 체제이념을 부정한다면 그들에게 남는 것은 인민공화국뿐이다. 자유민주주의와 시장경제는 세계사의 흐름인데 우리가 이것을 배제하면 생존도 번영도 할 수 없다. 자유도 인권도 없고 굶어죽더라도 통일만 되면 된다는 통일지상주의만큼 무모하고 한심한 것은 없다. 그런데 그러한 사상에 물든 사람들이 너무도 많다는 것이 엄연한 현실이다. 공기 속에 살면서 공기의 고마움을 모르는 것 같이 자유를 마음껏 누리고

"North Korean Bolt From the Blue Attack Remains a Concern," *American Forces Press Service,* October 26, 2006 〈URL: http://www.defenselink.mil/news/newsarticle.aspx?id=1865〉.

있기 때문에 자유의 소중함을 망각하고 있는 것이다. 그러나 자유가 없는 사회를 생각한다면 자유의 고마움을 짐작할 수 있을 것이다.

자유가 없는 사회의 대표적인 예는 북한이다. 북한은 철저히 통제되고 폐쇄된 사회로서 종교의 자유, 거주이전의 자유, 직업의 자유, 언론의 자유, 결사의 자유, 학문의 자유 등 거의 모든 자유가 허용되지 않아 모든 주민이 감옥살이보다 더한 처지에서 고통받고 있다. 그런데도 김일성과 김정일을 위대한 지도자로 떠받들고 있고 전국 방방곡곡에 수만 개의 동상이 세워져 있다. 수십만 명이 정치적인 이유로 집단수용소에 갇혀 짐승보다 못한 취급을 받으며 죽어가고 있다. 견디디 못해 죽음을 무릅쓰고 중국으로 넘어가 수천 킬로미터를 방황하다가 극소수가 마침내 자유와 풍요가 넘치는 우리나라 땅을 밟기도 한다. 공산주의는 모두가 잘 살게 되며 북한은 '인민의 낙원'이라 했지만 실제로는 그 반대이다. 자유가 없으면 진리도 없고 경쟁도 없고 발전도 없다. 공산주의는 말로는 평등을 강조하며 무료교육, 무료의료혜택을 자랑하고 있지만 인민들은 강제노동에 동원되고서도 식량조차 제대로 공급받지 못하고 있는 실정이다. 약품도 의료기구도 없는데 무료의료혜택이 무슨 의미가 있겠는가? 북한이 자유를 보장하지 않고 진리를 진리로 인정하지 않고 세계를 향해 문을 열고 경쟁하지 않고는 잘사는 길은 없다.

북한정권이 인민들을 철저히 통제하며 세뇌시켜 왔지만 같은 사회주의 국가인 중국의 번영으로 인해 기존의 인민 통제방식과 대중 선전선동 수단도 먹혀들어가지 않고 있다. 몇십 년 전만 해도 북한은 중국보다 더 잘살았지만 지금 중국은 북한과는 비교가 안 될 만큼 잘 살고 있고 인민들의 생활도 비교적 자유롭다. 지난 10여 년간 식량이나 생필품을 구하려 중국을 방문했던 북한주민들이 적어도 50만 명은 될 것으로 추산되고 있다. 처음 간 사람들은 너무나 놀라서 잠도 이룰 수 없는 정도라고 한다. 그런데 그들은 조선족 거주지에서 우리나라 사람들을 만나고 우리나라 상품에 접하고 그리고 우리의 드라마를 보면서 우리나라가 중국보다 훨씬 더 잘사는 매우 발전된 나라라는 사실에 충격을 받게 된다고 한다. 그래서 그들은 북한의 신문과 방송이 날이면 날마다 김일성 일가를 영웅시하며 북한은 "지상낙원"이고 남조선은 "미국의 식민지"이고 "거지들이 득실거리는 지옥"이라고 하는 선전이 거짓말이었다는 것을 깨닫게 된다.

북한체제가 우월하다는 김정일 정권의 말이 거짓이라는 것을 알게 되면서 김정일 체제에 대한 불신이 싹트고 있는 것이다. 북한주민들이 굶주림에서 벗어나기 위해서는 개방과 개혁을 통해 북한이 근본적으로 변하지 않으면 안 된다. 그러나 체제붕괴를 두려워하는 김정일 정권은 개방과 개혁을 하지 않을 것이기 때문에 북한주민이 사는 길은 김정일 체제를 바꾸는 수밖에 없다. 그렇지 않고 김정일 정권이 스스로 개방과 개혁을 하려고 한다면 머지않아 인민들은 거짓과 무능으로 가득찬 세습 독재정권에 항거할 가능성이 크다.[67]

우리는 미국식 교육의 영향을 받아 개인주의와 다원주의를 중시해 왔다면 북한은 공산체제와 김일성 주체이념에 맹종하는 교육을 실시하고 있다는 점에서 크게 대조적이다. 북한에서는 학문의 자유와 언론의 자유 등 기본적 자유가 허용되지 않으며 공산주의 이념, 김일성 노선과 주체사상이 절대 진리로 강요되어 학교교육은 물론 사회 모든 부문에서 일방적으로 주입되고 있다. 남북한 교육을 비교한 연구에 의하면, 북한에서는 김일성 우상화 교육이 유치원에서부터 시작하여 각급 학교 교과

---

67) Andrei Lankov, "Two Countries, Two Systems, One Porous Border," *Asia Times on Line,* August 14, 2007.

과정에서 전체 교육시간의 20퍼센트 그리고 매주 4시간에 이를 정도로 매우 중요시되고 있음이 현실이다. 그러한 교육이 햇볕정책 이래 남북 간 교류와 협력이 증진되었음에도 불구하고 조금도 변하지 않았을 뿐 아니라 오히려 강화되고 있는 실정이다.[68] 이로 미루어 볼 때, 통일의 기회가 왔을 때 우리가 과연 대한민국의 정당성과 우월성을 북한주민들에게 설득할 수 있을지 의문이 아닐 수 없다.

체계화되어야 할 통일교육

이런 점에서 독일은 통일교육을 어떻게 해왔으며 통일 이후 동서독을 하나로 통합하기 위해 어떻게 노력했는가는 우리에게 소중한 교훈이 될 것이다. 서독의 통일정책과 통일교육도 초당적이며 범국민적 합의를 바탕으로 이루어졌다. 또한 서독의 통일교육은 어디까지나 정치교육의 테두리 안에서 이루어졌다. 서독에서는 통일보다는 법치주의와 민주주의를 위한 정치교육을 통일교육의 기본조건으로 여겨왔다. 이 같은 성공적인 정치교육의 결과로 통일과정에서 서독은 내부적으로 큰 혼란 없이 동독을 흡수할 수 있었다. 김대중 정부는 서독과는 달리 민주시민교육보다는 통일교육을 우선시하여 통일교육지원법을 제정하여 통일교육을 하는 모든 단체에 재정지원을 했다. 그러나 우리나라는 통일의 기본조건이 되는 민주주의를 유지하고 발전시켜야 할 민주시민교육의 제도화를 위한 법도 제정하지 않았고 그 외 어떤 노력도 없었다.[69]

---

68) Young-ock Yoo, *Education of South and North Korea in Political Symbolism* (Seoul: Hakmun, 2002), pp.213-268.
69) 전득주, 『선진한국 어떻게 만들까』, 301-303, 315-316면 참조.

서독의 통일교육이 주는 교훈

오랜 분단으로 인해 동서독 간에 사회적, 경제적, 정치적 그리고 심리적 이질성과 격차를 초래했다. 통일 후 독일이 당면했던 과제는 동서독 간의 상이한 정치문화를 어떻게 극복하느냐에 있었다. 따라서 통일 후 독일의 정치교육의 목표는 동서독 지역 간의 정신적·문화적 장애를 제거하고 상호 이해를 촉진하여 독일의 정치적, 사회적, 문화적 정체성 확립에 기여하고자 했으며, 또한 동독지역 주민들의 공산주의식 사고를 씻어내고 자유민주주의를 이해하게 하고 실천할 수 있도록 하는 데 목표를 두었다. 이를 위해 동독지역의 정치교육에서 다음과 같은 내용들을 중시하였다.

- 민주주의 제도와 법치국가의 특성에 대한 이해를 고취시키고
- 동독지역 주민들의 정치적 무관심을 해소하고자 노력하며
- 민주시민으로서 각자의 행동에 대해 책임질 수 있게 하며
- 다원주의 사회와 민주적 결정에 참여할 수 있도록 지원하고
- 독일 역사를 새로운 관점[민주주의와 시장경제적 관점]에서 이해할 수 있도록 한다.[70]

독일의 적극적인 정치교육에도 불구하고 통일 후 동독지역 주민들은 자유민주주의와 시장경제 체제에 적응하는 데 어려움이 적지 않았고 불만도 컸으며 동서독 주민 사이에 갈등도 적지 않았다. 또한 동독지역 주민들은 공산체제하에서 세뇌교육에 진저리를 쳤던 탓에 민주시민의식 함양을 위한 정치교육에 대해 거부반응이 없지 않았다. 통일이 된지 20

---

70) 마티나 바이라후흐(Martina Weyrauch), "통일과 민주시민교육"(http://www.civicedu.go.kr).

년 가까이 흐른 지금, 그런 갈등이 해결되었느냐는 질문에 어느 독일 교수는 사람이 바뀌어야 문제가 해결될 것 같다고 했다. 동독의 기성세대는 이미 사회주의가 머리에 굳어 희망이 없고, 새 세대에 기대할 수밖에 없다고 했다. 따라서 몇십 년은 지나야 문제가 해결될 것 같다는 것이다.

우리의 경우 민주시민교육이 철저하지 못하여 국가정체성까지 흔들리게 되었고 이로 인해 통일지상주의 풍조가 만연되고 있어 과연 우리가 통일과업을 성공적으로 주도할 수 있을지 의문이다. 더구나 북한은 동독보다 훨씬 더 폐쇄적이고 통제된 사회일 뿐 아니라 주체사상으로 철저히 세뇌된 북한주민들을 대상으로 한 민주시민교육은 매우 어려운 도전이 될 것으로 본다. 지금 2만 명 가까운 탈북자들 중에서 상당수가 우리 사회에서 적응하는 데 어려움을 겪고 있다. 만약 수백만의 북한주민이 내려온다면 과연 제대로 감당할 수 있을 것인가? 박관용 전 의장이 그의 저서『통일은 산사태처럼 온다』에서 말하듯이, 그리고 독일의 통일에서 보듯이 우리의 통일도 갑자기 이루어질 가능성이 크다. 이스라엘이 여러 나라에서 들어온 귀국자들을 성공적으로 통합시키고 있는 것을 면밀히 검토하여 탈북자들이 우리 사회에 잘 적응할 수 있도록 체계적인 대책을 마련해야 할 것이다.

올바른 통일교육의 방향

지금까지 우리의 통일교육은 한마디로 심각한 갈등과 혼란을 겪었다. 갈등과 혼란이 야기되게 된 근본 원인은 김대중·노무현 정권 10년 동안 추진된 대북정책이 남북 간의 엄연한 체제 이질성을 무시한 채 남북관계의 긍정적 측면만 과장하여 국민들로 하여금 북한에 대해 잘못된 인식을 갖게 했기 때문이다. 더구나 정부 자체가 합리적이고 분명한 남북관계와 통일에 대한 교육지침이 없었고 교육 현장에서는 이념적으로 편향된 전교조 교사들이 학생들을 오도하는 등, 문제점이 적지 않았다. 통일교육에 있어서 무엇보다 중요한 것은 북한 공산체제와 김일성·김정일 체제의 실체를 올바로 이해하게 해야 하며 나아가 대한민국 체제가 우월할 뿐 아니라 세계화된 시대에 적합한 체제라는 것을 분명히 이해할 수 있도록 해야 한다. 합리적인 통일교육을 위해서는 다음과 같은 내용이 포함되어야 한다고 본다.

첫째, 북한의 실체를 최대한 객관적으로 인식시키도록 해야 한다. 폐쇄되고 통제된 북한에 대해 올바로 이해하게 한다는 것은 쉬운 일은 아니지만, 그럼에도 불구하고 북한의 실태에 대한 다양한 자료를 통해 최대한 객관적으로 이해할 수 있도록 해야 한다.

둘째, 북한의 대남정책의 실체에 대해 올바로 인식하도록 해야 한다. 북한의 대남전략은 무엇을 노리고 있으며 그것이 여건 변화에 따라 어떤 전술적 변화를 보이고 있는지 이해하는 바탕 위에서 남북관계의 가능성과 한계를 판단할 수 있도록 해야 한다. 또한 남북이 상호 모순되는 체제와 이념을 가지고 있는 현실에서 어떠한 통일 모델이 가장 이상적인지 올바로 이해할 수 있어야 한다. 다시 말하면, 통일된 한국이 어떠한 이념을 선택해야 하고, 어떤 정치적·경제적 체제를 유지해야 할 것인지 충분한 이해가 있어야 한다. 세계는 개방과 개혁을 통해 국가 간 치열한 경쟁이 벌어지고 있기 때문에 북한처럼 통제되고 폐쇄된 체제는 살아남기 어렵다는 것이 분명하다. 다시 말하면, 통일은 북한의 세습독재체제를 변화시키고 개방과 개혁을 통해서만 가능하다는 것을 분명히 인식할 수 있도록 해야 한다.

셋째, 한국의 '국가이익'과 남북한 전체의 '민족이익'이라는 차원에서 어느 것이 더 중요하고 우선시되어야 하는 것인지 이해할 수 있어야 한다. 우리 사회 일각에서는 민족이 중요하다고 하면서 남북관계 개선과 통일에 집착한 나머지 대한민국의 정통성과 한미동맹을 부정하는 등, 국가이익을 훼손하는 것을 아무렇지도 않게 생각하는 통일지상주의자들이 적지 않다. 김정일 정권은 입으로는 민족을 내세우고 있지만 결코 민족이익을 위해 그들의 비합리적인 정권을 조금도 개혁할 생각은 없는 것이다. 우리가 그들의 술책에 넘어가 대한민국을 약화시키고 통일의 길로 나간다면 북한식 통일이 될 우려가 없지 않다.

마지막으로, 통일문제를 한반도 안보와 평화문제에 연계해서 이해할 수 있도록 해야 한다. 통일이 중요하다고 하여 안보를 등한시할 수 없는 것이다. 북한은 한반도의 평화체제 구축을 주장하고 있지만 거기에는 주한미군 철수를 유도하려는 목적이 내재되어 있다는 것을 명심해야 하며, 또한 주한미군 철수는 우리나라의 안전보장과 지속적인 경제발전에 중대한 타격이 될 수 있다는 것을 알아야 할 것이다. 또한 한반도 통일은 동북아질서를 변경시키는 것이기 때문에 주변국들과의 협력도 중요하다는 점을 이해할 수 있도록 해야 한다.

통일은 어디까지나 인간다운 삶을 보장하고 있는 대한민국이 주체가 되고 실패한 집단인 북한을 통합하는 형태가 되는 것이 가장 합리적인 방안이다. 그러기 위해서는 우선 대한민국이 튼튼하게 발전해야 하고 이를 위해 한국의 국가이익을 우선시하는 통일교육이 실시되어야 한다.[71]

---

71) 송대성, "통일교육 지침, 4대 원칙 지키라," 『문화일보』, 2009년 7월 25일.

급변하는 세계에 대비하는 세계화 교육

세계화의 도전과 과제

오늘날 어느 나라도 자급자족으로 생존하고 번영하는 것은 불가능하며, 따라서 대다수 국가들은 개방하여 서로 협력하고 있다. 그러나 상호 의존성이 높다는 것은 치열한 경쟁이 불가피하다는 것을 의미한다. 이처럼 오늘의 세계는 국가로서의 생존과 번영이 더욱 어려워진 시대가 되었으며 그 같은 추세는 앞으로 더욱 심화될 것이다. 문제는 교통통신 수단과 과학기술이 발달되고 국가 간 경쟁이 치열해지면서 사람들은 국가적·문화적 정체성을 상실하게 될 가능성이 커진다는 것이다.

우리나라는 국민경제에서 차지하는 무역의 역할이 세계에서 가장 큰 나라이다. 때문에 급변을 거듭하고 있는 국제환경에 얼마나 잘 적응하느냐는 우리의 생존과 번영에 결정적인 영향을 미친다. 지구촌이 경험하고 있는 변화와 도전은 지각변동이라 할 만큼 구조적일 뿐 아니라 전례 없이 급격하다. 경제의 세계화, 지구온난화 등 지구환경의 악화, 급속한 기술발전, 공동체 의식 약화, 유전자 조작 등 기술발달에 수반된 윤리문제, 대규모 인구이동 등, 변화의 폭이 넓고 속도도 너무 빨라 몇 년 앞을 예측하기도 어렵다. 따라서 세계화에 따른 변화와 도전의 특징은 무엇이며 이에 대비한 세계화 교육의 방향을 살펴보고자 한다.

1) 세계화된 경제: 오늘날 무역과 투자가 자유화되면서 경제의 국경이 희미해지고 이에 따라 세계경제질서에 근본적 변화가 일어나고 있다. 모든 나라의 시장이 개방되고 있기 때문에 국가 간 경쟁이 치열해져서

경제전쟁의 시대가 되었다고 해도 과언이 아니다. 국제무역질서가 자유화되고 있는 가운데 국가 간에는 자유무역협정을 통해 관세를 없애는 등 개방이 가속화되고 있으며 이로 인해 사양(斜陽)산업은 피해를 입거나 사라질 위기에 처해 있다.

경제가 세계화되면서 제품, 기술, 회사 등이 어떤 특정 국가에 소속된다는 개념이 없어져서 국민경제니 국가경제니 하는 말도 의미가 적어졌다. 기업과 자본은 유리한 조건을 찾아 국경을 자유롭게 넘나들고 있기 때문이다. 국가를 구성하는 요소로서 국경 내에 남아 있는 것은 사람뿐이다. 다시 말하면, 각국의 주된 자산은 국민들이 가진 기술과 자질뿐이다. 또한 세계시장에서 적응할 능력이 있는 사람들과 그렇지 못한 사람들 사이에 심리적 거리감도 더욱 커지게 되어 정치사회적 갈등이 높아지게 된다. 그러므로 각국의 주된 정치적 과업은 지구촌 경제로 인해 국가공동체로서의 결속력이 약화되는 것을 막는 것이며 이를 위해 국가적 · 문화적 정체성에 대한 교육을 강화해야 할 필요가 있다. 또한 세계화에 효과적으로 참여할 수 있는 계층을 뒷받침하는 동시에 그렇지 못한 계층을 지원하는 것 또한 국가의 중요한 과제가 되고 있다.72)

2) 정보통신 혁명: 인터넷과 휴대전화의 보편화 등 정보통신 혁명은 우리 생활의 모든 부문에 혁명적 변화를 가져왔으며 그러한 추세는 앞으로 더욱 가속화될 것이다. 오늘날 누구나 컴퓨터나 휴대전화를 이용하여 엄청난 분량의 정보를 접할 수 있고 그러한 정보를 바탕으로 정치적 · 사회적 발언권을 확대하고 있으며 이에 따라 사회도 정치도 매우 소란스러워지고 있다. 우리는 정보의 홍수 속에 살고 있기 때문에 다양

---

72) Robert Reich, *The Work of Nations* (New York: Vintage, 1992), p.3.

한 정보를 비교 분석하여 선택적으로 정보를 소화하지 않으면 안 된다. 또한 정보통신기술의 발달로 인해 사생활이 보호받지 못하는 등, 윤리 문제가 심화되고 있다.

오늘의 세계는 정보화시대(information age)이다. 정보화시대는 인터넷 등 정보통신기술의 혁명적인 발전 때문에 가능해진 것이다. 정보화시대는 우리의 삶을 세계와 긴밀하게 연계시킴으로써 세계화를 촉진시키고 있다. 우리는 CNN 같은 국제 텔레비전이나 인터넷 신문을 통해서 지구촌 곳곳에서 일어나는 일들을 즉시 알 수 있다. 또한 세계 여러 나라들도 우리나라에서 일어나는 좋고 나쁜 일들도 즉시 알 수 있게 된다. 그래서 우리의 모든 것은 항상 국제적으로 비교되고 평가받는다.

3) 인구와 환경: 세계 인구는 60억 정도이지만 2025년이 되면 80억 내외로 증가될 것으로 추산되고 있다. 인구가 늘어나면서 식량, 주거, 직장, 생활수준의 유지 등에서 매우 큰 어려움에 처하게 될 것이며 이에 따라 환경 파괴도 더욱 빠른 속도로 일어날 것이다. 이처럼 인구증가와 환경악화는 긴밀히 연관되어 있으며 이 같은 추세를 방치할 경우 인류는 큰 재앙에 직면하게 될 가능성이 있다.[73] 세계는 이미 인구증가와 이에 따른 환경오염으로 사막화, 경작가능 면적 축소, 빈번한 산성비, 원자 및 화학 폐기물 축적, 자원고갈, 열대우림 파괴, 지구 온난화, 대형 자연재해, 식수부족, 기후변화로 인한 난민 발생 등 갖가지 위협에 직면하고 있으며 그러한 문제는 앞으로 더욱 심화될 것이다.

또한 선진국은 기술의 이점을 누리고 있기 때문에 잘사는 나라와 가난

---

73) Hamish McRae, *The World in 2020* (New York: HarperCollins, 1995); and Howard Snyder, *EarthCurrents* (Nashville: Abingdon, 1995).

한 나라 간의 격차는 더욱 커지고 있다. 유럽은 물론, 일본, 한국 등 산업화된 국가에서는 인구 고령화가 급속히 진행되는 반면, 저개발국에서는 기아와 질병으로 정치사회적 혼란과 갈등이 급증하게 되고, 이에 따라 저개발국에서 선진국으로의 인구이동이 급격히 일어나게 될 것이며 이에 따라 선진국에서의 사회정치적 갈등도 증대될 것이다.

세계화가 진전되면서 우리의 삶은 지구촌 저편의 전쟁, 테러, 전염병, 금융위기, 경제위기, 유가와 곡물가 그리고 각종 원자재 값 급등 등으로 인해 직접적인 영향을 받고 있고 때로는 큰 재앙으로 닥쳐오기도 한다. 몇 년 전에는 사스(SARS)로 타격을 받았고 2009년에는 신종 인플루엔자로 어려움을 겪었다. 2001년 9월 11일 뉴욕 무역센터에 대한 테러집단의 공격 여파는 세계를 휩쓸어 세계 역사를 바꾸어 놓았다고 할 수 있다. 이처럼 세계가 긴밀히 연결되면서 좋은 것이든 나쁜 것이든 신속히 전파된다. 다시 말하면, 세계화는 긍정적 측면이 있는 동시에 부정적 측면도 있다. 그러나 세계화는 우리가 인위적으로 추구한 것이 아니라 자연적 현상이며 따라서 선택의 여지가 없다. 세계화에 잘 적응하는 국가는 번영하지만 그렇지 못한 나라는 쇠퇴하고 만다.

하나의 지구촌으로 급속히 결속되면서 개별 국가가 해결할 수 없는 지구촌 공통의 문제들이 수없이 발생하고 있어서 세계차원의 공동대응이 불가피하다.

첫째는, 환경문제로 인한 지구온난화이다. 지구차원의 인구 증가, 중국, 인도 등 인구대국의 급속한 산업화, 소비의 폭발적 증가 등으로 지구환경이 심한 몸살을 앓고 있다. 지구환경 파괴의 주범은 이산화탄소이다. 이산화탄소는 공장에서 발생되기도 하지만 자동차 배기가스와 쓰레기 등에서도 발생한다. 이산화탄소가 너무 많아 지구를 둘러싸고 있는 오존층이 파괴되어 지구온난화가 급속히 진전되고 있다. 지구온난화로 북극과 남극의 얼음이 녹아내려 해수면이 높아지면서 저지대에 있는 섬나라들이 물에 잠기고 있는 실정이다. 또한 지구온난화로 사막화가 진전되어 식량생산을 못하게 됨으로써 대규모 기근이 일어나고 있다. 특히 중국 북서부지방의 사막화로 인해 발생하는 황사는 매년 우리나라에 엄청난 피해를 주고 있다.

둘째는, 분쟁과 전쟁이다. 대량살상 무기 발달로 강대국 간 전쟁이 일어날 가능성은 매우 낮지만 저개발 지역, 특히 실패한 국가들을 중심으로 분쟁과 전쟁이 끊이지 않고 있다. 그러한 국가들은 또한 국제 테러조직이나 마약조직의 활동 근거지가 될 가능성이 크다. 알 카에다 같은 테러조직은 서구 선진국들을 무차별 공격의 대상으로 삼고 있지만, 인도네시아 발리와 인도 뭄바이에서 일어난 테러공격에서 보여지듯이 아시아도 테러공격의 안전지대가 못된다. 테러가 주로 서구에서 일어나기 때문에 우리와 상관없는 일이라고 생각할지 모르지만 뉴욕의 9·11테러에서 경험했듯이 세계 어느 지역에서의 테러공격이든 그로 인한 경제적 충격이 세계 모든 나라에 큰 재앙이 되고 있다. 또한 북한, 이란 등 일부 독재국가들의 핵무기와 생화학무기, 그리고 미사일 등은 세계 평화에 중대한 도전이 되고 있으며, 그러한 무기 제조 기술이 불량국가나 테러 집단에 확산되어 끔찍한 재앙을 초래할 수 있다.

셋째로, 빈곤문제이다. 빈곤은 질병, 범죄, 분쟁과 전쟁, 그리고 대량난민 등, 인간안보 문제까지 발생하게 하는 지구촌이 해결해야 할 가장 중요한 문제이다. 유엔은 세계 빈곤층의 절반을 줄이겠다는 목표를 세우고 노력해왔지만 그 성과는 목표에 크게 못 미치고 있다. 뿐만 아니라 세계화로 인해 가난한 나라와 부유한 나라 사이의 격차는 더욱 벌어지고 있다. 빈곤퇴치와 보건 및 교육의 질적 향상 등 인간안보 개선은 저개발국이나 실패한 나라에서 스스로 해결하기 어려우며 따라서 잘사는 나라들이 지원하지 않으면 안 된다.

마지막으로, 인권문제이다. 다른 나라 사람이나 특정 인종에 대해 편견을 가지고 있으면 그들의 인권을 침해할 가능성이 높아진다. 그러나 오늘날 인종, 국적, 종교 등의 이유로 차별해서는 안 된다. 우리가 일본의 통치를 받을 당시 2등 국민으로 차별당하고 탄압받으면서 일본에 대해 큰 원한을 가지게 되었듯이 우리가 다른 나라 사람을 차별한다면 이는 국제법에 어긋날 뿐 아니라 그 나라 국민들로부터 반감을 사게 될 것이다.

이처럼 인구증가, 환경위기, 그리고 정치사회적 위기는 상호 연관되어 연쇄적으로 악화될 가능성이 크다. 특히 환경문제는 깨끗한 물 확보와 더불어 21세기의 심각한 안보문제로 등장할 가능성이 크다. 우리가 당면하고 있고 또 앞으로 당면하게 될 도전의 복잡성과 규모, 갖가지 변화와 도전들의 상호의존성 등을 고려할 때 새로운 개념의 시민의식이 요구되고 있는 것이다.[74]

▎민주적 시민인 동시에 세계적 시민

세계적으로 개방과 경쟁을 강조하는 신자유주의적 경제질서가 급속히 자리 잡게 되면서 각국은 국가경쟁력 강화에 도움이 되는 교육을 중시해야 한다는 주장이 힘을 얻고 있다. 즉, 20세기 산업화 시대의 교육은 오늘날의 급격한 변화에 부응하지 못하고 있으며 따라서 21세기 지식경제 시대에 잘 적응할 수 있는 인간을 길러내는 교육을 중시해야 한다는 것이다.[75] 그럼에도 민주시민교육은 여전히 국가의 중요성을 강

---

74) John J. Cogan and Ray Derricott (eds.), *Citizenship for the 21st Century* (London: Kogan Page, 1998) 참조.

75) Cogan and Derricot (eds.), *op. cit.*; and Kerry J. Kennedy, "Globalized

조하며 그것은 국가경쟁력 강화를 목표로 한 교육과 모순되는 경우가 많다. 그러나 교육이 경제적 효율성만 강조하면 개인의 국가관, 충성심, 준법정신 등, 시민의식이 등한시되기 때문에 경제적 고려가 시민교육을 좌우해서는 안 된다. 실제로 각국의 교육은 세계화라는 경제적 현실에 맞게 바뀌었지만 시민교육의 내용에는 큰 변화가 없다. 왜냐하면, 시민교육은 경제적 측면보다는 사회정치적 가치를 중시하기 때문이다.

이처럼 경제적 경쟁력을 강화하기 위한 교육과 시민의식을 함양하기 위한 교육을 어떻게 조화시키느냐 하는 것은 21세기 교육의 중요한 과제로 인식되고 있다. 그러한 가운데 시민교육과 관련하여 각국은 대내적으로 국가에 충성심을 가진 건전한 국민의식을, 대외적으로는 지구촌 시민으로서 글로벌 이슈에 대한 이해를 증진시키는 것을 목표로 삼고 있다. 아시아·태평양 지역 국가들도 2000년대 들어 대대적인 교육 커리큘럼 개혁을 단행했는 바 이것은 급격한 사회변화와 세계화에 부응할 수 있는 시민을 양성하기 위한 것이다.[76]

세계화 시대를 맞아 국가의 역할이 상대적으로 줄어들었음에도 국가 중심의 시민교육이 중시되고 있는 이유는 무엇인가? 이에 대해 케리 케네디(Kerry Kennedy)는 다음과 같이 세 가지 이유를 제시하고 있다.[77] 첫째, 지정학적 현실이 국가의 중요성을 높여주고 있다는 것이다. 세계화로 국가의 역할이 축소될 것으로 예상되었으나 글로벌 테러리즘으로 각국은 테러와의 전쟁에 효과적으로 대응하고 국민들을 보호하기 위해

Economies and Liberalized Curriculum: New Challenges for National Citizenship Education," *Citizenship Curriculum,* pp.13-26.

76) David L. Grossman, Wing On Lee, and Kerry J. Kennedy, eds., *Citizenship Curriculum in Asia and the Pacific* (Hong Kong: Comparative Education Research Centre, the University of Hong Kong, 2008).

77) Kerry J. Kennedy, 앞에서 인용한 논문, pp.21-22.

국가의 역할을 강화하고 있다.

둘째, 국제기구 운영과정에서 국가의 역할이 여전히 중요하다는 것이다. 유엔, 유럽연합, OECD 등 다양한 국제기구가 생겨났지만 초국가적인 역할을 하지 못하고 그 운영과정에서 여전히 개별 국가들의 이해관계에 의해 좌우되고 있다.

마지막으로, 경제적 세계화는 오히려 국가중심 가치를 강화하고 있다. 특히 아시아 각국은 경제적 세계화로 인해 사회적 풍조까지 서구화를 가져와서는 안 된다는 인식이 증대되고 있다. 국제경쟁력을 갖춘 시민이 되기를 원하지만 또한 국민적 가치관을 확고히 갖고 있기를 기대하고 있는 것이다.

체계화되어야 할 세계화 교육

우리는 지구촌이라는 인류공동체의 일원으로서 상호의존하며 살고 있다. 특히 우리나라는 세계적인 무역국가로서 세계 대다수 국가를 상대로 수출도 하고 수입도 한다. 우리가 일상생활에서 사용하는 옷, 식품, 책, 음반, 약품 등은 물론 산업원료, 정밀기계, 석탄, 철광석, 원유, 가스 등 전략물자도 여러 나라에서 수입한다. 우리가 원유와 가스를 수입하지 않으면 우리의 산업이 마비될 뿐 아니라 우리 모두의 삶이 원시상태로 돌아가고 말 것이며, 우리가 식량을 수입하지 않으면 북한처럼 식량부족에 시달리게 될 것이다. 반면 우리나라는 자동차, 선박, 가전제품, 핸드폰 등 다양한 제품을 세계 여러 나라에 수출하고 있다. 수출과 수입은 상호 의존되어 있다. 수출하기 위해 수입해야 하고 수입하는 데 필요한 외화를 획득하기 위해 수출해야 한다. 몇십 년 전까지만 해도 외제를 쓰면 역적 취급을 받기도 했던 것을 고려할 때 정말 엄청난 변화이다.

우리나라는 세계 10위 수준의 무역국가가 되었고 이를 뒷받침하기 위해 세계 10위권의 해양수송능력을 보유한 나라가 되었다. 즉, 우리의 선박들이 오대양 육대주를 누비고 있는 것이다. 부산, 인천, 여수, 포항, 울산 등 우리의 항구들과 세계의 주요 항구들 사이에 우리 선박은 물론 외국 선박이 쉴 사이 없이 오간다. 인천, 김해, 제주 등 주요 국제공항은 우리나라와 다른 나라의 항공기가 쉴 새 없이 뜨고 내린다. 우리의 문화상품이 해외로 진출하여 여러 나라에서 한류(韓流) 열기를 불러일으킬 만큼 우리는 여러 면에서 개방적이고 진취적이고 적극적이다.

그래서 우리는 세계경쟁에서 강하다. 우리의 일류 기업들이 그렇고 해외에서 활동하는 우리 인재들이 그렇다. 고도의 기술과 경제력을 요구하는 동계 올림픽에서 우리 선수들이 선전한 것을 보거나, 2002년 월드컵에서 4강 신화를 남긴 축구를 보거나, 1988년 서울올림픽을 보더라도 그렇다. 여성들의 골프경기인 LPGA에서 50명의 최고 선수 중 절반이 한국인이라는 사실도 놀라운 일이다. 한마디로 우리는 세계경쟁에서 두각을 나타내고 있다. 이처럼 우리는 자신감과 글로벌 마인드를 가지고 노력하면 세계정상에 설 수 있는 저력을 가진 뛰어난 국민이다.

세계화에 크게 못 미치는 국민의식

그러나 세계화에 대한 우리 국민의 태도는 대체로 부정적이다. 메킨지의 한국경제보고서에 의하면 세계화에 대한 긍정적 인식은 인도네시아 59%, 말레이시아 51%, 인도 49%, 베트남 47%인 데 비해 한국은 27%에 불과하다. 그 이유는 무엇보다도 폐쇄적이고 배타적인 민족주의 때문이라고 본다. 강대국들의 틈바구니에서 단일민족으로 살아오면서 외부세력에 대한 피해의식을 갖게 되면서 배타적인 민족의식을 갖게 된 것이다. 그러나 지나친 민족의식은 다른 나라의 장점을 외면할 수 있고 또한 다른 나라 사람들에게 반감을 불러일으키는 등, 세계화의 장애요인이 될 수 있다. 우리나라에서 반미와 반일 등, 배타적인 민족주의 정서가 빈번히 나타나는 것도 바로 이 때문이다. 이 같은 배타적 국민의식은 내부지향적인 특성을 가지게 되어 외부의 변화와 도전에 관심을 기울이고 대응하기보다는 내부 문제로 반목하고 갈등을 벌일 가능성이 크다.

그러나 세계적인 무역국가이며 국제사회에서 중요한 역할을 하고 있는 한국의 국민으로서 글로벌 마인드와 외부지향적 태도를 갖지 않으면 안 된다. 특히 다른 나라에 대한 태도가 결코 민족주의적 감정에 의해 좌우되어서는 안 될 것이다. 예를 들면, 미국과의 관계에 대해 불만이 있다면 그것을 정부 당국에 진정하고 정부가 외교적 채널을 통해 해결하도록 하는 것이 당연하다. 우리의 시민단체가 직접 나서서 미국 국기를 훼손하고 미국 대통령의 모형을 불태우며 미국의 전쟁영웅인 맥아더 장군의 동상을 허물려 하는 것은 국가이익에 부정적인 결과를 초래할 뿐이다. 특히 일본과의 관계에선 언제나 감정이 앞선다. 독도 문제가 발생할 때면 전 국민이 나서서 분개하며 대응한다. 마치 일본이 금방이라도 독도를 빼앗아 가려는 듯이 목소리를 높인다. 일본이 교과서에 독도는 자기네 땅이라고 쓰고 국내법적 조치를 취해도, 우리가 독도를 지배하고 있고 우리가 지배하는 독도를 빼앗아갈 재간이 없다. 자신감을 갖고 일본의 움직임에 냉정하면서도 의연한 태도로 대응하면 된다.

국가 간 교류와 협력이 크게 늘어나면서 인구이동도 엄청난 규모로 늘어나고 있다. 매년 천 5백만 명의 우리나라 사람들이 외국을 방문하고 그보다 조금 작은 규모의 외국인들이 우리나라를 찾는다. 관광은 외화를 획득할 수 있고 많은 일자리를 만들어내며, 외국인들이 우리나라를 이해하게 하는 데 좋은 수단이 되는 세계화 시대의 주요 산업이다. 외국인들이 한국을 방문하여 우리의 찬란한 전통문화를 맛보고 세계 최고수준의 산업시설이나 사회발전 수준을 직접 접하게 되고 우리의 아름다운 자연을 즐기게 하는 것은 여러 가지로 유익한 일이다. 이를 위해 우리 모두가 세계의 보편적인 에티켓에 체질화되어 있어야 하고 다양한 인종과 문화에 대한 이해가 필요하다. 또한 주변 환경을 아름답게 가꾸어야 할 필요가 절실하다. 시골 들판에 여기 저기 흉물스럽게 들어선 고층 아파트, 상가건물 외벽을 가득 채운 닥지닥지 붙은 광고물 등, 아름답지 못한 인공환경이 아름다운 자연경관을 망치고 있는 것들이 너무 많다.

  우리가 해외에 나가 하는 행동도 우리나라의 이미지에 중대한 영향을 미친다. 다른 나라를 방문할 때는 그 나라의 문화, 종교, 법률에 거슬리는 행동을 해서는 안 될 것이며 국제사회의 보편적 에티켓에 어긋나는 행동을 하여 나라의 위신을 손상시키지 않아야 한다. 유감스럽게도 우리 국민 중에는 해외에 나가 오만하고 무례하게 행동하다가 망신당한 경우가 적지 않다. 10여 년 전만 해도 중국이나 동남아 국가를 방문한 관광객들이 돈이 많다고 우쭐대며 과도한 팁을 주는 등, 무례하게 행동하여 현지인들로부터 비웃음과 적대감을 불러일으킨 적이 종종 있었다. 또한 베트남 등에 진출한 기업이나 상사의 직원들이 현지인들의 인권을 무시하거나 비하하는 행위를 하여 논란의 대상이 된 경우가 적지 않다. 특히 베트남은 1,800여 개의 우리 기업이 진출해 있고 거기서 일하는 베트남인이 무려 35만 명이나 된다. 몇 사람의 잘못된 행동이 현지 주민들에게 한국에 대한 나쁜 이미지를 심어주는 결과가 되어 결국 우리나라와의 협력 증진에 차질을 초래할 수도 있는 것이다.

  세계화 시대에 있어 다른 인종이나 다른 나라 사람들에 대한 태도는 매우 중요한 의미를 갖지만 단일민족인 우리는 다른 나라 사람들을 대하는 데 서투른 편이다. 지금 우리나라에는 수많은 외국인이 다국적 기업의 사원, 외국어 교사, 또는 유학생으로 와서 살고 있으며, 또한 수십만 명의 외국인 노동자들이 우리 산업의 역군이 된지 오래다. 우리나라에서 일하는 외국인 근로자 수도 더욱 많아지게 될 것이고 한국으로 들어오는 이민자도 많아질 것이다. 이처럼 우리는 인종, 문화, 종교 등이 다른 많은 수의 외국인들과 함께 살고 있는 것이다. 우리나라에 살고 있는 외국인의 숫자가 적을 때는 그들에 대한 편견이나 차별이 큰 문제가 되지 않았을지 모르지만 지금은 물론 앞으로 그것이 큰 문제로 비화될 우려가 있다. 근래에 프랑스 등 유럽 국가에서 일어난 대규모 폭력시위도 대부분 이민자들에 관련된 깃이다. 인종이나 종교 등의 이유로 차별대상이 되는 소수(minority)는 자기들에 대한 편견이나 차별에 매우 민감하게 반응한다는 사실을 명심해야 한다. 우리가 이 같은 문제들에 대해 조기에 적극적인 대책을 세우지 않으면 머지않은 장래에 큰 어려움에 봉착하게 될 가능성이 없지 않다.

지난해 한 인도인 교수가 인종적 모욕을 당한 사실을 보면 우리 사회가 국제화에 얼마나 취약한가를 잘 알 수 있다. 인도인 보노짓 후세인 씨(28)는 3년 전 한국에 와서 성공회대 연구교수로 재직하며 인종차별 문제를 연구하는 사람이다. 그는 2009년 7월 10일 저녁 자신을 도와주는 한국인 여성과 함께 버스 안에서 영어로 대화하는 중이었다. 술 취한 승객 박모 씨(31)가 뒤쪽에서 "더러운 ××"라고 소리쳤다. 뒤를 돌아보자 그는 "더러워, 너 더러워. 이 개××야" "너 어디서 왔어, 이 냄새나는 ××야"라고 외쳤다. 함께 얘기하던 여성의 항의에 "넌 정체가 뭐야. 새까만 ××와 같이 있으니 좋으냐. 조선× 맞냐"라고 욕설을 퍼부었다는 것이다. 참다못한 후세인 씨 일행은 박 씨를 경찰서로 끌고 가 모욕죄로 고소했고 결국 박 씨는 모욕 혐의로 기소되어 벌금 100만 원을 선고받았다.[78)]

우리나라는 인도와 자유무역협정을 맺고 중국 버금가는 통상(通商) 대상국으로 삼고자 하고 있다. 인도와의 관계 발전은 21세기 한국의 국운을 좌우할 만큼 중요하다고 볼 수 있다. 그런데 한국인들이 인도인들을 차별하고 무시한다는 인식을 갖게 된다면 한국과 인도와의 관계가 우리가 바라는 대로 결코 발전하기 어려울 것이다. 실제로 한국을 방문했거나 살던 사람들 중에서 친한파가 아니라 한국을 싫어하는 사람이 되는 경우가 적지않은 것으로 알려지고 있다. 세계화 시대에는 평범한 시민 한 사람의 잘못된 행동이 국가적으로 엄청난 결과를 초래할 수 있다는 것을 명심해야 한다.

후세인 씨의 말대로 우리 사회는 백인에 대해서는 지나칠 정도로 친절하면서 유색 인종은 무시하고 차별하는 이중적 편견이 뿌리 깊다. 최근 한국문화관광연구원이 우리나라를 방문한 외국인을 대상으로 한 설문조사를 보면, 미국, 영국 등 서구인들은 한국인이 친절하다고 응답한 비율이 70%를 웃도는 반면, 아시아인은 40%대에 불과했다. 아시아 출신 외국인들은 한국 사람들이 기피하는 업종에서 일하는 노동자 또는 농촌 총각과 결혼하러 온 여성으로 각인되어 있기 때문이다. 에티오피아 출신 여교수는 2008년 8월 KBS '미녀들의 수다'에 출연해 "한국 어느 회사에 이력서를 냈다가 '흑인이야? 흑인은 안 돼'라고 해서 눈물을 흘렸다"고 했다. 우리 사회에서 소중한 역할을 하고 있는 그들이 단지 우리나라보다 못사는 나라 사람이거나 피부색이 우리와 다르다는 이유로 차별되어서는 결코 안 될 일이다.

국내 체류 외국인이 이미 110만 명을 넘어섰다. 저(低)출산 대책의

---

78) "외국인 모욕 첫 기소, 부끄러운 편견 바로잡는 계기돼야,"『조선일보』, 2009년 9월 6일.

일환으로 정부는 이미 개방적인 이민정책을 채택한 바 있다. 2050년엔 국내 거주자 10명 중 한 명이 귀화인이나 외국인이 되리라고 한다. 그러나 사람들의 의식은 그러한 변화를 따르지 못하고 있다. 오랫동안 인종문제로 골치를 앓아온 미국, 유럽 등에서는 인종차별 행위는 사회 기반을 무너뜨리는 범죄 행위로 엄정하게 다스린다. 인종, 종교, 또는 문화적 차이로 인한 갈등은 위험한 것이며 또한 치유하기도 어려운 것이다. 문제가 커지기 전에 근본적인 예방책을 마련해야 한다. 세계화 시대에 걸맞는 태도와 가치관을 갖도록 언론이 앞장서서 유도할 필요가 있고 또한 학교 교육은 물론 각종 사회교육을 통해 국제사회의 보편적 규범을 가르쳐야 한다.

세계화의 도전이 되고 있는 다문화 가정

우리는 단일민족으로 살아온 것을 자랑스럽게 생각해왔지만 그것이 세계화 시대에는 약점이 될 수도 있다. 해방 후 혼란과 6·25전쟁을 겪으면서 그리고 근대화 과정에서 선진국 사람들, 특히 백인들을 우러러 보는 반면 흑인 등 특정 인종에 대해서 비하하고, 차별하는 경향이 없지 않았다. 한국인과 외국인 사이에 태어난 혼혈아들은 엄연히 우리나라에서 태어나 살고 있는 우리나라 사람인데도 학교나 직장, 그리고 지역사회에서 조롱과 차별의 대상이 되어 왔다. 그러한 문제들이 과거에는 무시되어 왔지만 세계화된 시대에는 더 이상 용납되기 어렵다.

우리나라가 경제대국을 지향하면서 자리 잡기 시작한 다문화 가정이나 외국인 노동자에 대한 차별의식이 최근에는 탈북자 새터민까지 확산되고 있다. 특히 근래 외국 여성과 결혼하는 사람이 급속히 늘어나면서 다문화(多文化) 가정의 자녀들이 급속도로 늘어나고 있어 인종적 편견은 발등의 불이 되고 있다. 2009년도 결혼 건수 중 국제결혼이 10%를 넘어섰으며 농촌지역은 35%에 이르고 있다. 이미 이주 여성 17만 명이 낳은 2세가 11만여 명에 이르고 있으며, 학교에 다니는 아이들만 2만 5천 명에 이르러 한 해 전보다 32% 늘었다. 문제는 그들이 학교에서 놀림감이 되거나 따돌림을 당하는 일이 다반사로 일어나고 있으며, 이로 인해 학교생활에 흥미를 잃고 학업을 중단하게 되는 경우가 많다는 것이다. 2008년도 국정감사 자료에 의하면, 다문화 가정의 고등학교 연령대 청소년 70%가 학교에 다니지 않는 것으로 나타났다. 이처럼 교육에서부터 불이익을 받으면 성인이 되어서 취업과 결혼에 어려움을 겪고 빈곤층으로 전락하기 쉽다.[79]

얼굴색이 다른 이웃과 그들의 자녀들을 계속 2등 시민 취급한다면 어떤 결과가 초래될지 불을 보듯 뻔하다. 앞으로 세계화가 가속화되면서 10년, 20년 뒤에는 다문화 가정에서 성장한 사람이 수백만 명이 될 수도 있다. 국제통화기금(IMF)은 2050년경 한국사회의 인구분포에서 이주민이 35%는 되어야 우리 경제 규모를 유지할 수 있다고 했다. 이주민 없이는 번영도 보장될 수 없을 만큼 그들은 소중한 존재가 되고 있다. 우리가 심각히 생각해야 할 일은 다문화 가정 문제를 방치한다면 그것이 시한폭탄처럼 위험한 사회정치적 문제로 등장할 것이라는 것이다. 우리와 다른 사람들과의 차이를 인정하지 않고 차별을 하게 되면 결코 안정된 공동체를 유지할 수 없다. 우리는 다문화 가정 문제나 외국인 노동자와 그 가족 문제가 심각한 사회문제가 되기 전에 효과적인 예방책을 세워야 하며 이에 관련된 법을 제정하는 것도 적극 검토해야 할 일이다.

---

79) "사설: 다문화 가정 자녀에 맞춤형 교육 지원을," 『중앙일보』, 2009년 12월 28일; "사설: 다문화 가정 자년의 10년 뒤 모습 생각해봐야," 『조선일보』, 2010년 3월 9일; "우리 안의 아파르트헤이트," 『중앙일보』, 2010년 4월 8일.

이민자들의 대규모 폭동을 경험한 프랑스 사르코지 정부는 최근 새로운 이민자들에 대한 귀화(歸化) 행사를 엄숙하게 거행하고 그들로 하여금 프랑스 시민의 권리와 의무를 명시한 서약서에 서명하도록 하며 나아가 그들을 대상으로 프랑스어 교육을 강화하고 시민교육을 통해 프랑스 공화국의 가치를 중점 교육하겠다고 발표한 것을 타산지석으로 삼아야 할 것이다.

제5부 • 결론: 무엇을 어떻게 해야 할 것인가

　우리나라는 지정학적 여건이나 정치·경제·사회적 조건에서 어느 신생국보다 어려운 처지에 있었지만 기적에 기적을 거듭하여 이제 당당한 선진국의 일원이 되었다. 그러나 워낙 짧은 기간에 급속한 변화와 발전을 거듭해왔기에 고르게 사회전체가 발전하지 못하여 모순과 불균형이 적지 않았고 후진적 요인도 적지 않게 남아 있다. 특히 우리의 정치현실, 법질서 수준, 국민통합 등에서 경제발전 수준에 크게 못 미치고 있다.

　우리는 1988년 서울올림픽, 1998년 IMF경제위기, 2002년 월드컵, 2009년 글로벌 경제위기 등을 통해서 무한한 저력을 세계에 과시한 바 있지만 정쟁을 일삼고 있는 정치, 미국산 쇠고기 수입 반대시위, 용산 재개발 반대 농성사건, 세종시 건설 논란, 맥아더동상 철거 시도 등에서 살펴보았듯이 국가적 쟁점을 민주적 절차를 통해 해결하지 못하고 대립과 갈등으로 국력을 소모하고 있는 것이다. 우리 역사상 처음으로 일류 선진국으로 진입할 수 있는 좋은 기회를 맞이하고 있지만 그 기회를 제대로 살리지 못하고 있다.

2002년 11위까지 올랐던 우리의 세계 경제순위는 2009년 현재 15위까지 밀려났다. 10여 년간 선진국 문턱에서 서성대던 우리는 그 문턱을 넘기는커녕 뒤로 밀려난 것이다. 전문가들은 새로운 성장 동력(動力)을 찾지 못하고 투자가 되살아나지 않으면 더 추락할 수도 있다고 경고하고 있다. 값싼 노동력과 광대한 내수시장을 가진 중국이나 인도의 추격이 만만치 않다. 중국은 하드웨어에 강하고 인도는 소프트웨어에 강하다. 삼성전자, 현대차 등 우리의 주력 기업이 머지않아 그들의 저가(低價) 공세에 밀릴 가능성이 크다. 막강한 경쟁력을 자랑하던 일본의 소니, 도요타, JAL 등이 휘청거리고 있는 것을 볼 때 우리나라 회사들이 일본의 전철을 밟지 말라는 보장이 없다. 대량 리콜을 하게 된 도요타는 미국 경제전문지 포브스(Forbes)의 세계 '선도기업(leading companies)' 순위에서 1년 전 3위였던 것이 360위로 곤두박질쳤다.

호랑이에게 물려가도 정신만 차리면 산다고 하지만 정말 정신 차리지 않으면 안 된다. 이건희 회장은 경영 일선에 복귀하면서 "위기다. 글로벌 기업이 무너지고 있다. 삼성도 어떻게 될지 모른다. 10년 내 삼성의 대표 제품들이 모두 사라질 수 있다"고 경고했다. 국민 모두가 그러한 위기의식을 가지지 않으면 안 될 때라고 본다. 싱가포르는 최고의 경쟁력을 가지고 있으면서도 모든 국민이 항상 위기위식으로 대응하고 있다는 것은 의미심장하다. 세계적인 격변의 소용돌이 속에서 살아남아야 한다는 것이 싱가포르의 국가발전 전략과 국민교육의 기본정신이 되어 왔다. 국민 대다수가 싱가포르라는 국가공동체가 위기에 처하고 있다는 데 공감하고 각자의 처지에서 최선을 다하고 있는 것이다. 이것이 바로 싱가포르의 저력이다.

우리가 우려해야 할 것은 경제적인 것만이 아니다. 정치적, 사회적, 정신문화적 측면에서 획기적인 변화를 이룩하지 못한다면 3류 국가로 전락할지도 모른다. 세계 속에서 우리의 경제 순위가 계속해서 하락해 왔듯이 우리의 민주주의도 퇴보하고 있다. 1987년 민주화 이래 선거를 통해 보수와 진보 진영 간에 두 번의 정권교체가 있었으며 이것은 절차적 민주주의의 완성이라고 할 만하다. 그럼에도 정치적 반목과 갈등은 끝을 모를 정도이다. 지방자치는 썩은 냄새가 진동하고 교육계도 지탄의 대상이 되고 있다. 사회는 법과 질서를 무시한 채 만인(萬人)이 제각기 자기주장을 부르짖는 원칙부재의 상태로 빠져들고 있다.

일류 선진국은 어느 나라나 될 수 있는 것이 아니다. 일등 국민일 때 가능한 것이다. 우리가 후진상태를 벗어나고 산업화를 통해 선진국을 따라잡으려고 할 때는 우리의 부족한 면이 용납될 수 있었을지 모르지만 이제 우리는 일류 국가들과 대등한 입장에서 경쟁하지 않으면 안 된다. 일류 선진국이 되려면 그들의 뒤를 쫓기만 해서는 안 될 것이며 그들보다 앞서 갈 수 있는 것이 많아야 한다. 더구나 일류 국가들 간의 경쟁은 더욱 치열한 것이기 때문에 조그마한 약점도 치명적인 결과를 초래한다. 과연 우리는 모든 면에서 선진국 국민들과 대등한 입장에서 당당히 경쟁할 수 있는 시민의식을 가지고 있는가?

미국 정치학자 벤자민 바버(Benjamin Barber)는 '시민은 태어나는 것이 아니라 만들어지는 것'이라고 했다. 우리는 그동안 외형적 발전에 집착하여 시민의식을 함양하는 것을 소홀히 했다. 시민의식이 없다고 탓할 것이 아니라 이를 함양하기 위한 노력을 해야 한다. 21세기 무한 경쟁의 시대를 맞이하여 우리나라가 생존하고 번영하기 위해서는 선진국들처럼 부단한 제도개혁을 해야 하고 이를 뒷받침할 수 있는 의식혁명이 동시에 이루어져야 한다.

선진 국민의식은 저절로 이루어지는 것이 아니며 범국민적인 노력을 필요로 한다. 그러한 목적에서 이 책의 제2부에서 일류 선진국으로 도약하기 위해 극복해야 할 것들을 살펴보았으며, 제3부에서 주요 국가들은 시민의식 함양을 위해 교육이 어떻게 실시되고 있는지 살펴보았다. 이어서 제4부에서는 선진화에 필수적인 국민의식 함양을 위한 교육의 방향에 대해 논의하였다.

기존의 민주시민교육에 대한 논의는 좁은 의미의 민주시민의 태도와 자질에 초점을 두고 있을 뿐이며, 그것은 민주주의 정착을 위해 도움이 될지 모르나 우리 사회가 당면하고 있는 제반 도전을 극복하고 불확실한 미래에 대비하기에는 미흡하다고 판단했다. 따라서 필자는 선진 국민의식 함양을 위한 노력은 우리나라의 건국과 발전과정을 포괄하는 한국 현대사 교육을 비롯하여 민주주의 교육, 자본주의 교육, 통일교육, 세계화 교육 등이 종합적으로 다루어져야 한다고 보았다.

결론적으로 우리의 의식혁명을 위한 교육과 국민운동 등 국민적 노력이 어떻게 이루어져야 할 것인가를 몇 가지로 요약하고자 한다.

선진 국민의식 함양을 국가적 어젠다로 해야

'뜻이 있는 곳에 길이 있다'고 했다. 무엇이 문제이며 그것을 위해 무엇을 해야 할 것인가를 분명히 해야 문제를 해결할 수 있다. 세계화 시대에 있어 국민의 의식과 자질은 국가경쟁력의 중요한 요소이다. 두 개의 날개가 있어야 새가 날 수 있듯이 사회도 물질적 · 기술적 측면이 정신문화적 측면과 균형을 이루어야 지속적으로 발전할 수 있다. 우리는 오랫동안 하드파워를 키우는 데만 집착하여 그 불균형이 지나칠 정도가 되었다고 본다. 이러한 불균형을 바로잡기 위한 노력이 절실하며 특히 선진 시민의식의 함양이 시급하다.

이명박 정부는 국격(國格)을 높이고 국가브랜드 가치를 높이려고 적극 노력하고 있지만 국격은 이벤트나 선전과 홍보로 높아지는 것이 아니다. 조선시대 명신 이구좌는 '백성이 새로워지면 나라의 운명도 새로워진다(我民旣新兮 邦命亦新)'고 했다. 국격을 높이려면 국민의 평균적 인격을 높여야 한다. 국민의 준법정신과 공중도덕 수준을 선진국 수준으로 올리지 않고는 국격이 결코 높아질 수 없고 일류 선진국도 될 수 없다. 그러나 이것은 모든 국민에게 관련된 일이기 때문에 결코 쉬운 일이 아니다. 오랜 기간에 걸친 국민적 노력이 있어야만 달성할 수 있는 것이다.

우리의 정치와 사회, 그리고 교육이 상당한 혼선을 거듭하고 있는데도 이에 대한 비전도 보이지 않고 근본적인 처방도 논의되지 않고 있다. 경제문제만이 중요시되고 있기에 경제교육의 중요성에 대해서 경제계는 물론 한국경제학회 등에서 상당한 관심을 기울이고 있다. 그러나 국가정체성 확립을 위한 현대사 교육, 성숙한 민주사회 정착을 위한 민주주의 교육, 시장경제의 이념적 바탕을 다지기 위한 자본주의 교육, 남북관계 혼선 극복과 통일에 대비한 교육, 세계화에 대비한 세계화 교육 등의 필요성에 대해 사회적으로 문제제기조차 안 되고 있다. 이처럼 공론화조차 안 되고 있는 것은 우리 교육 자체가 너무나 많은 문제점에 봉착하고 있어 국민정신교육까지 생각할 여지가 없기 때문인지도 모른다.

교육의 목적은 결코 지식의 습득이나 경제생활에 필요한 내용만 습득하는 것이 아니다. 인간다운 인간을 육성하는 것이며 나아가 21세기 선진 민주국가 시민으로서 필요한 자질과 태도를 기르는 것이 포함되어야 한다. 그런데 우리는 공동체정신마저 흐릿하다. 국가공동체의 구성원은 합의된 국가정체성과 역사관, 그리고 공동의 가치관과 사명감을 가지고 있어야 한다. 하지만 지금 대한민국이라는 공동체는 심한 열병을 앓고 있다. 정파 간, 계층 간, 지역 간, 세대 간 이념과 사상, 가치와 정서의 차이로 인한 갈등이 적지 않다. 단순한 견해의 차이, 정책에 대한 의견의 차이가 아니라 국가정체성 문제를 위시하여 역사관과 국가관, 그리고 가치관의 근본적인 차이가 그러한 갈등이 원인이 되고 있으며 이를 방치하고는 국민통합도 선진국 진입도 기대하기 어렵다고 본다.[1]

이명박 정부는 공교육 정상화를 포함한 교육개혁을 중요한 과제로 삼고 있지만 우리 교육의 본질적인 문제는 제대로 진단한 것 같지 않다. 교육과학기술부가 발표한 새로운 교과과정은 학생들의 학습 부담을 줄이는 데 집착하여 선진 시민의식 함양과 관련된 과목들을 줄이거나 선택과목으로 돌리고 있다. 이것은 이만 저만한 단견이 아닐 수 없다. 지금도 수능시험에서 한국사 시험을 치르는 학생 수가 전체의 10% 정도밖에 안 되는 실정이다. 도대체 자기 나라 역사를 필수과목으로 하지 않는 나라가 또 어디 있단 말인가? 교육개혁은 우리 교육이 처한 근본적 문제를 폭넓게 평가하여 국민적 공감대를 바탕으로 취약한 인문사회 교육까지 내실화할 수 있는 방향으로 이뤄져야 한다.

우리는 경제대국과 과학대국이 되어야 한다는 목표뿐만 아니라 교육과 문화의 대국이 되는 것을 목표로 삼아야 한다. 한국인의 두뇌와 재능이 특출함은 충분히 입증되었다. 우리나라는 다른 나라에 비해 부존자원이 빈약하기 때문에 글로벌 경쟁력을 갖춘 인력양성을 통해 과학과

---

1) 박세일, 『대한민국 국가전략』(서울: 21세기북스, 2008), 283-284면 참조.

문화를 꽃피울 수 있어야 한다. 또한 그것이 21세기 번영전략과 일류국가 진입전략이 되어야 한다. 이를 위해 선진 시민의식 교육은 지체 없이 국가적 어젠다(agenda)가 되어야 한다. 국가적 어젠다가 되어야 법적·제도적 장치를 마련할 수 있고 필요한 예산도 확보할 수 있을 것이다. 전직 대통령과 총리를 포함한 원로그룹은 현실적인 쟁점뿐 아니라 국가장래를 위해 중요한 국민정신 교육 강화에 대해 문제를 제기하는 데 앞장서야 한다. 그 외에도 한국선진화포럼, 한반도선진화재단 등 이 같은 문제를 중시하는 단체들도 많다. 이러한 단체들이 개별적으로 또한 협력해서 정부와 국회, 그리고 각 정당에 청원서를 내는 등 적극적인 문제제기에 나서야 한다.

체계적인 선진 시민의식 교육을 위한 법적·제도적 장치를 마련해야

이명박 정부는 과학기술기본계획에 따라 2012년까지 국내총생산 대비 5퍼센트까지 과학기술 연구개발 투자를 확대하여 '과학기술 7대 강국'에 진입하겠다는 목표를 세웠다. 정부 산하에는 실물경제에 관련된 연구소는 수십 개나 된다. 그렇지만 가치관 혼란, 공동체의식 결여, 사회적 갈등 해소를 포함한 국민정신교육 문제를 종합적으로 다루는 국가기관이나 국책연구소는 없는 편이고 그러한 문제를 다루려는 비전도 정책도 보이지 않는다. 일류 선진국이 되려면 '보이는 자본' 못지않게 준법정신, 사회적 신뢰, 공동체정신 등 보이지 않는 '사회적 자본'을 확대해야 한다.

이러한 '사회적 자본'을 확대하기 위한 법적·제도적 장치로서 '선진 시민교육 진흥법(가칭)'을 제정할 필요가 있다. 이 법은 선진 시민의식 함양을 위한 학교교육, 사회교육, 국민운동 등을 재정적·행정적으로 지원하도록 하며 이를 위해 중앙정부와 지방정부뿐 아니라 민간차원에서도 지원할 수 있도록 한다. 이 법의 제정은 어떠한 어려움이 있더라도 여야 합의로 이루어져야 한다. 그렇게 함으로써 보수와 진보, 정치세력 간, 시민단체 간의 불신과 갈등을 줄일 수 있으며 나아가 국민통합의 기반을 마련할 수 있을 것이며 정권이 바뀌더라도 지속적으로 추진할 수 있을 것이다.

이 법에 따라 선진 시민의식 교육과 이와 관련된 국민운동을 지원하는 가칭 '한국 선진시민교육 센터'를 국무총리실 산하에 설치하도록 한다. 이 센터는 우리의 시민교육의 실태를 파악하고 평가하며, 우리 실정에 적합한 시민교육 프로그램을 개발하고, 시민교육 관련 자료를 개발하여 학교와 사회교육 관련 기관이나 단체에 제공하며, 시민교육 전문인력을 양성하고 나아가 과거의 새마을지도자 교육처럼 시민교육 지도자 연수도 실시하도록 한다. 이 센터는 또한 통일 후 북한주민을 위한 시민교육 프로그램도 준비하도록 한다.

국민을 변화시키려면 무엇보다도 다음 세대를 변화시키는 데 초점을 맞추어야 한다. 이를 위해 교사들을 민주적으로 재훈련하고 새로운 교재와 교육방법을 적극 보급해야 한다. 특히 선진 시민교육을 담당하는 교사 양성을 체계화하고 내실화해야 한다. 교사의 질은 곧 교육의 질을 좌우한다. 이념적 성향이 불투명하거나 자질이 부족한 교사들이 다음 세대의 인성교육과 시민교육을 담당할 수는 없는 일이다. 특히 현대사, 사회과 과목, 도덕 등 민주시민교육 관련 과목을 담당하는 교사들의 자질향상을 위해 적극 노력해야 한다. 이와 관련하여 교육 현장에 독버섯처럼 뿌리내리고 좌파적·친북적 이념을 전파하고 있는 전교조를 적절히 통제하지 않고는 올바른 민주시민교육이 이루어질 수 없다는 사실도 직시해야 한다. 장차 민주시민과목을 담당하게 될 교사 양성과정에 한국 현대사, 민주주의와 시장경제, 통일문제, 세계화 등과 관련된 과목을 배우도록 권장해야 할 것이다.

선진 시민의식을 함양하기 위한 노력은 학교교육만으로 부족하며 각종 사회교육 기회를 적극 활용해야 한다. 이를 위해 선진시민교육센터는 각종 사회교육 담당자들을 재교육하고 그들이 교육에 참고할 수 있는 지침서와 교육 자료를 제공하도록 한다. 공무원교육원, 통일교육원, 선거연수원 등 정부 산하 교육기관과 새마을연수원, 자유총연맹 등 사회교육기관에도 교육지침과 교육자료를 제공하고 선진 시민교육에 관련된 연수훈련과 세미나 등을 실시할 필요가 있다. 군의 정훈교육도 선진 시민교육을 위해 적극 활용할 수 있을 것이며 이스라엘과 싱가포르의 군 정신교육은 좋은 참고가 될 수 있다고 본다.

아울러 선진 시민의식을 확산시키기 위한 국민운동을 적극 권장하고 지원할 필요가 있다. 어린이들에게 있어 가정이나 사회는 확대된 학교이다. 학교 밖에서 이루어지는 것들이 학교에서 배운 것과 다르다면 학교교육의 효과는 반감된다. 준법정신 함양, 허례허식 추방, 에너지 및 자원 절약 등 선진 시민의식 생활화를 위한 국민운동을 적극 권장할 필요가 있다. 이 같은 국민운동을 위해 방송의 역할도 중요하다. KBS와 EBS는 물론 민간방송과 지방방송, 그리고 케이블방송 등이 선진 시민의식 관련 프로그램을 신설하여 선진 시민의식 교육 동향을 조명하고 또한 외국의 시민의식관련 교육과 사회운동을 보다 적극적으로 소개할 수 있어야겠다. 그리하여 이러한 운동이 확산되도록 해야 하겠다.

법질서 확립을 위한 적극적이고 지속적인 노력이 있어야

우리 사회의 가장 큰 문제는 흐트러진 법질서이다. 폭력, 불법시위, 무질서가 만성화되어 우리는 그 같은 현상을 아무렇지도 않게 생각하는 경향이 있지만 선진국 기준으로 보면 후진국도 그런 후진국이 없다. 법과 질서 유지는 나라를 지키는 일인 국방과 더불어 국가생존을 위한 최소한의 조건이며 필수적인 기능이다. 학교에서 아무리 법질서 교육을 강화한다 하더라도 사회에서 불법과 무질서가 난무하고 어른들이 법과 질서를 제대로 안 지킨다면 이러한 현상을 목격하는 학생들이 법과 질서를 제대로 지키기 어렵다.

법을 만드는 국회에서 적법절차를 무시하고 폭력이 난무하는 한 법질서가 제대로 확립될 리 없다. 정치지도자들은 무엇보다도 국회로부터 폭력과 무질서를 영원히 추방하기 위해 근본적인 개선책을 모색해야 한다. 국민들도 무질서하고 무책임한 정치풍토를 개선하는 데 결정적인 역할을 할 수 있어야 한다. 유권자들은 선거를 통해 자격 없는 정치인은 반드시 도태시킴으로써 유권자의 위력을 보여 주어야 한다. 국회의사당에서 폭력행위에 앞장서는 등 국회의원으로서뿐만 아니라 시민으로서도 자격이 없는 사람들은 다음 선거에서 반드시 국회에 되돌아오지 못하도록 해야 한다. 아울러 확산일로에 있는 지방 자치단체의 비리와 비능률과 무책임에 대해서도 선거를 통해 유권자의 단호한 평가가 이루어져야 한다. 국민이 달라지지 않고서는 정치가 달라질 수 없음을 명심해야 하겠다.

노조의 파업이나 집회와 시위가 마치 도시게릴라들의 전투 같은 현상처럼 되어서도 안 되고, 또한 그러한 현상이 더 이상 방치되어서도 안 된다. 관련된 법을 엄격히 적용하여 이를 위반하면 예외없이 처벌하고 물질적 피해는 손해배상을 하도록 해야 한다. 최근 대법원이 시위 도중 경찰차 11대를 파손시킨 민주노총에 대해 "불법 시위 도중 경찰차를 부순 데 대해 100% 배상하라"고 판결했고 또한 "집회나 시위 도중 경찰관을 폭행해 다치게 한 데 대해 손해액을 100% 배상하라"고 판결한 것은 불법 폭력시위를 일삼던 자들에게는 분명한 경종을 울렸다.[2]

법관, 검찰, 경찰관 등 사법업무 종사자들의 신뢰와 권위를 높이는 노력이 있어야 한다. 경찰이 문제시된 것은 오래된 일이지만 최근에는 법관과 검찰마저 지탄의 대상이 되고 있다. 엄정한 자체 감찰로 부조리가 발붙이지 못하도록 하고 재교육과 해외연수 등 업무의 선진화를 위해 적극 노력해야 할 것이다. 학교교육의 비정상화와 대학 인문교육의 위기 등을 고려할 때 사법연수원 교육과정에서 한국 현대사 등 시민의식과 관련된 교양과목을 보강할 필요가 있겠다.

마지막으로 대통령은 특별사면권 행사가 선진 시민의식 함양 노력에 부정적 영향을 미칠 가능성이 있다는 것을 인식하고 사면권 행사에는 신중을 기해야 할 것이다.

---

2) 민주노총이 2007년 7월 비정규직 해고 규탄집회를 하면서 제지하는 경찰을 집단 폭행하여 경찰관 12명이 턱뼈가 부서지고 무릎이 찢어지고 목뼈를 다쳐 입원한 바 있는 사건에 대한 대법원 판결이다. 2009년도에도 불법시위 과정에서 쇠파이프, 각목, 쇠구슬을 사용한 새총에 의해 다친 경찰관이 207명이나 된다.

국가정통성 확립을 위한 범국민적 노력을 전개해야

개인도 자신이 어떤 사람인지 '자아(自我) 정체성'에 대한 확신이 없으면 원만한 인격체로서 활동하기 어렵다. 국가도 마찬가지다. 연세대 황상민 교수는 한 신문에 기고한 글에서 우리가 선진국 문턱에서 10년 이상 제자리걸음을 한 이유를 "현재의 나의 모습이 무엇인지 알 수 없기에 미래에 대한 아무런 통찰을 발휘할 수 없다"고 했다.[3]

과연 우리나라는 어떤 나라이며 어디로 가고 있는가? 국민 다수가 우리나라가 어떤 나라이며 어디로 가고 있는가에 대한 확신이 없다면 국민으로서 책임과 의무를 다하기 어렵다. 국가정체성은 건국의 정당성, 민주주의와 시장경제라는 국가이념에 대한 확신, 국가목표에 대한 공감대 형성 등에 결정적 영향을 미친다. 그런데 우리나라의 국가적 정통성은 심각한 도전을 받아왔으며 국가정통성에 대한 상이한 인식은 정치사회적 갈등의 중요한 원인이 되어 왔다. 국가적 정통성에 대해 확신이 없다면 국가에 대해 소속감과 충성심을 갖기 어렵고, 나라를 위해 헌신하기도 어렵다. 우리나라의 정체성에 대해 확신이 없다면 국제사회에 나가서 당당히 활동할 수도 없다.

국가적 정통성이 공공연히 도전받고 있는 현실을 방치한다면 일류 선진국이 되기도 자유민주적 통일을 이룩하기도 쉽지 않다고 본다. 북한에는 수만 개의 김일성 동상이 서 있는데 우리는 제대로 된 전직 대통령 동상이나 기념관 하나 없으니 통일 후에 어떤 일이 벌어지겠는가? 미국을 위시한 대통령중심제 국가에서 대통령은 국가의 상징이고 국민통합

---

3) 황상민, "한국인의 성격과 운명에 대하여," 『조선일보』, 2009년 7월 15일.

의 중심이기 때문에 예외 없이 전직 대통령들을 위한 기념사업을 하고 있다는 사실에서 교훈을 얻어야 한다. 우리의 정치풍토는 현직 대통령에게 과도한 권력과 권위를 부여하는 대신 전직 대통령의 명예와 권위를 훼손하는 것을 아무렇지도 않게 생각하는 경향이 있다. 전직 대통령이 신뢰받고 존경받지 못한다면 결국 현직 대통령도 존경받고 신뢰받지 못하게 되고, 정부마저도 권위를 잃게 된다. 국가에 대한 충성심과 정부에 대한 신뢰를 높이기 위해 전직 대통령의 공과를 올바로 평가해야 하겠다. 또한 미국처럼 전직 대통령 기념관이나 기념도서관을 설립할 수 있도록 제도적 장치를 마련하고 다양한 기념사업을 할 수 있도록 지원해야 하겠다.

올바른 역사의 기록과 교육은 정부의 책임이다. 이것을 제대로 하지 못하는 정부는 정부다운 정부라 할 수 없다. 정부는 올바른 현대사 기술(記述)을 위해 적극 나서야 하며, 각급 학교 현대사 교과서도 그런 차원에서 개정되어야 한다. 또한 한국 현대사는 중학교와 고등학교의 필수과목으로 지정되어야 한다. 자기 나라 역사를 필수과목으로 가르치지 않는 나라로서 선진국이 된 나라는 없다.

필수과목이 되고 교과서가 개선되더라도 교사가 제대로 가르치지 못한다면 기대하는 성과를 거둘 수 없다. 현대사를 담당하는 교사는 새로운 역사관에 따라 재교육되어야 한다. 또한 교사, 공무원, 경찰관, 군장교 등을 임용하는 시험에도 현대사를 포함시켜야 한다. 그리고 전교조 교사들로부터는 대한민국의 국가적 정통성을 존중하겠다는 서약을 받아야 한다. 공무원 재교육에도 역사관과 국가관에 대한 내용이 포함되어야 하며 특히 군대의 정훈교육에서 이러한 내용을 보강할 필요가 있겠다.

정부와 정치권에 대해 신뢰를 제고시키는 노력의 필요

우리 정치는 정치세력 간에 신뢰가 상실되었을 뿐 아니라 만성적인 대립과 갈등으로 국민으로부터 심각한 불신과 지탄의 대상이 되고 있다. 이러한 현상이 더 이상 방치되어서는 안 된다.

첫째, 주요 정당들은 정치적 대타협을 통해 국회를 중심으로 한 제도권 정치가 정상적으로 기능할 수 있도록 해야 하며, 이를 위해 국민통합의 최고 책임자인 대통령이 주도적 역할을 해야 한다. 또한 전직 대통령과 국무총리를 비롯한 국가원로들, 전직 국회의장들을 위시한 헌정회 회원들, 그리고 주요 사회단체들은 국회 운영의 정상화와 선진화를 강력히 권고해야 한다. 국회에서는 어떠한 내용이든 자유로운 토론을 보장하고 그것을 생방송으로 중계하여 국회의원들이 물리적인 힘을 행사하거나 길거리로 나서지 않도록 유도해야 할 뿐 아니라 국민들로 하여금 국회에서 어떤 토론이 이루어지는지 감시하고 평가할 수 있게 해야 한다.

둘째, 국가지도자의 윤리적 기준을 강화하여 사회적 모범이 될 수 있는 사람들이 주요 공직에 임명되거나 선출되도록 해야 한다. 병역기피와 탈세는 물론 형사처벌을 받은 적이 있는 사람은 임명직 공무원이나 선출직 공무원이 될 수 없도록 법률로 제한해야 한다. 그리고 대통령의 사면에 의해 그러한 전과 기록이 없어지더라도 공직자로 임명되거나 선출되지 않도록 하는 방안이 강구되어야 할 것이다. 또한 청와대, 검찰, 국정원 등 권력기관에 근무하는 공직자들의 윤리기준을 강화하여 임명 절차에서부터 부적격자를 제거하고 새로운 전입자들에게 윤리기준을 교육시켜야 한다.

셋째, 부패방지를 위한 법적·제도적 장치를 강화해야 한다. 정치인이나 고위 공직자가 부패사건으로 처벌받고 있는 현실을 빈번히 목격하는 한 국민들이 정부를 신뢰하기 어렵다. 부패감시 장치를 강화하고 뇌물받은 공직자에 대한 처벌조항을 내실화하며 뇌물을 제공한 사람에 대한 처벌도 강화해야 한다.

넷째, 선출직 공직자의 윤리기준을 강화해야 한다. 각종 선거에 출마하려는 사람들에게 선출직 공직자의 책임과 의무, 그리고 윤리적 기준을 교육할 수 있도록 중앙선거관리위원회가 지원하는 연수훈련을 권장해야 한다. 이 연수훈련에는 선출직 공직자의 자세와 의무와 책임, 민주적 절차, 우리 민주주의의 이상과 현실, 그리고 국가와 지역사회의 당면과제 등을 포함시키는 것이 바람직하다. 국회도 새로 선출된 의원들과 그들의 보좌요원들을 대상으로 각각 연찬회 같은 것을 실시할 필요가 있다. 국회의원의 보좌요원들은 세금으로 봉급을 받는 공직자이기 때문에 공직자의 직분이 무엇인가 당연히 알아야 한다.

다섯째, 국민세금의 사용에 대한 보다 철저한 검증과 감시가 필요하다. 국회는 정쟁으로 일관하면서 가장 중요한 책무인 예산과 결산 심의를 소홀히 하고 있고 정치적 타협으로 막대한 규모의 예산을 증액하기도 한다. 국회가 이 정도이니 지방의회는 말할 것도 없다. 일부 지방자치 단체는 외형적인 전시성 사업에 세금을 낭비하고 있고, 무능하고 부패한 일부 지방의회는 이처럼 빗나간 지방행정을 제대로 감시하지 못하고 있다. 뿐만 아니라 그들 스스로 비리에 연루되는 경우가 적지 않다.

마지막으로 정책의 일관성을 높여 정책에 대한 국민의 신뢰를 높여야 한다. 특별한 이유가 없는 한 장관의 임기는 최소 2년 또는 그 이상을 보장함으로써 정책의 일관성을 유지하도록 하여 정부와 정책에 대한 신뢰를 높일 수 있어야 한다.

한국형 발전모델로 세계의 번영에 기여해야

우리나라는 원조를 받던 나라에서 원조를 주는 유일한 나라가 되었다. 우리나라는 이제 세계 10위권의 경제대국으로서 국제사회에서 응분의 책임과 역할을 다해야 할 것이며, 특히 우리의 성공적인 발전경험을 개도국들에게 전수하여 그들이 희망과 용기를 가지고 국가발전에 나설수 있도록 도와야 한다. 더구나 일류 국가가 되려고 하는 우리로서는 국제사회에 대한 기여를 확대하는 것이 너무도 당연하다. 그러나 대외원조라고 하면 주로 원조의 규모를 중심으로 생각하기 쉽지만 원조의 양 못지않게 질도 중요하다. 선진국들은 그동안 개도국들에게 2조 3천억 달러라는 엄청난 규모의 원조를 했지만 그 성과는 대체로 부정적이다. 왜냐하면, 원조의 내용과 방법이 개도국에게 부적합한 것이 많았기 때문이다.[4)]

선진국들은 일반적으로 원조를 받는 수원국(受援國)보다는 자국의 입장에서 원조정책을 펴고 있다. 또한 유럽 국가들이나 일본은 과거 식민지배를 했다는 원죄가 있기 때문에 수원국 주민들은 이들 국가나 원조요원에 대해 의구심이 없지 않다. 뿐만 아니라 개도국의 열악한 환경으로 인해 유능한 원조요원을 확보하기도 어렵고, 또한 부유한 환경에서 살아 온 선진국 원조요원들이 개도국 문제의 본질과 어려움을 잘 이해하지 못할 뿐 아니라 열악한 개도국 환경에 적응하기도 어렵다.

우리는 원조의 규모 면에서는 선진국에 못 미칠지 모르지만 그 내용이나 접근방법에서는 유리한 점이 적지 않다. 먼저, 한국은 대다수 개도국처럼 식민지 지배를 받은 경험이 있고 또한 몇십 년 전에는 그들 못지않

---

4) Anup Shah, "US and Foreign Aid Assistance," *Global Issues,* April 19, 2009.

게 가난했기 때문이다. 우리는 개도국들에 대해 동병상련(同病相憐)의 입장에서 그들의 입장과 어려움을 보다 잘 이해할 수 있으며 저개발을 극복한 우리의 경험을 그들의 문제해결에 곧바로 적용할 수 있다는 장점이 있다. 뿐만 아니라 개도국 국민들은 한국이 어떻게 빈곤을 극복하고 선진국 대열에 진입할 수 있었는지 우리의 발전경험에 대해 상당한 관심을 가지고 있거나, 우리의 발전경험을 배우려는 태도를 지니고 있다. 나아가 우리는 우리가 해냈던 것처럼 그들도 '할 수 있다' 또는 '하면 된다' 는 자립정신을 심어줄 수 있을 것이다.

발전모델 면에서 우리의 장점도 많다고 본다. 선진국의 원조모델은 근본적으로 선진국적 민주주의와 시장경제에 바탕을 둔 것이다. 그래서 선진국들은 원조를 제공하는 데 요구조건이 많다. 정치제도를 민주적으로 바꾸어라. 민주주의를 잘해라. 인권을 보호하라. 재정적자를 줄여라. 부정부패를 다스려라. 국내산업 보호정책을 버리고 시장을 개방하라는 등 다양하다. 그러나 이 모든 문제가 후진국이기 때문에 쉽게 해결될 수 없는 것들이다.

한국형 발전모델은 실질적인 문제해결을 우선시한다. 우리는 전 국민을 대상으로 교육을 진흥시켰고, 공무원을 훈련시키고, 행정체제를 현대화했다. 정부와 지도층이 솔선수범하며 '위로부터의 발전' 을 추구했으며, 인프라 건설과 제조업 육성 등 실질적인 문제해결에 중점을 두었다. 또한 '하면 된다' 는 정신으로 국민들의 자발적 참여를 유도했다. 새마을운동은 대표적인 예이다. 주민들의 삶에 직결된 주거환경 개선과 소득증대를 위해 주민들이 근면, 자조, 협동의 정신으로 참여했기 때문이다. 어느 마을이 시범 새마을이 되면 주변의 마을들도 본받으려 노력했다. 이러한 한국형 발전모델은 서구식 모델보다 개도국에 훨씬 더 적합하다고 본다. 한국형 발전모델이 어느 나라에서 성공하면 다른 나라들도 한국의 지원을 적극 요청하게 될 것이다. 이런 점에서 한국형 발전 모델은 세계의 가장 심각한 난제인 빈곤추방과 저개발 극복에 크게 기여할 수 있을 것이다.

오늘날 세계에는 60~70개의 실패한 나라, 실패 과정에 있는 나라, 또는 불안정하고 가난한 나라들이 있다. 이것을 방치하고는 세계평화도 지속적인 번영도 보장할 수 없다. 글로벌 코리아를 표방하고 개발원조를 본격화하려는 우리는 무엇보다 먼저 우리의 발전 경험을 재평가하고 이를 바탕으로 한국형 개발원조 모델을 정립하여 대외원조에 체계적으로 접근해야 한다. 이를 위해 정부는 '대외원조자문위원회'를 구성하고 동시에 '국제개발협력청' 같은 전담기구를 수립하여 연구개발은 물론 원조요원 훈련을 강화하는 것이 필요하다.

우리는 할 수 있다

세계는 격동을 거듭하면서 새로운 질서를 형성해가고 있으며 이에 따라 정치사회적 질서도 급변하고 있다. 변화의 속도는 빠르고 불확실성이 많기 때문에 지구촌 전체의 경제적, 정치적, 사회적 소용돌이는 더욱 거세질 것이며 따라서 5년 또는 10년 앞도 예측하기가 어렵다. 더구나 지구촌은 심화되는 선후진국 간 격차는 말할 것도 없고 환경오염, 자원고갈, 지구온난화, 자연재해, 악성 전염병, 국제적 테러와 범죄, 분쟁과 갈등 등으로 어려움을 겪고 있다.

위기에 강한 우리는 이러한 어려운 도전에 매우 잘 대처하고 있다. 2008년 말에 시작된 세계경제 위기는 미국, 유럽, 일본 등 선진국들에게 상당한 타격이 되고 있다. 과거에는 선진국 경제에 조그마한 문제가 생겨도 우리 경제는 치명적인 영향을 받았지만 이번의 경우는 분명히 달랐다. 우리에게 이번의 세계경제 위기는 오히려 기회가 되었다. 선진국의 막강했던 일류 기업들이 고전하고 있는 가운데 삼성전자, LG전자, 현대자동차 등, 우리 기업들은 엄청난 흑자를 기록하며 국제시장에서 시장점유율을 확대하고 있다. 돌이켜 보면, 불과 10여 년 전만 해도 우리 기업이 세계 일류 회사들을 능가한다는 것은 상상조차 하지 못했다. 삼성전자가 SONY전자를 따라잡는 것은 불가능한 것으로 생각되었고, 현대자동차는 미국의 GM과 포드(Ford)자동차는 말할 것도 없고 도요타 같은 일본 자동차 회사들을 넘지 못할 벽처럼 느꼈던 것이다. 그러나 우리의 저력은 불가능을 가능하게 했다. 이제 우리는 세계 시장에서 넘지 못할 벽은 없다는 확신을 갖게 되었다.

앞으로 10년, 즉 2020년까지 세계질서는 어떤 형태로든 근본적으로 재편될 것이다. 이 같은 격동기는 대단히 위험한 것이기도 하지만 기회도 되는 것이다. 그러나 시간은 언제까지나 우리 편이 아니다. 10여 년 이후 고령화 사회에 진입하면 잠재성장률이 떨어져 성장 자체가 근본적으로 어렵게 되기 때문이다. 우리는 앞으로 10년을 결정적 기회로 삼아야 한다. 이 기간 중 일류 선진국이 되고 세계질서에서 중심역할을 하는 나라들 중의 하나가 되도록 해야 한다.

우리나라가 일류 선진국이 될 것인가 아니면 꿈으로 끝나고 말 것인가? 미래란 불확실하기 때문에 낙관하는 사람도 있고 비관하는 사람도 있지만 낙관적 전망을 할 수 있는 근거가 적지 않다. 왜냐하면 지난 60여 년간 우리 역사는 온갖 시련에도 불구하고 지속적으로 발전해왔기 때문이다. 지난날 세계 석학들은 우리나라를 전혀 가망이 없는 나라로 보았지만 우리는 그들이 불가능하다고 했던 것을 훌륭히 극복했고 나아가 크게 성공했다. 일류 선진국이 되겠다는 우리의 목표에 대해서도 해외 전문가들은 여전히 우리의 저력을 과소평가하며 불가능하다고 판단할지 모른다. 분명한 것은 우리의 발전은 국제사회의 일반적 논리로는 잘 설명이 되지 않는다는 것이다. 왜냐하면, 그들은 우리의 저력을 제대로 인식하지 못했기 때문이다. 우리에게는 무한한 저력이 있었기에 불가능은 없었다. 우리는 최악의 조건에서도 민족의 무한한 저력을 발휘하며 기적에 이어 또 다른 기적을 이룩했다. 우리도 할 수 있다는 정신으로 피땀 어린 노력을 해왔으며, 그러한 도전은 지금도 우리 사회 곳곳에서 그리고 세계 곳곳에서 계속되고 있다.

지금 우리의 조건은 우리 역사상 그 어느 때보다도 좋아졌다. 무엇보다도 세계질서가 우리에게 기회를 약속하고 있다. 세계경제의 중심이 아시아·태평양 지역으로 이동하고 있으며 이에 따라 세계무대에서 아시아의 발언권이 커지고 있다. 오랫동안 서구가 아시아의 운명을 좌우하던 시대가 막을 내리면서 아시아인들이 자신감을 되찾게 된 것이다. 우리나라는 세계 제1의 경제대국인 미국과 동맹관계와 긴밀한 경제협력으로 튼튼한 관계를 유지하고 있으며, 나아가 세계 제2와 제3의 경제대국인 중국과 일본의 중간이라는 전략적 위치를 차지하고 있다. 분명 21세기는 아시아·태평양의 세기가 될 것이다. 우리는 이러한 변화에 잘 대응하고 있다. 세계는 우리나라를 새롭게 평가하고 있으며 이에 따라 우리나라의 위상은 하루가 다르게 높아지고 있다.

세계적 투자회사 골드만삭스(Goldman Sacks)는 2009년 9월 발표한 「세계경제전망 보고서(Global Economics Paper No.188)」에서 북한의 잠재력을 고려할 때 남북통일이 이루어지면 2050년 무렵의 한국의 1인당 소득은 일본, 독일 등을 제치고 세계 8위를 차지할 것으로 내다봤다. 골드만삭스가 주목한 것은 북한의 풍부한 천연자원과 우수한 노동력이다. 북한에는 북한 국내총생산의 140배에 달하는 우라늄, 아연, 납 등 광물자원이 풍부하다. 교육수준이 높고 기강이 확립된 양질의 노동력도 장점으로 꼽힌다. 골드만삭스가 2005년 말 발표한 보고서는 이보다 더 긍정적이다. 우리나라의 1인당 소득이 2050년 8만 달러를 넘어 미국에 이어 세계 2위를 차지할 것이며 국민 총생산에서 지금의 G7 국가인 이탈리아와 캐나다를 능가할 것으로 내다보고 있다. 이 같은 골드만삭스의 주장은 2007년 1월과 3월에 나온 후속 보고서를 통해 재차 강조되었다. 이처럼 객관적 평가로 보면 우리나라의 성장잠재력이 매우 크다는 것이다.

이러한 잠재력을 살릴 수 있느냐 없느냐는 우리에게 달려 있다. 우리는 국가공동체의 미래에 대한 희망을 가져야 하고, 꿈을 가져야 하며, 이를 위해 함께 노력할 자세를 가져야 한다.[5] 2001년 여름 세계은행과 아시아개발은행이 방콕에서 공동 개최한 '아시아경제의 장래'에 대한 회의에서 마이클 페어뱅크는 과거 30년간 한국인의 생산성 향상은 세계 제일이라고 했다. 더구나 한국인의 지능지수(IQ)는 도시국가인 홍콩을 제외하면 세계 1위이다. 세계 어린이 수학 및 과학 경시대회에서 우리 어린이들은 언제나 최상위권에 든다. 지식경제시대에 두뇌는 가장 중요한 자원이며 경쟁 승리의 조건이다.

외국인들이 우리를 과소평가했듯이 우리 스스로 우리나라를 과소평가하는 경향이 있어 왔다. 우리는 약소국이고 강대국들로부터 피해를 받아왔다는 인식이 남아 있어 우리가 이룩한 것이 얼마나 대단한 것인지 제대로 인식하지 못하고 있다. 자부심을 가져야 자신감을 가질 수 있다. 대한민국의 현대사와 대한민국의 현실에 대한 부정적 이미지를 씻어 버리고 국가발전에 성공한 나라, 불가능이 없는 엄청난 저력을 가

---

5) "골드만삭스 보고서가 예측한 미래의 한국경제,"『월간조선』, 2009년 1월호 별책부록. 골드만삭스는 2050년 이전에 통일이 이루어질 것으로 가정하고 있는데 이것은 결코 허황된 주장이 아니라고 본다. 2020년경이 되면 통일의 실마리는 잡히기 시작할 것이라고 본다.

진 나라, 일류 선진국 자격이 있는 나라라는 긍정적 인식으로 바꿔야 한다. 우리의 영토는 좁을지 모르지만 우리의 경제지도는 지리적 영토의 수십 배에 달한다. 아니 저 넓은 세계가 우리의 활동무대인 것이다. 우리는 전쟁의 잿더미 위에서도 낙망하지 않고 '불가능은 없다'는 불굴의 정신으로 빈곤을 극복하고 마침내 선진국과 경쟁할 수 있는 나라를 건설했다. 그러한 저력을 가진 우리가 일류 선진국을 이룩하지 못할 이유가 어디 있는가?

문제의 핵심은 우리의 저력을 나라의 발전을 위해 하나로 모으는 것이다. 불만이 높다는 것은 그만큼 기대수준이 높다는 것을 의미한다. 갈등이 많다는 것은 다양한 의견이 자유롭게 경쟁하고 있다는 것을 의미한다. 지금 우리가 해야 할 일은 국민통합을 이루는 것이다. 희망찬 미래를 개척하자는 데, 일류 국가를 만들자는 데 반대할 사람이 어디 그리 많겠는가? 대통령 등 국가의 최고 지도자들이 소수파의 의견을 존중하고 그들을 국가경영의 파트너로 대우하며 또한 사회적 약자를 배려하는 데 가일층 노력해야 한다. 남북통일 이전에 남남갈등을 먼저 해소해야 하고 국민통합을 이룩해야 한다.

그리고 통일이 언제 어떻게 이루어지든 우리는 하루속히 경제적으로 정치적으로 사회적으로 세계 일류 국가를 만들어야 한다. 잿더미 위에서 기적을 이룩했던 우리이기에 일류국가 건설에도 성공할 수 있다고 확신한다. 노벨상 수상자인 인도 시인 타고르는 우리가 일본의 압제하에 신음하고 있던 1929년 한국의 미래를 내다보며 다음과 같은 시를 썼다.

〈동방(東方)의 등불〉

일찍이 아시아의 황금시기에
  (In the age of Asia)
빛나던 등불의 하나였던 코리아
  (Korea was one of its lamp bearers),
그 등불 다시 한 번 켜지는 날에
  (And the lamp is waiting to be lighted once again)
너는 동방의 밝은 빛이 되리라
  (For the lamp illumination in the East).

이 시의 내용들이 당시에는 우리에게 꿈이었지만 지금은 그것이 현실이 되고 있다. 이미 우리나라는 빛을 밝히는 등불이 된 것이다. 그러나 우리는 동방의 등불만이 아니라 세계를 밝히는 등불이 되어야 한다. 동방을 밝히고 세계를 밝히려면 정신문화적 측면에서 선도하는 국가가 되어야 한다. 그것이 우리 모두의 꿈이며 목표가 되어야 한다.

|색 인|

| 지은이 소개 |

김충남(金忠男)

육군사관학교와 서울대 대학원을 졸업했으며 미국 미네소타대학에서 정치학 박사학위를 받았다. 육군사관학교와 외교안보연구원 교수를 지냈다. 청와대에서 사정비서관, 정무비서관, 공보비서관으로 전두환, 노태우, 김영삼 등 세 분의 대통령을 9년여에 걸쳐 모시었다. 하와이 동서문화센터(East-West Center)에서 10여 년간 연구원으로 활동했다. 현재는 세종연구소 객원연구위원으로 있다.

주요 저서로 『성공한 대통령 실패한 대통령』(1998, 둥지), 『대통령과 국가경영』(서울대출판부, 2006), 『The Korean Presidents: Leadership for Nation Building』(EastBridge, 2007) 등이 있다.

▶ E-mail: kimcn@sejong.org

일등국민 일류국가
우리는 할 수 있다!

인　쇄: 2010년　7월 25일
발　행: 2010년　7월 30일
지은이: 김충남
발행인: 부성옥
발행처: 도서출판 오름
등록번호: 제2-1548호(1993. 5. 11)
서울특별시 서초구 서초동 1420-6
전　화: (02) 585-9122, 9123/팩　스: (02) 584-7952
E-mail: oruem@oruem.co.kr
URL: http://www.oruem.co.kr

ISBN 978-89-7778-342-3　　03340　　　　　　　정가 12,000원

* 잘못된 책은 교환해 드립니다.